ケースで学ぶ　【第2版】
司法犯罪心理学

発達・福祉・コミュニティの視点から

熊上 崇

明石書店

第2版によせて

　2020年に本書「ケースで学ぶ司法犯罪心理学──発達・福祉・コミュニティの視点から」を上梓した。

　あれから3年が経過したが，この3年の間に，司法犯罪心理学分野では大きな二つの社会的事象が生じている。

　一つは，2022年の少年法改正，二つめは家族法制審議会による共同親権等の導入の可否についてである。

　2022年の少年法改正は，これまで一律に20歳未満を対象としていたものを，18, 19歳を「特定少年」として，殺人や傷害致死など故意に人を死亡させた事件に加えて，強盗や強制性交など法定刑が最低で短期一年以上の事件について，原則として検察官送致とすることや，「特定少年」のぐ犯の廃止，推知報道（いわゆる実名報道）の解禁など，少年法の歴史の中で相当の変化であり，18, 19歳の少年についていわゆる「厳罰化」の方向に舵を切るものとなった。本書では，この少年法改正問題について，その背景や，若年成人を刑事裁判に付すことがどのような効果をもたらすのかなど，米国の研究成果なども盛り込んだ。世間は，少年も事件を起こしたのであれば罰するべきとの考えも根強いが，実際に刑事罰を与えることで，再犯防止になるのか議論していただきたい。

　また，2020年に少年院を仮退院したばかりの15歳少年が，面識のない女性をショッピングモールで殺害した事件が検察官送致となり，2022年7月に福岡地裁の裁判員裁判で不定期刑上限の懲役10年以上15年以下の判決が言い渡されている。もちろん被害者や遺族の悲しみは想像を絶する。一方で，なぜこのような事件が起きたのか，虐待を受けた発達障害傾向のある少年の心理鑑定の見地からも解説を加えた。

　家事事件関係については，2021年からはじまった法務省家族法制審議会では，共同親権の導入の可否など家族法に関する審議が始まっている。離婚後の子どもの養育を「共同」で行うということは，一見すると子ど

3

もにとって良いように思われる。しかし，家庭裁判所の調停で争っているケースやＤＶ，子どもへの虐待が疑われるケースで離婚後の「共同」が行われることは，離婚後もＤＶや虐待などが継続したり，子どもの希望する進学や医療について別居親の合意が得られず子どもの意見・希望が拒否されることも予想される。海外では面会交流の際に子どもが殺害される事件も頻発しており，英国司法省は2020年に発表したレポートで，こうした面会交流の問題点を指摘し，親の権利よりも子どもの安全を重視すべきと述べている。このような国内外の親権や面会交流をめぐる情勢について，司法犯罪心理学を学ぶ読者に知っていただきたく，改訂版に取り組んだ。

　司法犯罪心理学のテキストの多くは，犯罪理論や罪種ごとの説明から成るものが多いが，本書のオリジナルな点として，非行や犯罪を，特別支援教育学，コミュニティ心理学，司法福祉の3つの視点を軸に，なぜこのような非行や犯罪が起きたのか，生物学的要因，心理的要因，社会的要因からその背景を探るとともに，非行や犯罪をした人への個別的なアプローチだけでなく，地域でよい人生を送ることができるためのメゾレベル・マクロレベルの支援体制の構築について論じている。非行や犯罪をする人の背景を理解し，どのように地域で共生していくか，また，ＤＶや虐待から子どもをどうやって守っていくか，その視点から，改訂された本書を読んでいただき，議論の一助となれば幸いである。

　2023年6月

　　　　　　　　　　　　　　　　　　　　　　　　　熊上　崇

はじめに

2018年12月，日本犯罪心理学会の公開シンポジウム「凶悪犯罪は防止できるか」において，テロや銃乱射事件，性犯罪などの防止が議論された。ある犯罪心理学者はいくつかの凶悪事件を調べ，事件を起こす直前に前兆行動があることを報告したが，刑法学者は，そもそもテロの背景には，移民問題や格差社会があるため，社会問題を解決しないと防止にならないのではないかと述べた。また，性犯罪についての議論では，性犯罪で刑務所から出所した人にGPSを付けるアメリカでの電子監視システムは，性犯罪防止に効果が乏しいだけでなく，「監視する側」「監視される側」という関係が作られ，保護観察官と保護観察を受ける人の関係が悪化すると報告されていた。

このように，GPS監視など個人レベルでの犯罪予防は限界がある。予防とは，社会問題に目を向け，それを解決することが，遠回りでも近道である。

筆者は19年間にわたり，家庭裁判所調査官[1] として少年・家事事件を担当していた。多くのケースで親の離婚，ギャンブルやアルコールなどの依存症問題や離婚後の養育費が支払いされず，親が生活費に窮して昼夜働かざるを得なくなり，結果的に子どもが放置され，次第に夜遊びなど非行化していく様子を見てきた。また，多くの少年が家庭や学校から疎外され，心にさみしさを抱えており，それを埋めるために不良交友や夜遊びをしていた。さらに発達障害を有する少年事件のケースでは，幼

---

1 家庭裁判所調査官（裁判所法61条の2の2項）

全国の家庭裁判所に配置されており，少年事件や家事事件の調査を裁判官の命令によって行う。少年事件では少年が非行に至った経緯や家庭環境などを少年や保護者，学校などから調査（少年法8条2項）を行い，処遇意見をつけて裁判官に提出する。家事事件では，離婚や親権者，養育費，面会交流，相続，後見などの事件で必要があるときに子どもや事件関係者の調査を行い，紛争の原因を明らかにする。

少期から障害が見過ごされたため適切な支援がなされないまま推移し，思春期以降にいじめ被害などの二次障害[2] が生じ，社会への恨みや反感につながるケースもみられた。このことから，司法犯罪心理学は，事件の表面を見るだけでなく，社会からの疎外状況や，障害および支援の有無，ソーシャル・サポートの在り方についても研究・提言をしなければならない。

司法犯罪心理学

　司法犯罪心理学と聞くと，多くの人が，少年事件や刑事事件を思い起こすであろう。実際に，公認心理師試験に先立って実施された現任者講習会でも，司法犯罪分野では少年法などの手続法の説明が多く，受講生はなじみのない法的手続きの理解に苦慮していた。一方で現任者講習会では，触法行為をした精神障害を持つ人の社会復帰のための医療観察法[3] などの説明も行われていた。

　「司法犯罪心理学」は，少年法の手続きや犯罪をした人の心理を理解するだけでは十分ではない。公認心理師が出会うであろう困難を有する家族や個人は，離婚や養育費，後見など司法分野の問題を抱えている人も多い。その人たちへのサポートやアセスメント，支援者へのコンサ

2　二次障害

　　さまざまな障害（身体障害，精神障害，知的・発達障害など）そのものではなく，障害が原因で社会的に疎外されたり，いじめなどの被害にあったりすることで，二次的な困難を抱えること。二次障害には，外在化障害（攻撃行動，逸脱行動など）と内在化障害（うつ状態，ひきこもり，自傷・自殺企図など）があり，いずれも社会的サポートが必要となる。

3　医療観察法（正式名称；心神喪失者等医療観察法）

　　心神喪失等の状態で重大な他害行為を行い，不起訴または無罪となった人に対して，適切な医療を提供し，社会復帰を促進することを目的とした法律。たとえば統合失調症の人が幻聴に命じられて事件を起こしてしまった場合などがこれにあたる。検察官が地方裁判所に本法律の適用を申し立て，裁判官と精神保健審判員による審判が行われる。入院後は保護観察所所属の社会復帰調整官（精神科ソーシャルワーカー）が地域の指定された医療機関と連携体制をつくり，退院後の通院をフォローする。

ルテーション（相談）を遂行していくうえで，法律だけでなく，家族や
親子の問題などの背景を知り，どのような個別的あるいは社会的支援を
行っていくかを知る必要がある。

　本書の特色：刑事・少年事件だけでなく，家事・民事事件も
　本書は「司法犯罪心理学」のテキストとして，少年非行や刑事事件だ
けでなく，家事・民事分野における離婚，面会交流，養育費，親権，後
見についても取り上げている。なぜならば，触法行為の背景には本書ケー
ス編のケース1や2にもあるように，養育費の支払いが滞って貧困状態
に陥り事件に至るなど福祉的手当が必要なケース，親権者の争いに巻き
込まれる子どものケース，別居親と子どもとの面会交流のケース，認知
症や知的障害などにより，身の回りの監護や財産管理が問題になるケー
スが相当数あるからである。また，離婚や親権，養育費や面会交流のト
ラブルは非行・犯罪だけでなく，職場生活や家庭生活の不調，メンタル
ヘルスに及ぼす影響も大きい。
　すなわち，「司法」分野とは，触法行為の話だけではなく，誰の身に
も起こりうる家族や個人の生涯を通じて直面する困難とも関係する，身
近な問題を扱う分野なのである。
　そのことをふまえたうえで，心理職が行う支援は，

1．家族や個人などへのミクロ・レベルへの支援
2．学校や児童相談所，医療機関などの連携を図るメゾ・レベルの
　支援
3．社会にも働きかけるマクロ・レベルの支援

の3段階がある。
　これまで心理職は，個別のアセスメントや関係機関の連携・支援を中
心としてきたが，これからは，チーム支援会議をコーディネートする能
力や，社会制度の不備や改革にも声をあげていかなければならないと筆
者は考える。
　たとえば，カジノ関連法案が国会で成立したが，公認心理師として，

個別のギャンブル依存症への支援だけでなく，カジノやギャンブル場を
なくす取り組みも行っていく必要があろう。

　ケーススタディの大切さ
　司法犯罪心理学を学ぶには，理論的学習に加えてケーススタディが有
効である。実際に起きたケースとして，2018年の新幹線内殺傷事件を見
てみよう。

　　この新幹線内殺傷事件は22歳の被告人が車内で刃物を無差別に
　振り回し，乗客の梅田耕太郎さん（38歳）が亡くなった事件である。
　梅田さんは他の乗客を守ろうとしたが，60ヶ所も傷を受けて亡く
　なった。本当に痛ましい事件であり，梅田さんのご冥福を祈りたい。
　　一方で，報道によると被告人は自閉症の診断を受けていたという。
　被告人は中学校ではいじめが原因で不登校になり，父親とけんかし
　て家を出て，14歳からは母親が働いていた愛知県内の自立支援施
　設で暮らし，そこから定時制高校に通って4年間で卒業したという。
　自立支援施設の代表者は「彼がこんなことをやるなんて全く想像で
　きなかった。誰かと喧嘩することは一切ない，頭の切れる子でした」
　と評している。このように，一時期は自閉症という発達障害を抱え
　ながら，理解のある支援者のもとで，定時制高校を卒業し，心理的
　には安定していたことがうかがえる。母親によると正義感が強く優
　しいタイプであった。
　　定時制高校卒業後は，名古屋市の職業訓練校に入って電気工事や
　溶接などの資格を取得し，埼玉県の機械メンテナンス会社に就職し
　た。しかし人間関係がうまくいかずに退社して，岡崎市の祖母宅で
　生活していた。また，自信喪失状態で自殺をほのめかすようになり，
　家出を繰り返して野宿状態になり，長野県内の公園で寝起きして
　警察から退去を求められ，次第に心理状態が不安定になり，社会的
　に疎外されているという被害感を持ち，「社会を恨んでいる，以前
　から人を殺したい願望があった」と社会全体に対する恨みに発展し，
　新幹線内殺傷事件という無差別事件を起こしたのだという。

　こうした事情を筆者が大学の司法犯罪心理学の講義で解説すると，学生たちは，当初は被告人に対して無差別殺害事件を起こした非道の犯人というイメージを持っていたが次第に「どうにかして，この事件を防ぐことができなかったのか」「就労へのサポートがうまくいっていなかったのでは」「野宿生活をしていたときに福祉的支援ができなかったのではないか」と支援の在り方をディスカッションしていく。

　また報道では，本事件のあと，新幹線への改札チェックの強化や，防具の装備が行われたが，仮に新幹線内の事件が防げたとしても，同じような自暴自棄な心や被害感を抱えた人であれば，他の路線や交通機関などでも事件を起こす可能性がある。だからこそ予防とは，厳重に警備をすることだけではなく，支援の網の目からこぼれてしまう人々のアセスメントとソーシャル・サポートを行うことである。こうした思考と実践が，困難な事情を抱える人々への支援を視野に入れた司法犯罪心理学のケーススタディといえるであろう。重要なのは，事件の残忍さや結果だけに目を向けるのではなく，その行為に至った背景事情を理解することと，ソーシャル・サポートにつながる支援を構築することである。

　次に示すケースは2015年6月12日，千葉県銚子市の県営住宅で，母親が中学1年生の娘を絞殺したという事件である（ケース編のケース1）。

　この娘を殺害したというニュースを見たとき，多くの人は「なんてひどい母親なんだ」「まだ中学1年生の娘がかわいそう」「どんな事情があっても殺人は絶対ゆるされない」と感じることであろう。
　しかし，その後の裁判で，以下の事情が明らかになった。
　犯人である母親はひとりで子どもを育て，離婚した父親から養育費の送金もなく，生活費に窮して銚子市の福祉窓口を訪れたが，生活保護の説明を受けただけで受給は申請せず，給食センターのパートも夏休みで収入がなくなった。そして県営住宅の家賃が払えずに，千葉県の住宅課から立ち退きの裁判を起こされ，事件を起こした日が立ち退きさせられ

る当日だったという（井上ら，2016）。

　このケースを筆者が司法犯罪心理学の講義で解説すると，学生たちは当初は娘を殺害した悪い母親というイメージを持っていたのが，「県の住宅課は立ち退きを迫るなんてひどいのではないか」「銚子市の生活保護担当窓口は何をしていたのか」「福祉・行政機関の連携でこうした悲劇を防げるのではないか」というケースの本質的な解決策が議論できるようになってくる。このように司法犯罪心理学のケーススタディは，加害者の心理だけでなく，困難な状況に陥らざるを得なかった生活面・環境面を理解したうえで

　1．困難な状況下にある家族や子どもへの支援策を考えること
　2．支援のための枠組み・理論を学び，今後の支援に応用すること

である。

　司法犯罪心理学とは何か？
　司法犯罪心理学は刑事・少年事件だけではなく家事・民事事件（とりわけ離婚，面会交流，養育費，後見，相続などの家族領域），心理的アセスメントに関する知識と技法が必要である。たとえば銚子市の事件では，別居親から養育費が支払われていないことと，生活保護につながらなかったことが，家賃の滞納とその後の事件につながっている。
　また，少年事件や刑事事件だけでなく，家事・民事事件，児童虐待事案でも，新幹線事件に見られるように発達障害などの生物学的な脆弱性が見られることが多く，そのアセスメントと支援計画の策定には，特別支援教育学や障害者心理学の知見が必要となる。
　さらに，少年・刑事，家事・民事，児童虐待などの事案では，銚子市の事件のように貧困や社会的支援の乏しさ，生活保護などの福祉的手当が必要な人が多いことから，アセスメント結果を実際の支援につなぐ社会福祉学的観点や，貧困状態や困難状態にある人への現金給付・現物給付をどのように行うかの社会政策的観点も必要である。加えて，困難な

状況にある人に対し，専門家によるアセスメントや支援だけでなく，地域の市民で支えていくためのコミュニティづくりを行っていくために，社会福祉学[4]やコミュニティ心理学[5]の知見も必要である。

　すなわち，司法ケースは「非行・犯罪をした特殊な人に対して，心理職や弁護士などの専門家が向き合う」ものではなく，「特別支援教育や障害者心理学を活用し，専門家だけでなく，地域コミュニティで共生して支えていく」という視点が欠かせない。

　たとえば，少年非行であれば，ADHD（注意欠如多動症）やLD（学習症），ASD（自閉スペクトラム症）などの発達障害[6]に加えて，虐待的環境や貧困など社会的環境の改善が必要となるケースが多い。こうした場合，発達障害の治療や療育だけでなく，その子どもや家族が専門家の指導を受けつつも，地域社会で気軽に相談し認められ，疎外されない環境づくり

4　社会福祉学
　生活困窮者，乳幼児，子ども，青年，高齢者，障害者，育児困難者などさまざまな困難を抱えている人々，社会的弱者が社会から疎外されないような福祉の充実，権利擁護，社会的構造の変革などを考える学問。個別的支援（ミクロ・レベル）と連携（メゾ・レベル），社会的レベル（マクロ・レベル）の各段階での支援と施策を考えていく。

5　コミュニティ心理学
　心理学の一分野で，個人の治療や支援だけでなく，コミュニティ（所属している集団，地域，職場，学校）レベルでの支援を研究・実践する学問。もともと1960年代の米国で精神障害者の地域生活支援が契機となった。治療よりも予防を重んじている。近年は精神障害だけでなく，高齢者福祉，児童福祉，非行・触法行為，災害支援などさまざまな分野で個別支援だけでなくコミュニティ心理学的支援の重要性が指摘されている。

6　発達障害
　発達障害者支援法（2005年）では，発達障害の定義は，自閉症，アスペルガー症候群，その他の広汎性発達障害，学習障害，注意欠陥多動性障害やその周辺の障害であること，これらは脳機能の障害であって通常低年齢から発現することとされている。すなわち親の育て方に起因するものではなく，生得的なものであり，その特性に応じた教育・心理・社会的支援体制の構築・提供が必要となる。なお，発達障害者支援法では「自閉症」「学習障害」「注意欠陥多動性障害」等の表記であるが，本書ではDSM-5に基づき，「自閉スペクトラム症」「注意欠如多動症」「学習症」等の表記を用いる。

図　司法犯罪心理学を構成する３つの構造

を行うというコミュニティ心理学的取り組みが有効である。

　高齢の犯罪者や成年後見を利用するケースでは，認知症などの生物学的要因へのアセスメントだけではなく，地域で高齢者や認知症，貧困状態にある人々に，個人や家族などのミクロ・レベルと，地域レベル（メゾ・レベル）でどのように支えていくかを計画し，さらには，貧困や生活状況を改善するソーシャル・サポートも必要となる。

　このように，司法犯罪心理学は，障害者心理学・特別支援教育学ならびに社会福祉学，コミュニティ心理学の複合体といえよう。

　本書ではケース研究（特別編）を含め 16 のケースが収められているが，ケーススタディを通じて，困難に直面する人々に対して，上図の３つの構造をふまえて，

(1)　自分が支援者であったら，どのようにアセスメントとソーシャル・サポートを行うか
(2)　政策策定をするのであればどうすれば良いか，どんな人でも生きやすい社会にするためにはどうすれば良いか

を論じていくことにする。

　本書は，筆者の大学での講義を書籍化したものであり，さまざまな司

法領域のケース（実際に起きたニュース記事や，いくつかの事例を組み合わせた架空の事例もある）を紹介するとともに，その背景にある家族や生活状況のアセスメントと，家族や子どものソーシャル・サポートの理論と実践，ディスカッションという構成となっている。

　また，刑事・少年事件の特別編として，1997年の神戸連続児童殺傷事件における４つの手記（元少年A，Aの母親，被害者遺族，担当裁判官によるもの）を紹介し，被害者支援や，精神鑑定・アセスメントの在り方，重大事件を起こして矯正施設を退所した人の心理・行動についても解説した。

　筆者が長らく少年事件を担当していたので，本書は刑事事件や少年事件を切り口としてその心理的社会的支援や，発達障害を持っている青少年の事件を扱ったケースが多いが，これらは実務上もよく見られるケースであり，将来の公認心理師[7]や司法心理・福祉分野を担う方々に，発達・福祉・コミュニティという３つの視野からケースの理解・支援する手がかりとなれば幸いである。

7　公認心理師

医療・教育・福祉・司法・産業分野の心理・援助の専門職で2015年に公認心理師法が制定され，2018年に初の国家試験が行われた。業務内容は（1）心理的アセスメント，（2）カウンセリング（支援を要する人への相談・助言，指導），（3）コンサルテーション（支援を要する専門職，支援者への相談・助言，指導），（4）心の健康教育（クラス単位，地域単位の啓発，予防活動など）がある。

ケースで学ぶ　司法犯罪心理学【第2版】目次

―――――――――――――― 理論編 ――――――――――――――

第1章　少年・刑事事件

第2章　家事・民事事件

理論編

Introduction ·················

　2019年1月1日は，日本の家庭裁判所がスタートして70周年の日であった。草創期の家庭裁判所を描いた『家庭裁判所物語』（清永聡，2018）によると，家庭裁判所の父と称された宇田川潤四郎（初代の最高裁家庭局長）は，満州から引き揚げてきた時に，上野駅の地下に多くの戦災孤児，浮浪児を見て「すべて少年に捧げよう」と考えた。宇田川は京都の少年審判所に赴任した昭和21年当時，京都BBS（Big Brothers and Sisters，米国のボランティア団体で，立命館大学の学生ら若者たちが子どもたちのメンターとなるプログラム）を創設した。これは宇田川が『米国の少年裁判所』という本を買い，米国のBBSを戦災孤児への支援に活用したものだという。

　当時，戦災孤児は12万人とされ，昭和21年の少年刑法犯は9万9389人のうち，戦災孤児浮浪児による窃盗が多かったという。

　当時，多摩少年院は定員40人のところ120人以上が収容されていたが，3〜4ヶ月で強制退所となり，脱走者も多かった（清永，2018）。このように戦災孤児・浮浪児の中には，生きるためにやむなく盗みをしていた子どもたちがいたことから，国として保護するという思想（国親思想）をもとに，宇田川は自ら少年院（宇治少年院）となる土地を探して払い下げてもらったりしていたという。

　また，戦争の影響は，少年事件だけでなく，戦地不明者の失踪宣告や，戦災孤児の養子縁組，千島・樺太などの外地からの引き揚げ者のための戸籍の作成（就籍）手続きも早急に必要となり，家庭裁判所の家事部の創設につながった。

　創設当時の家庭裁判所は，新憲法の制定に伴い，法の下の平等，個人の尊重の概念を実現するために，平等な相続制度による戦争未亡人の相続，戦争で行方不明になった人々の失踪宣告，引き揚げ者の就籍手続きなど，戦争で傷ついた人々のための裁判所という側面もあったのである。

　また，宇田川らは米国の家庭裁判所を視察し，家庭裁判所が市民にとっ

て親しみやすい場所で，気軽に相談できるところであることに感銘を受けたという。

　裁判所は，一般の市民にとっては縁遠いところである。家庭裁判所となれば，非行少年の審判や家庭の紛争を扱うので，できれば生涯関わらずに済ませたい場所であるかもしれないが，もとは，戦争で傷ついた人々への法的な手当を必要としている孤児や戦争未亡人の人々のための機関であったことは心に留めておきたい。

　その後，日本は高度成長の時代となり，人口や経済規模も増大し，それと同時に裁判所が扱う刑事・少年・民事・家事事件も変容している。以下に，統計と共に，本書で扱うケースの理論的背景について解説する。

少年・刑事事件

1．犯罪心理学のアプローチ

　筆者は，大学での司法犯罪心理学の講義で，学生たちにクイズとして「1年間に刑務所に入る人は何人か？」と聞いている。すると，学生たちは「100人，300人……」と答えることが多い。

　ニュース番組などを見ると，一日1〜2件の殺人などの重大犯罪ニュースが流れていることから，年間300人くらいのイメージなのであろう。

　平成30年版の法務省の『犯罪白書』によると，新規受刑者数（新規に刑務所に入所する人数）は2万787人であり，この数字を聞くと，学生たちは一様に驚く（図1-1）。このように一般の人たちからすると，刑事事

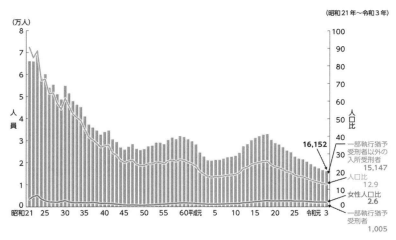

図1-1　入所受刑者の人員・人口比の推移（出典：『令和4年度犯罪白書』より）

（令和３年）

	1年以下	2年以下	3年以下	5年以下	5年を超える
男 性 (14,436)	20.7	33.5	24.9	14.6	6.4
女 性 (1,662)	22.6	40.5	24.0	8.6	4.3

注　1　矯正統計年報による。
　　2　不定期刑は，刑罰の長期による。
　　3　一部執行猶予の場合は，実刑部分と猶予部分を合わせた刑期による。
　　4　「5年を超える」は，無期を含む。
　　5　（　）内は，実人員である。

図1-2　入所受刑者（懲役）の刑期別構成比（男女別）（出典：『令和４年度犯罪白書』より）

件とは，ニュースで見るような殺人事件や凶悪事件の印象があるが，実際には窃盗（男性32％，女性46％）と覚せい剤使用事案（男性26％，女性36％）が多く，刑期も３年以下の者が男女とも８割以上である。殺人事件は223件であり，全体からすると１％程度である（図1-2）。よって非行や犯罪は凶悪事件だけから見るのではなく，他の多くを占める窃盗や薬物事犯などから考えていく必要がある。また殺人事件や凶悪事件を理解する際にも，なぜそのような行為に至ったのかのアセスメントと，防げる手段はなかったのかというソーシャル・サポートを考えることが，司法犯罪心理学のアプローチといえる。

犯罪心理学のアプローチ

犯罪心理学のアプローチには，
(1) 非行原因を探る研究（知能などの生得的要因，家庭環境など）
(2) 非行類型ごとの研究（殺人，性犯罪などの類型別）
(3) 処遇・矯正に関する研究
(4) コミュニティ心理学・社会福祉学的研究
などがある。

米国の犯罪心理学の定番の教科書である Walsh の『犯罪学ハンドブック（原題は *Criminology, the essentials 2nd edition*）』（Walsh, 2015, 松浦訳）の

構成は，「犯罪・犯罪学とは」「犯罪学小史」「被害者学」「犯罪学を形成した初期の学派」「合理的選択としての犯罪・情動・および犯罪行動」「社会構造理論」「社会過程理論」「心理社会的理論」「生物社会学的アプローチ」「発達理論」となっている。すなわち，犯罪学の歴史から始まり，発達面などのミクロ・レベルと，社会構造などのマクロ・レベルから犯罪をとらえている。そのうえで，暴力犯罪，テロ，組織犯罪など，欧米で問題となっている犯罪類型が紹介されている。また，ボンタ＆アンドリューの『犯罪行動の心理学』（原田訳，2018）は犯罪を行動の面から分析し，エビデンスを重視した犯罪心理学の定評あるテキストである。

　日本で出版されている司法犯罪心理学の定評あるテキストとしては，松浦の『非行・犯罪心理学』（松浦，2015），越智・桐生らの『テキスト司法犯罪心理学』（越智・桐生，2017）などがある。

　松浦の『非行・犯罪心理学』は「学際的視座からの犯罪理解」という副題が示すとおり，犯罪発生の特性，社会学的犯罪理論，心理学的犯罪研究（IQ やパーソナリティなど），生物学的犯罪研究が紹介され，特に発達面から非行や犯罪を理解するうえで欠かせない縦断的追跡研究，エビデンスに基づいた矯正教育，犯罪予防，さらに今日的な問題である被虐待と発達障害との関連が詳しく書かれている。犯罪を現象から見るのではなく，発達的側面や社会学的側面などさまざまな分野からの分析は，長らく矯正教育研究に関わってきた松浦ならではの姿勢といえよう。

　越智・桐生ら（2017）の『テキスト司法犯罪心理学』は，犯罪行動・犯罪類型に重点をおいたテキストであり，第1部では，殺人，連続殺人，大量殺人，暴力，テロ，性犯罪，など犯罪類型ごとに記されている。第2部では捜査や目撃証言といった捜査に関する内容が主であるが，こうした内容は，越智・桐生が警察出身の犯罪学研究者であることが影響しているものと思われる。犯罪捜査に関する研究を概観するには，適切なテキストといえよう。

　司法犯罪心理学を学ぶ学生・院生は，ぜひとも上記の定評あるテキストには目を通されたい。これらにより，非行原因や非犯罪型に関する研究動向をおさえることができる。

2. 司法（Forensic）とは

　「司法心理学」「司法アセスメント」の英語表記は，Forensic psychology や Forensic assessment である。この Forensic の語源は広場の forum であり，裁判は広場で行われるものであったことに由来すると言われている。

　海外の Forensic psychology, Forensic assessment のテキストを見てみると，たとえば，Jackson らの *Learning Forensic assessment 2nd edition* では「司法アセスメントの倫理的問題」「非行犯罪」の他に，Civil Forensic assessment（民事の司法アセスメント）という章がある。

　この Civil Forensic assessment（民事の司法アセスメント）には，親権・子の監護の評価，後見などの問題がとりあげられている。また，最終章は，司法アセスメントの報告書の書き方，裁判所での証言の仕方などのガイドがある。

　つまり，司法アセスメントとは，非行・犯罪だけでなく，家庭内紛争における子の監護評価，すなわち子の親権や監護を巡って争いがある場合に，監護状況をどのように評価するかも重視されていることが分かる。このように，司法犯罪心理学は非行・犯罪などの刑事分野だけでなく，親権や子の監護，後見などの家事・民事分野もカバーしている。また，司法心理学者がアセスメントで得た情報をどのように報告書に記載したり，裁判など関係者にフィードバックするかという視点も盛り込まれている。

　以上のような海外の司法犯罪心理学・司法アセスメントの状況もふまえ，筆者は，「司法犯罪心理学」は「犯罪心理」などの(1)刑事・少年分野，(2)親権や後見などの家事・民事分野，(3)司法心理アセスメントと支援策，の３つから構成できると考えている。

　なぜならば，たとえば少年非行一つを理解する際にも，背景には親の離婚や子の監護状況の争い，面会交流や養育費支払いがうまくいかずに，親子のメンタルヘルスが不調になっている事例も多くみられるからである。

そこで，本書『ケースで学ぶ司法犯罪心理学』は，ケーススタディを通じて，

　　1　少年・刑事分野
　　2　家事・民事分野
　　3　司法心理アセスメントForensic assessment とチーム支援
という3つの観点から構成した。

3．少年事件の手続き

　触法行為を起こした少年は，どのような司法手続きを経て判決などが言い渡されるのであろうか。本書では，少年法の解説をするのは主目的ではなく，困難な状況にある家族や子どものアセスメントやソーシャル・サポートについて論じるのが目的であるので，詳しくは少年法の専門書（例えば田宮・廣瀬，2018）に譲るとして，ここでは簡単に図式化する（図1-3）。

　14歳以上19歳以下の少年が触法行為をした場合と，14歳未満でも児童相談所から家庭裁判所に送致された場合には，家庭裁判所で審判を行う。審判とは非行事実の有無を調べて，少年院や保護観察などの処分を

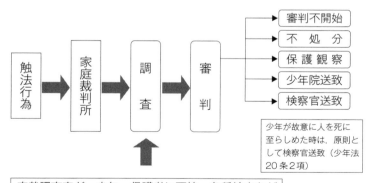

図1-3　少年法の手続き（筆者作成）

言い渡す手続きであるが，成人の刑事裁判と違い，少年法独自の点がいくつかある。

　たとえば，家庭裁判所では，事件を受理すると，裁判官による法律面でのチェックを経て，「調査」がなされる。「調査」とは，どうして少年がこのような事件を起こしてしまったのか，家庭の状況はどのようなものか，非行から立ち直るにはどうすれば良いか，を「調査」するものであり，これは家庭裁判所調査官が担当する。調査官は事件記録を読み，身分関係図と生活歴・家族歴を作成し，学校への照会書などで客観的な資料も取り寄せる。そのうえで，家庭裁判所で少年と保護者に面接し，事件に至った背景について，生活史・家庭史と家庭状況・社会的環境を聞いてケース全体をアセスメントし，少年にはどのような処分が必要かという意見を付けた報告書を作成する。処分については，少年院などの矯正教育を受けたほうが良いのか，あるいは保護観察として社会内で立ち直りができるかどうかを試みるか，あるいは調査官や裁判官からの注意だけで立ち直りができるかどうかを判断する。これは国親思想にもとづく職権探知主義とよばれるものである（図1-4左図）。

　一方で，成人の刑事裁判では，図1-4右図のように公開の法廷で検察官，被告人（弁護人）がそれぞれ証拠を出して，それをもとに裁判官がジャッジするという「対審構造」をとっている。

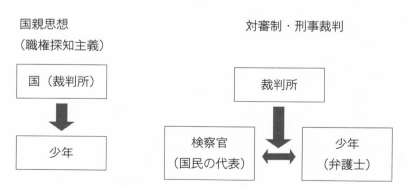

図1-4　国親思想（職権探知主義）と対審制（刑事裁判）（筆者作成）

この対審構造は，戦前のような権力者による密室裁判を防ぐため，憲法37条で法廷を公開していることによるが，少年事件の場合は，少年保護の観点から，憲法の例外として，裁判所が調査官を使って資料を収集し，少年の立ち直りに資するように，国が親のような立場にたって処分を決定する。こうした構造を「職権主義」といい，背景にあるのは「国親思想[1]（パレンス・パトリエ）」という考え方である。

4. 国内外の少年法制

　では，なぜ少年審判では，成人の刑事裁判と違い，国親思想や職権主義という手続きになっているのだろうか？
　少年法発祥の地アメリカの歴史や事情から見てみよう。
　少年法は1899年，アメリカのシカゴで「少年保護法制」として誕生した。シカゴは北部の大都市，産業都市であるが，工業化社会がはじまると都市部に労働者階級が流入し，結果として貧富の差が増大すると，家庭環境の悪化や経済的事情により，窃盗や暴力をする少年が増えていった。社会環境の構造の変化により少年事件が生み出されたととらえ，少年事件を少年個々や家族に責任を負わせるのではなく，国が親代わりとなって保護をしていこうという保護主義がはじまったのである。

諸外国の少年法制

　諸外国では，表1-1のとおり，少年法の適用年齢はさまざまであるが，17～18歳あたりを少年法の適用年齢上限としている国が多いようである。ただし，18，19歳であってもドイツのように精神的な未熟さが顕著な場

1　国親思想
　少年法の理念の一つであり，国（裁判所）が親のように振る舞い，非行をした少年を国が助け導くという思想である。アメリカのシカゴで1890年代に少年裁判所ができたときの保護主義の理論的基盤である。特徴としては，裁判所が少年の事情を調査し，必要な保護をするという考え方で，教育的，福祉的な理念がある。ただし，事実認定の困難な事件や，非行事実の存否に争いがある場合では，対審的な構造も一部取り入れられてきている。

表1-1　諸外国の少年法制（出典：田宮・廣瀬（2018）をもとに筆者が作成）

イングランド	フランス	ドイツ	スウェーデン
1908年　刑事裁判における少年事件の特則 1933年に少年裁判所制度	1945年に少年法制，ただし重罪については刑事裁判 審理に当たっては，「教育保護技官」が家庭環境，生活状況などを調査し，適切な処遇を決める	1953年に少年法制 17歳まで少年扱いだが，18-20歳の準成人でも精神的な未熟さが顕著な場合は少年事件に準じた扱い 重罪は刑事事件と同様。軽罪は保護処分優先	1902年少年事件の機関「児童福祉委員会」制度 北欧諸国も同様 1982年には，民間人による社会福祉委員会が設置，民間のソーシャルワーカーが活動し処遇を決める
適用年齢10-17歳	18歳未満	14-17歳	12歳以上，15-17歳は刑事裁判か，社会福祉委員会かを検察官が先議

合は，少年事件に準じる扱いをとっていることもある。

　興味深いのは，スウェーデンの制度で，1982年には国・裁判所だけでなく民間人も活用した「社会福祉委員会」が設置され，少年の調査や立ち直り支援にあたってはこの社会福祉委員会のソーシャルワーカーが調査や支援を行って処遇を決める制度となっている。市民や社会で少年の立ち直りや支援を考えていくという制度は注目すべきであろう（参考書籍として，廣瀬，2019,『家庭の法と裁判』連載「外国少年司法事情」）。

5．日本の少年法の歴史

　日本では，明治時代の旧法のもとでは，少年への規定はなく，少年にも成人同様の刑罰または若干の刑の減軽を行っていた。1884年（明治17年）

には，身よりのない少年を収容して教育を行う「感化院[2]」という制度ができ，そこでは教科教育や職業教育が行われ，少年は罰する対象ではなく教育の対象であった。1922年（大正11年）には旧少年法が公布され，「少年審判所[3]」が設立された。少年の調査や立ち直りを指導する役職として「少年保護司[4]」が置かれ，少年の生活歴や家庭環境の調査を行い，処遇を決定するという現在の少年法や家庭裁判所調査官制度に通じるものができた。

1948年（昭和23年）には現行少年法が制定された。

旧少年法は18歳未満が対象であったが，現行少年法は20歳未満を罪の対象とした。この時，別々にあった少年審判所と家事審判所を統合して一緒に家庭裁判所（ファミリー・コート）とすることをGHQは司法省に提案した。当時の最高裁判所家庭局長の内藤頼博は米国の少年・家事を扱うファミリー・コートを見ていたのでこれに賛成した。

昭和23年6月に衆議院では少年法改正案の説明として「当初少年裁判所の設置を予定していたが，その後種々の研究をいたし(中略)少年の犯罪，不良化が家庭的原因に由来することが多く，少年事件と家事事件との間に密接な関連が存することを考慮」したと述べており，当初から，少年

2　感化院
　　1899年の留岡幸助の家庭学校などが設立された。これは少年が成人と同様の監獄に入れられて劣悪な環境にあったことから，少年を成人の懲罰とは異なり，家庭的施設のなかで人格を感化して教育・更生させる目的で設置された。法制化は1900年の感化院法により行われた。その後各都道府県および国立の感化院が設立され，現在の児童自立支援施設のルーツともなっている。

3　少年審判所
　　旧少年法（1922年）で設置された少年の処分を決定する施設。旧少年法では少年は18歳未満であり，少年審判官，少年保護司，書記の3種類の職員が配置されていた。現行少年法（1948年）により，少年審判所は，家事審判所と統合され家庭裁判所となった。

4　少年保護司
　　旧少年法で少年審判所に設置された職種であり，現在の家庭裁判所調査官と同じく少年の生育歴，家庭環境の調査を行っていた。さらに，審判後の少年の保護や観察，指導も行っており，現在の保護観察のような業務も行っていた。少年保護司は教育家や宗教家が任命されることが多かった。

事件と家事事件が密接なつながりがあるので，同じ裁判所で扱うという理念が示されていた。

戦災孤児と少年事件

戦後まもなく，トラックいっぱいに補導された戦災孤児・浮浪児を，どこに寝泊まりさせるかに苦慮していた。昭和24年頃には警視庁が「浄化作戦」により浮浪児を一斉摘発し，上野を閉鎖し，13歳以下は児童相談所へ，14歳以上は家裁に送致していたという。東京家裁では浦和，千葉，宇都宮，甲府の鑑別所まで押送（同行し連れて行くこと）していたが，北海道，東北など地方の家裁では鑑別所までの押送が困難で，少年院からも脱走が相次いでいたという。また，少年院や鑑別所も一部屋に多くの少年が詰め込まれ，トラブルが頻発していた。脱走しても再び浮浪児となることが多く，当時の切迫した事情も，国親主義により国が少年を保護するという理念につながっていた（清永，前掲書）。

少年法改正

ただし，職権主義だけでは，非行事実を争っている事案に対する審理が十分にできないとの批判が，1993年（平成5年）の山形マット死事件[5]を契機に起こった。以後，3人の裁判官で審議する合議制や，重大事件における検察官関与，被害者の意見陳述，記録閲覧など被害者も参加できる仕組みなど，いくつかの点で少年法改正が行われている。

また，2000年（平成12年）には，16歳以上の故意に人を死亡させた事件（殺人，傷害致死，強盗殺人など）は原則的に検察官送致となる大きな改正が

5　山形マット死事件

　1993年山形県新庄市の中学校で，男子中学生が体操用マットに巻かれて窒息死した事件。被疑者として同じ中学校の生徒7人が警察段階で犯行を自白し，6人は家庭裁判所（1名は13歳のため児童相談所）に送致された。その後6人の少年が非行事実を否認し，山形家庭裁判所は3人に非行なし（無罪に相当），3人には少年院送致など保護処分がなされた。この事件では，家庭裁判所の非行事実の認定に争いがある場合の合議制（複数の裁判官による裁判）や検察官立ち会いなどの少年法改正のきっかけともなった。

行われている。

　今回のケース２の川口市の17歳少年による祖父母殺害事件は，家庭裁判所が原則通りに少年を検察官送致決定としたため，大人と同じ刑事裁判を受けている（詳しくはケース２を参照）。

　このような少年による重大事件が報道されると，少年事件も重大化しているように見えるが，実際には人が死に至るような事件は，『平成30年版犯罪白書』によると，殺人は51件で，少年刑法犯3万5612件のうち0.1％である。

　『重大少年事件の実証的研究』（裁判所職員総合研修所監修，司法協会，2012）では，平成17年から平成21年までに家庭裁判所に係属した殺人事件のうち，少年が単独で親や家族，親族を殺害した15事例を分析している。それによると多くの事例に見られるのは，

１．少年に視野の狭さ，思考の柔軟性の乏しさ，人とのコミュニケーションが苦手という資質面の特性
２．少年に精神面の不調（思考の飛躍など）が見られる
３．少年が虐待又は不適切な養育を受けていたこと

が挙げられている。

　このように，殺人事件など少年の重大事件を理解するにあたっては，資質面，精神・心理面，養育・環境面という３つの視野が必要である。これは重大事件でなくとも全ての少年事件や刑事事件で言えることであ

表1-2　現行少年法と度重なる改正

2022年少年法改定
①これまで通り少年法の対象年齢を20歳未満としつつ，18-19歳を「特定少年」とする。
②「特定少年」について，2008年改定の人を故意に死亡させた事案（殺人，傷害致死など）に加えて，「法定刑の下限が懲役か禁固1年以上（強制性交，放火，強盗，強盗傷人など）」の事件についても，原則として検察官送致とする。
③「特定少年」については「ぐ犯」を適用から外す。
④「特定少年」について，起訴された段階で新聞やニュースなどでの「推知報道」いわゆる「実名報道」が可能に。

り，幼少期から家庭環境や発達面，社会的にさまざまな困難がある少年と家族に対して，家庭裁判所は，その原因を調査して立ち直りを支援するという保護主義の理念は現在も受け継がれているといえよう。

16歳以上の原則検察官送致決定事件で，保護処分（少年院送致）が選択された事例

17歳の少年が妹に暴行して死亡させた傷害致死事件である。報道によると妹の身体に100カ所の皮下出血があり外傷性ショックによる死亡であった。

本ケースは，16歳以上の故意に人を死亡させた事件であり原則検察官送致事案であるが，大津家裁は保護処分（少年院送致）としている。

記事（毎日新聞2021年9月17日）によると，本件に至る前に，少年母親は7月から不在となり，7月21日にはコンビニに少年と妹が未明に居ることで通報を受け，滋賀県警が保護し，ネグレクトとして児相に通告していた。同年5月〜7月までも児童相談所が関与し，母親と面談中だったが，7月以降，少年と妹を残して母親はまた不在となり，児相も妹の小学校を訪問して出席状況を確認していたという。

児相の関与中の事故ということで，母親が失踪した事情などは不明であるが，少年および妹の保護の緊急度が高かったことは間違いない。

家庭裁判所は少年院送致としたが，矯正教育により少年が自己の起こした行為の意味，重大性を認識し，さらに生命の大切さを学ぶこと，加えて少年が困った時に，頼りになる人がいるか，援助を要請することを身につけることも求められよう。

そして，少年が少年院を仮退院する時に，どこに居住し，どのような支援をしていくか，司法と福祉の連携がさらに求められる。

2022年少年法改定

近年の大きな少年法の改定は，大きく3つの点がある。

第1に，これまで通り少年法の対象年齢を20歳未満として家裁に送致する枠組みを維持しつつ，18-19歳を「特定少年」として，2008年改定の人を故意に死亡させた事案（殺人，傷害致死など）に加えて，「法定

刑の下限が懲役か禁固１年以上」の事件についても，原則として検察官
送致とすることである。これには「強制性交，放火，強盗，強盗傷人」
などのケースがあてはまる。

　また，検察官送致にしない場合でも，「特定少年」については「罪に
見合った処遇」とすることとしている。

　第２に「特定少年」については「ぐ犯」を適用から外すこととした。

　第３に，新聞やニュースなどでの「実名報道」（正確には「推知報道」）
を可能にすることである。

　少年法は少年の実名や写真など本人を推定できるような報道を禁じ
てきた。しかし，「特定少年」については，家裁から検察官送致になり，
刑事裁判となった段階で「推知報道」が可能となった。

　まず2022年に改定された条文から見てみよう。

条文

第五章　特定少年の特例

第一節　保護事件の特例

（検察官への送致についての特例）

第六十二条　家庭裁判所は，特定少年（十八歳以上の少年をいう。以下同
　じ。）に係る事件については，第二十条の規定にかかわらず，調査の結果，
　その罪質及び情状に照らして刑事処分を相当と認めるときは，決定を
　もつて，これを管轄地方裁判所に対応する検察庁の検察官に送致しな
　ければならない。

２　前項の規定にかかわらず，家庭裁判所は，特定少年に係る次に掲げ
　る事件については，同項の決定をしなければならない。ただし，調査
　の結果，犯行の動機，態様及び結果，犯行後の情況，特定少年の性格，
　年齢，行状及び環境その他の事情を考慮し，刑事処分以外の措置を相
　当と認めるときは，この限りでない。

一　故意の犯罪行為により被害者を死亡させた罪の事件であつて，その
　罪を犯すとき十六歳以上の少年に係るもの

二　死刑又は無期若しくは短期一年以上の懲役若しくは禁錮に当たる罪
　の事件であつて，その罪を犯すとき特定少年に係るもの（前号に該当

するものを除く。)

第三節　記事等の掲載の禁止の特例

第六十八条　第六十一条の規定は，特定少年のとき犯した罪により公訴
　　を提起された場合における同条の記事又は写真については，適用しない。

2022年少年法改定の背景

　18-19歳を「特定少年」とする改定はなぜ行われたのであろうか。

　この問題に関して法務省の法制審議会や，国会審議では賛否が激しく
対立した。賛成する立場は，2020年の民法改正で成人年齢が18歳になっ
たことから，犯罪についても18歳以上については責任を負うべきとして，
強盗や強制性交などの重大事件について検察官送致が相当とした。反対
する立場は，18-19歳の少年事件も減少しているので今改定する立法事
実がないこと，18-19歳といってもこうした事件を起こす少年は生育歴
や家庭環境に大きな困難があり，矯正教育による立ち直りが再犯防止の
観点からも必要であるとした。

　国会の法務委員会では，少年犯罪の被害者遺族も意見を述べているが，
遺族の方々もこの改正について賛否が分かれている。ある被害者遺族は，
遺族の悲しみは癒えることはなく，被害者は実名が報道され，長く苦し
みが続くのに，少年は少年院での数年間で実名も報道されないのは納得
できないとして，法改定に賛成した。一方で，ある遺族は，自ら少年院
を回って少年達と話す立場から，少年に対しては罰よりも教育が必要で
あることと発言した。

　2021年5月6日の参院法務委員会では，元暴走族で傷害事件を起こし
て少年院経験のある方が参考人として話した。この人は，幼少期からひ
とり親家庭で貧乏であり，カビの生えたパンを食べ，親から身体的虐待
を受け，社会を恨んできたが，18歳で少年院に入り矯正教育で内省を迫
られる中で，「このままでいいのか」と考え直し，少年院退院後は水道
工事業を営みながら，各地の少年院を訪問して少年達を励ます活動を
行っており，立ち直りができることを伝えているという。

　このように賛否が対立し，被害者遺族でも意見が分かれている。こ
の少年法改定については2020年にも国会審議が行われたが，その時は，

退職した裁判官，家庭裁判所調査官，少年院長らの団体および，児童青年精神医学会も反対の声明を出しているが，採決に至っている。

　このように少年法改定は，これまでも度々，少年事件増加・減少などの必要性よりも政治的な動きの中で行われているが，考慮しなければならないのは，実際に18-19歳の特定少年を刑事裁判に移送することで，再犯抑止効果があるのか，などの海外の知見も見ていくことである。

日本児童青年精神医学会　少年法「改正」に反対する声明（2020年9月20日）
https://child-adolesc.jp/proposal/20200920/

「18-19歳の特定少年を刑事裁判に移送すると，再犯抑止効果があるのか」

　米国の研究を紹介しよう。Redding（2010）による研究レビュー（邦訳は，「少年移送法は非行に対する効果的な抑止力となるのか」現代人文社，岡邊健京大准教授翻訳）によると，少年を刑事裁判に移送した場合，再犯率が高まると述べ，刑事裁判移送は，再犯防止効果がないという。

　このレビューによると，少年を刑事裁判に移送している州としていない州を条件を統制して比較すると，移送される州では，再犯率が高く，より早く頻繁に再逮捕される。また，いくつかの州でも刑事裁判に移送された少年は，移送されていない少年に比べ再犯可能性が2倍とされている。

　さらに問題となるのは，刑務所に収容されることにより，少年は同室者から犯罪を学習したり，自己イメージが低くなり，より多くの犯罪を行うとも指摘されている。つまり，「自分はどうせ犯罪者なのだ」というセルフスティグマを持つことにより，より犯罪への親和性が高まることになる。

強盗や強制性交は必ず厳しい処罰になる？

　2022年の少年法改定では，法定刑が短期一年以上の犯罪行為，すなわち強盗や強制性交などの事件を原則的に検察官送致を起こした場合，どのような刑罰となるかである。一般の人は，こうした犯罪に対して厳し

い懲役刑が科されるものと考えているであろう。しかし，日本弁護士連合会による「少年法適用年齢に関する法制審議会答申に関する意見書」p.6 を見ると，実際には，20歳・21歳の強盗事件のうち，執行猶予が52％，強制性交では37％が起訴猶予となっている。検察官送致になれば，強盗事件などの半数近くは起訴猶予や執行猶予になり，そのまま放任されることも考えられる。

　家庭裁判所の少年審判であれば，強盗や強制性交などのケースは少年院送致により矯正教育を受ける可能性が高く，そこで，自己の問題点を解決したり，被害者の感情を理解するための教育，就労指導などが行われる。そのまま不起訴や起訴猶予になるよりも，しっかりと矯正教育を受けることもこうした少年達には必要であろう。

日本弁護士連合会による「少年法適用年齢に関する法制審議会答申に関する意見書」（2020年11月17日）

https://www.nichibenren.or.jp/library/pdf/document/opinion/2020/opinion_201117_3.pdf

実名報道の功罪

　次に実名報道の問題を考えてみたい。

　2022年4月の少年法改定により，刑事裁判に起訴された少年事件について，実名報道が可能になっている。ただし，これまで実名報道により触法行為を予防するような効果があるとの研究は今のところない。

　2022年4月9日に，山梨県の19歳「特定少年」による放火殺人事件について，実名を掲載し，顔写真も掲載した新聞が複数ある。顔写真も掲載した新聞は「実名報道が公共の利益にかなう」と判断した。一方で，従来通り本事件についても，健全育成を目的とした少年法の理念を尊重する」として，匿名報道を行っている新聞（東京新聞）もある。

　ある大学教授（ジャーナリズム論）は「実名報道は高い公共性がある」と述べていたが，実名報道が公共の利益になるのだろうか。公共の利益になるとすれば，なぜこの被告人がこのような行為に至ったのか，そのメカニズムの解明や報道であれば，同種事犯を防ぐ公共の利益になると

思われるが，実名報道により，矯正施設退所後も（どのような裁判の結果になるか分からないが）職や住居を得るのが困難になったり，社会への恨みを募らせたりすれば公共の不利益になる可能性がある。

　もちろん，今回の事件はあまりに重大であり，被害者および遺族の方々は悲嘆を超えた悲しみにあるであろう。被害者やその遺族への支援はさらに制度として充実させるべきである。

　法務省は2017年に再犯防止推進計画を策定（2023年に第二次再犯防止推進計画を策定）し，矯正施設退所後の就労支援などに力を注いでいる。実名報道されれば，当然に矯正施設を退所後に社会内で就労したり生きていくことも難しくなり，また犯罪行為に陥ることも十分考えられる。筆者がある刑務所を退所した人に話を聞いたところ「刑務所を出て，就職しようとしても断られ，住む場所もない，刑務所から出た人がこんな思いをしていることを知って欲しい」と話していた。罪を償い服役することは重要であるが，退所した後もスティグマを押され，生きていく糧がなければ，再犯に至ってしまう可能性もある。

　実名報道は再犯防止という国の政策とも矛盾する。

誰のため，何のための少年法「改正」？

　少年非行は18，19歳も含めて減少している。令和4年度犯罪白書によると，平成30年度の少年事件検挙人数は2万9802件（うち18，19歳は4950人）であり，10年前の10万8592件（うち18，19歳は17598人）から3分の1以下に激減している。「厳罰化」せずとも，少年非行は減っている。少年法改定の歴史をみると，被害者の審判参加や記録閲覧などの良い側面もあるが，重大事件を起こした少年の「厳罰化」の方向へも向かっている。また，実名報道すれば，出所した若者たちは職にもつけず家も借りられないかもしれない。そうすれば再犯リスクも高まる。

　世界的な犯罪学研究者のBontaは，2021年の日本犯罪心理学会講演において，非行や犯罪をする人は，適切な学習がなされておらず，罰を与えるだけでは効果がなく，教育が必要であり，かれらの良い人生のための支援が必要と論じている（Bonta and Andrews, 2017）。

　しかし，この国は失敗した若者たちへ手を差し伸べないのか？　虐待

され，行き場がなく，教育を受ける機会がなかった若者たちは罰を受けるだけなのだろうか？

　新たな被害者・加害者を生まないためにも，厳罰化や実名報道について皆さんはどう考えるか。議論してみよう。

　なお，近年の法制審議会では，民法の成年年齢が20歳から18歳に引き下げられたことから，少年法の保護処分対象年齢を20歳未満から18歳未満とする「適用年齢の引き下げ」の議論が行われている。これに対して，日本児童青年精神医学会では，2016年4月に反対声明を出している。この理由として，比較的軽微な18，19歳の少年による事件は，家庭裁判所であれば調査のうえ保護的で手厚い措置やケースワークがなされるが，少年法適用外であれば不起訴となり何の手当も行われないこと，重大事件を起こした18，19歳の事例では，発達障害や児童虐待などの複合的な要因があり少年院での教育的処遇が行われるが，これも刑罰のみとなれば治療や教育から遠ざけられ，再非行のおそれも軽減されないとしている。

　同様に，日本弁護士連合会も少年法適用年齢引き下げの反対声明を出しているほか，元・家庭裁判所調査官や，元少年院長の団体からも同じ理由で適用年齢の引き下げ反対の声明もなされている。元・家裁調査官の須藤（2019）もこの問題を取り上げ，米国での例から少年法適用年齢を引き下げても犯罪抑止効果は乏しいとしている。

　筆者も，少年法適用年齢引き下げには反対の立場であるが，その理由として，18，19歳の触法行為を起こす少年たちは，これまで述べたとおり多くは被虐待歴や発達障害などの重複した困難を抱えていることから，これに対しては刑事罰よりも教育的支援や地域支援体制の構築が必要だと考えている。

6．非行の原因は何か──コホート研究から

　次に，どのような人が非行をするのか，その原因に関する研究を見てみよう。

　非行原因については，個人の犯罪者や犯罪行為を調べるのではなく，

長期の追跡研究（コホート研究）により，ある地区で生まれた（育った）数百人，数千人の子どもを数十年間追跡し，犯罪をした人としなかった人の違いを比べることにより，何が非行に至る要因なのかを知ることができる。

　代表的なコホート研究としては，イギリスのファーリントンらの『ケンブリッジ研究』（Farrington et al., 1995），ニュージーランドのモフィットらによる『ダニーディン研究』（Moffitt et al., 2002）（ダニーディン市で生まれた子どもたちを長期間追跡調査したものである），などがある。モフィットらはこの研究から犯罪者をライフコース型（生涯にわたり犯罪をくり返すタイプ）と思春期限定型に分けている。

　ここではケンブリッジ研究（Farrington et al., 1995）について紹介しよう。

　ケンブリッジ研究は，ロンドンの労働者階級の町であるケンブリッジ地区で1961年，62年の小学校入学者の男子全員（399名）を40年以上にわたり追跡調査をしたものであり，32歳時点でも378名（94％）を追跡した研究である。

　調査内容は，本人への面接，心理検査，親面接，教師への質問紙，行動評定および犯罪記録（ロンドン中央犯罪記録事務所）であった。

　その結果，犯罪をした人と，しなかった人では以下のような「リスク要因」（犯罪をしてしまう可能性のある要因）と「保護要因」（犯罪をしない，あるいは犯罪から離脱できる要因）が明らかになっている。

　リスク要因は，「知的な低さと学習不振」「家族の貧困」「多動・注意力散漫」「親の貧弱な育児行動・ネグレクト」であった。

「リスク要因」

　これらのリスク要因から考えられる支援方法は以下のようなものが考えられる。

1　「知的発達」→IQなどの知的発達アセスメントの結果を早期発見・早期支援に結びつける。

2　「貧困問題」→生活保護や現金給付・現物給付などの社会福祉的支援に早急につなげる。

3　「多動・注意力散漫」→発達障害の早期発見・支援の開始，特性に

<table>
<tr><td align="center">リスク要因
Risk Factor</td><td align="center">保護要因
Protective Factor</td></tr>
</table>

リスク要因 Risk Factor	保護要因 Protective Factor
知的能力の低さと学習不振	ポジティブな生活経験（スポーツ，非行地域から転居など自尊心を高める）
家族の貧困	就労
多動・注意力散漫	結婚や異性との親密な関係
親の貧弱な育児行動・ネグレクト	

図1-5　非行に関する長期追跡研究（出典：Cambridge Study in Delinquent Development CSDD）

応じた指導を行う。

4「親の貧弱な育児行動・ネグレクト」→虐待やネグレクトのみられる家庭への訪問など社会福祉的支援を行う。

このように，犯罪心理学研究で見出されたリスク要因に対して，どのような支援を個別的・社会的に提供するかを計画・実行することが重要である。

「保護要因」

「保護要因」とは，犯罪から保護する，あるいは犯罪から離脱する要因である。

ケンブリッジ研究では，保護要因として，「ポジティブな生活経験」「就労」「結婚や異性との親密な関係」が挙げられている。

アメリカのラウムとサンプソンの研究（Laub & Sampson, 2003）は，犯罪をした人を70歳代まで追跡し犯罪をする原因だけでなく，犯罪から離脱する要因について調べている。犯罪からの離脱要因としては「就労」「結婚など異性との関係」があげられている。ただし，「犯罪者を就労させ，結婚してもらえれば再犯防止になる」と考えても，簡単にはい

かない。

　就労するにも，結婚し家庭生活を送るにも，基本的な生活能力，忍耐力，対人コミュニケーション能力が必要であるから，単に就労や結婚をすすめるのではなく，就労や結婚が可能になるよう，基本的な学業や対人関係などを身につけられる支援が必要である。

　このように犯罪予防は，「保護要因」と「リスク要因」も併せて見ながら，早期発見・早期支援を提供するのが早道であり，仮に犯罪をした後でも，「リスク要因および保護要因」のアセスメントに基づく指導や支援の提供を行うことが重要になってくる。

他のコホート研究

　アメリカのデンバー発達研究では，ライフコース型の犯罪者の62％は9歳の時に初犯をしていた。フィラディルフィア・コホート研究では，5回以上逮捕されたライフコース型の犯罪者の人数は全体の6％であり，この人たちが全ての犯罪件数の63％をしていることが明らかになっている。

　このように，長期間にわたって追跡するコホート研究は，司法犯罪心理学における触法行為の原因や離脱方法，支援方法を探るためには欠かせない方法である。また，犯罪統計を見る際には，モフィットの「ライフコース型」「思春期限定型」の分類を念頭において，どのような支援方法を選択するかを考慮する必要がある。

7．日本の犯罪に関する統計

　日本では，これまでイギリスやニュージーランド，アメリカで行われているような非行・犯罪に関する大規模な長期追跡研究は行われていないが，法務省の『犯罪白書』のデータから犯罪行為を概観してみよう。

　『犯罪白書』では，昭和20年から平成29年の刑事事件・少年事件のデータが示されている（図1-6）。

　刑事事件についてみると，昭和20年代から事件数は増大し，平成15年前後がピークとなり，以後は減少傾向となっている。

少年事件

少年事件については「3つの波」という事件数のピークの時期が3つあることが知られている。

第一の波は，終戦後の数年間であり，冒頭にも記したとおり，戦災孤児や浮浪児が多く，その中には生活のため，食べるために盗みなどをせざるを得ず，住む家もない子どもも多かった時期である。

第二の波は，昭和40年前後であり，戦後に第1次ベビーブーマーとして生まれた世代が思春期になり，少年非行も増えた時期である。

第三の波が，最も少年事件の件数が多かった時期で，昭和55年から60年頃にあたる。この時期は，第2次ベビーブーマーの子どもたちが思春期に入った時期となる。都市部だけでなく郊外でも教室が足りず，子どもたちへの目が行き届かず，校内暴力が社会問題となった時期であり，世相としては『金八先生』『スクールウォーズ』などの学園ドラマ，尾崎豊の『卒業』などが流行った時期でもある。

その後，平成10年前後に少年事件数は若干増加するが，第3次ベビーブームは起きずに少子化が進んだことで，少年事件数も減少の一途をたどり，家庭裁判所の少年保護事件の受理件数は，平成29年には戦後最低の7万3353件（うち一般保護事件5万6386件，道路交通保護事件1万6967件）となっている（図1-7）。

8．少年非行と家庭環境

少年院に入院する子どもたちは，どのような家庭環境で育ってきたのであろうか？　『平成30年版犯罪白書』によると，少年院入院者の保護者の状況は，男子少年の場合，実父母が32％，実母が42％，実父が8％で，女子少年の場合は実父母が24％，実母が43％，実父が9％であり，一般に比してひとり親家庭の割合が高いことが見て取れる（図1-8）。

ここで注意しなければならないのは，少年院入所者にひとり親家庭の子どもは多いが，ひとり親家庭の子どもが触法行為をしやすいわけではない。

大切なのは，その養育状況であり，ひとり親家庭であっても，十分な愛着やしつけ，教育やサポートがあれば触法行為に至る確率は少ないが，サポートがなく虐待や放任のある環境では，触法行為やそのほかの逸脱的行為に至る可能性も高くなる。

９．少年非行と被虐待経験

　少年院入所者の被虐待経験は，『平成30年版犯罪白書』によると，男子少年の場合，24％が身体的虐待，４％がネグレクト（食事を与えられない，放任されているなど），女子少年の場合，36％に身体的虐待，８％にネグレクト，８％に心理的虐待，3.4％に性的虐待が報告されている。すわなち，少年院に入っている子どもたちは，加害者である（薬物非行などは加害ではないが）と同時に，児童虐待の被害者であるともいえる（図1-9）。

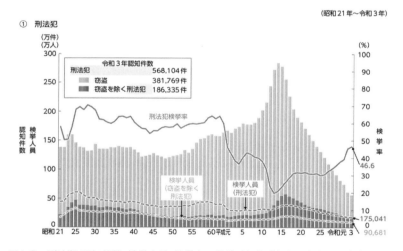

図1-6　刑法犯 認知件数・検挙人員・検挙率の推移（出典：『令和４年度犯罪白書』より）

　こうした被虐待体験を持つ子どもが起こす行為として，本書ではケース２の川口市で起きた少年による祖父母殺害事件を取り上げている。詳しくはケース２を見ていただきたいが，川口市のケースでは，実母による長期のネグレクト（子どもを置いて長期間母親が家出）や，性的虐待が見られている。

　この川口市のケースでは理化学研究所の黒田博士が指摘（山寺，2017）するとおり，長期間虐待されてきた子どもの心理的特徴として，学習性無力感，すなわち「何をやってもむだである」という心理的特性が形成され，結果として母親に言われるままに犯行を実行したという経緯が示されている。

　このように，少年事件についても「悪い子どもが悪いことをしている」と考えるのではなく，被虐待経験などの逆境的環境要因を早期に発見し，社会的な支援につなげていくという視点が求められる。

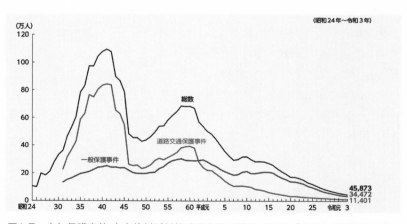

図1-7　少年保護事件 家庭裁判所新規受理人員の推移（出典：『令和４年版犯罪白書』より）

10.　少年非行と知能

　少年院入院者の教育程度別構成比は，『平成25年版犯罪白書』（法務総合研究所）によると，男子3157名のうち，中学在学は15.9％，中学卒業が30.2％，高校在学が17.1％，高校中退が32.5％，高校卒業，その他が4.3％である。

　また女子の少年院入院者（平成29年度）148名のうち，中学在学は13％，中学卒業が24％，高校在学は20％，高校中退者が35％，高校卒業・その他が6％である。このように，中学卒業または高校中退者が半数以上を占めていることや，高校在学といっても実際は学校生活から離脱している例も多い。学校生活からの早期の離脱には，後述のような知能や学習習得度の問題がある。

少年非行と知能に関する研究

　1970年代から非行少年の知能特性に関して，ウェクスラー知能検査を実施した研究が行われ，非行少年の平均のIQは78から90であり，一般の青少年よりも約1標準偏差低いことが示されていた。表1-3はそれらの国内外の調査結果をまとめたものである。

　一方，米国などの研究では，知能だけを見るのではなく，「読み」「書き」「計算」「推論する」などの学習習得度も調査されてきた。その概要を以下に述べる。

11.　少年非行と学習習得度

　米国では個別の認知・学習習得度検査がいくつか実施されている。たとえばKTEA（Kaufman Test of Educational Achievement.）（Kaufman, N. L., 1985），WJ（Woodcock-Johnson psycho-educational battery.）（Woocock & Johnson., 1989），WRAT（Wide Range　Achievement Test.）（Jastak & Wilkinson, 1984），K-ABC（Kaufman Assessment Battery for Children.）（Kaufman, A.S., 1985），WIAT（Wechsler Individual Achievement Test.）

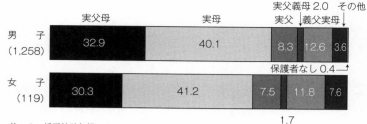

（令和3年）

図1-8　少年院入院者の保護者状況別構成比（出典：『令和4年度犯罪白書』より）

注　1　矯正統計年報による。
　　2　保護者状況は，非行時による。
　　3　「その他」は，義父（母）等である。
　　4　（　）内は，実人員である。

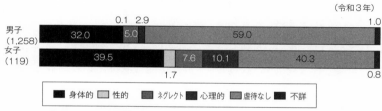

（令和3年）

注　1　法務省大臣官房司法法制部の資料による。
　　2　虐待の定義は，児童虐待防止法による。ただし，ここでは保護者以外の家族による少年に
　　　対する虐待や，18歳以上の少年に対する虐待も含む。
　　3　「身体的」は，少年の身体に外傷が生じ，又は生じるおそれのある暴行を加えることをいい，
　　　「性的」は，少年にわいせつな行為をすること又は少年をしてわいせつな行為をさせることを
　　　いい，「ネグレクト」は，少年の心身の正常な発達を妨げるような著しい減食又は長時間の放
　　　置その他の保護者としての監督を著しく怠ることをいい，「心理的」は，少年に著しい心理的
　　　外傷を与える言動を行うことをいう。
　　4　複数の類型に該当する場合は，主要なもの一つに計上している。
　　5　（　）内は，実人員である。

図1-9　少年院入院者の被虐待経験別構成比（出典：令和4年度犯罪白書』より）

（Wechsler, 1992）などである。これらの検査を用いて，非行少年に関す
る学習習得度が調査されている。

　メルツァーら（Meltzer, Levin, Karniski, et al., 1984）は，WRATを実施
した。その結果，非行群は小学校2年生までの時点で学習成績に差があっ
た。内容はreadingが45％（対照群は14％），handwritingが36％（対照

群は 14％）に困難があり，arithmetic（算数）は 25％の非行群に遅れが見られ，対照群（ 4％）と有意差があった。

　ファムラロら（Famularo, Fenton, Kinsherff, et al., 1992）は，ボストンの少年裁判所のクリニックで 13-15 歳の非行少年と対照群（非行までは至っていないが，そのリスクがある群）に WISC-R と WRAT を実施したところ，非行群の WRAT の平均は reading が 87.6（対照群は 83.9），spelling が 82.4（対照群は 80.5），算数が最も低く 74.5（対照群は 73.6）であった。

　ニュージーランドでは，ラクリッジら（Rucklige, MacLean & Bateup, 2009）が 16-19 歳の少年受刑者 60 名に WIAT を実施した。少年受刑者の 91.6％が LD（学習症）とみなされ，特に reading や mathematics，oral language の習得が遅れていた。彼らのうち追跡可能であった 51 名について，4 年後に再犯の有無を調べたところ，再犯を最も予測するのは reading comprehension（読み理解）であった。

　このように，欧米ではウェクスラー知能検査だけではなく WRAT や WIAT など標準化された個別式学習習得度検査を用いた研究が多く行われている。

　日本では熊谷，加藤，池上（2007）が 14-15 歳の少年院生 20 名に対して WISC-Ⅲ とともに WOND（Wechesler Objective Numerical Domains: ウェクスラー客観算数検査）を実施しているが，この結果，少年院生は分数問題と図形問題の成績が顕著に低く，WOND の標準得点は WISC-Ⅲ の全IQ と比較して約 2 標準偏差の低下があり，算数の習得の著しい遅れがあることが明らかになっている。

　以上に述べるように，少年非行を考えるに当たって，IQ などの知的能力だけではなく，学習習得度が低く早期より学業不振や学校不適応が起きていることを念頭に置く必要がある。

12．少年非行と LD（学習症）

　LD の青少年は，定型発達の青少年と比べて触法行為を起こしやすいのだろうか？

表1-3　少年非行とウェクスラー知能検査（出典：熊上，2015）

著者	対象	全検査IQ	動作性IQ	言語性IQ
Berman & Seigal (1976)	米国，少年院群　45名	90.5	95.7	87.4
Romi & Marom (2007)	イスラエル，少年院群　111名	93.5	100.3	87.7
松浦，橋本，宇野 (2005)	日本，少年院群　54名	88.8	89.2	89.3
山口，植田，小栗 (2007)	日本，少年鑑別所群　105名	78.3	80	81.9
緒方 (2008)	日本，児童相談所の非行群　190名	81	84	82

　海外ではLDの青少年と定型発達の青少年を10数年間追跡した研究が多く実施されている。その結果は表1-4のとおりである（熊上，2015）。

　マクナマラ（McNamara, 2008）らによると，LDの青少年は定型発達少年と比較すると重大な触法行為の発生率は統計的有意差はないが，煙草やアルコール，麻薬などの「弱い非行」ではLDの青少年の方が多いとしている。セオら（Seo et al., 2008）によると，触法行為の発生率はLDと定型発達の青少年の間に統計的有意差はないとされている。したがってLDが触法行為を起こしやすいとは言えないが，若干の逸脱傾向は見られるといえる。

　しかし，中学校などの現場ではLDの青少年が学校で不適応を起こし，家庭環境の問題も重なって逸脱行動が起きることはよく見られる。

　熊上（2009）によると，ある家庭裁判所での触法行為をした青少年103例のうちLDの傾向を有する事例は18例（17.1％）であり，下位分類では，「書く」「計算する」に困難がある例が多かった。一方で，家庭環境を見ると，虐待等の経験（逆境的児童期体験：ACE）が定型発達の対照群よりも有意に多いことから，LDの触法事例については，LDそのものというよりも，環境や学校不適応の影響が強いといえる。そこでLDの青少年が非行に至った場合，どのような指導・支援が有効かを考えておく必要がある。

　表1-5は，LDで触法行為をした青少年に対して学習面の支援や職業・心理プログラムによって，再犯率が減少するかどうかを示したものである。海外でのプログラムでは24ヶ月の学習や心理的援助により，プロ

図1-10 KTEA（Kaufman Test of
Educational Achievement.
Kaufuman）-Ⅲ

図1-11 Woodcock-Johnson
psycho-educational battery-
Ⅳ

図1-12 Wide Range Achievement
Test-Ⅳ

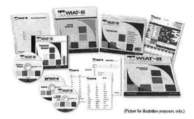

図1-13 WIAT(Wechsler Individual
Achievement Test) -
Ⅲ

表1-4 LDと定型発達少年の転帰（出典：熊上，2015）

著者	対象	追跡期間	結果
McNamara, Vervaeke & Willoughby (2008)	カナダ，LD 230名	13-18歳	煙草，アルコール，麻薬，「弱い非行」で有意差あり。
Seo & Hawkins(2008)	米国　LD 60名	10-21 または 10-24歳	犯罪や非行，高卒学歴で有意差なし。公的扶助の受給は有意差あり。

グラムを受講しない対照群と比較して再犯率が低下している。また，日本の少年院は，発達障害を視野に入れた教育を取り入れており，少年院に入院した時と比較して出院する時では，攻撃性が低下し自尊心が高まるなどの成果も報告されている（松浦ら，2007）。

　中学校など教育現場では，LDの青少年にどのような指導や助言が有効であろうか？　その具体例として熊谷・熊上ら（2016）は，心理発達アセスメントであるKABC-Ⅱを用いて，LD傾向の少年に対する指導の在り方を報告している。

　アセスメントの中に検査者が数字を何個か話してそれを復唱させる「数唱」という課題がある。ある生徒が３つの数字しか復唱できないことが分かれば，その生徒に教諭が指導助言する際には，文章を３つ以上にせず一問一答に短く分けることで，その生徒も指導を聞き入れやすくなる。実際にその生徒が学校内での暴力行為に及ぶ時の特徴は，長々と説諭されているうちに理解できなくなりパニックになってしまっていたという事情があった。そこでKABC-Ⅱの結果をもとに教諭らと指導の在り方を見直し，声かけを短く区切ることで改善につながった例もある。

　また，ある生徒は視覚的な情報の処理が得意な「同時処理」が優位であったので，その生徒に指導する際には，文章よりも図表などを用いることで理解がしやすくなり，落ちついて教諭の指導や支援を受け入れられた。このようなKABC-Ⅱなどの心理アセスメントを活用した支援について，詳しくは本書のケース４も参照されたい。

　まとめると，LDは触法行為を起こしやすいわけではないが，現実にLD傾向のある生徒が触法行為や逸脱行為をした場合は，家庭環境にも目を向けつつ，その生徒がどのような認知や学習面の特徴を持っているのかを明らかにするために心理発達アセスメントを実施し，その生徒の特徴に即した声かけや支援をすることが有効であろう。まずは，支援者が生徒の特徴を把握することが指導・支援の第一歩といえる。

13. 少年非行とASD（自閉スペクトラム症）

　近年，発達障害のある人，とりわけ自閉スペクトラム症（Autism

Spectrum Disorder, 以下「ASD」）の人による触法行為が話題となっており，司法犯罪心理学では避けて通れない課題となっている。

　最近起きた事件としては，2018年の新幹線内の殺傷事件，2014年の元名大生による放火殺人事件，2014年の朝霞市の女子中学生監禁事件など世間の耳目をひく事件の被告人に ASD の診断がなされている。

　また，2003年の長崎県男児誘拐殺害事件では，アスペルガー症候群という鑑定がなされた。この事件では当時中学1年の男子少年が，男児を誘拐して落下させ，殺害したもので，精神鑑定の結果が新聞などに発表されたことで，発達障害，とりわけ ASD（当時は PPD：広汎性発達障害）への関心が高まる契機となった。

　このような事件が報道されると，ASD の人は特殊な事件を起こしやすいのではないか，触法行為の傾向が高いのではないかとの疑念が持たれるが，後述のように，ASD の人は，定型発達の人と比べて触法行為を起こしやすいわけではない。ASD の触法行為を理解し支援するために，まずは ASD の基礎を理解したうえで，ASD の触法行為の発生率や類型，発生基盤に関する研究を見てみよう。

自閉スペクトラム症（ASD）とは

　まずは，ASD の定義について見てみよう。

　ASD を含むさまざまな精神障害，知的障害，行動面の障害などについては，WHO による ICD-10 という診断基準の他に，米国精神医学会

表1-5　介入研究（出典：熊上，2015）

著者	対象	方法	結果
Bachara & Zaba. (1978)	米国　非行群79名	24ヶ月の学習セラピー	再犯率の減少（6.5%）対照群41.6%
Brier（1994）	米国，非行群192名	24ヶ月，教育，心理，職業プログラム	再犯率の減少（12%），対照群40%
松浦，橋本，十一.（2007）	日本，少年院群83名	約1年，発達障害を視野に入れた処遇プログラム	攻撃性得点の低下，自尊心の高さ

による DSM-5（Diagnostic and Statistical Manual of Mental Disorders）という診断基準がある。DSM-5 によると，ASD の診断基準は，主に以下のようになる。

A. 複数の状況で社会的コミュニケーションおよび対人的相互反応における持続的な欠陥があり，現時点または病歴によって，以下により明らかになる．
B. 行動，興味，または活動の限定された反復的な様式で現在または病歴によって，以下の少なくとも2つにより明らかになる．
C. 症状は発達早期に存在していなければならない．
D. 症状は，社会的，職業的，または他の重要な領域における現在の機能に臨床的に意味のある障害を引き起こしている．
E. 略

（出典：日本精神神経学会(日本語版用語監修)，髙橋 三郎・大野 裕（監訳）：DSM-5 精神疾患の診断・統計マニュアル．p49-50，医学書院，2014）

　この診断基準をみると，ASD の特徴は「対人コミュニケーションの障害」と「限局された興味関心」の2点であり，そのことが発達早期から現れること，そしてその症状により学校生活や職業生活などの社会的生活場面で困難をきたして，不登校や逸脱行為，うつ状態などの精神的な症状を引き起こしていることである。

　社会的コミュニケーションの障害とは，たとえば，誰にでも話しかけてしまう，年齢や生年月日などに興味があり，人と会うとすぐに聞いてしまうといった「積極」タイプの人や，他者との交流に関心を示さない「消極」「受動」タイプの人もいる。知的能力の高い ASD（高機能ASD と呼ぶこともある）の人の場合，あからさまに生年月日を尋ねてきたりすることはなく，挨拶や会話などの社会的スキルは学習しているが，こだわりが強く，自分なりのルールやロジックに固執していることもある。

　限局された興味関心は，電車の型番や時刻表など「目に見えるもの」「規則的で予測可能なもの」が対象となっている場合が多い。また，高機能 ASD の人の場合は，数学や電気工学，辞書的な知識に精通し，学者やエンジニア，辞書編集者などで活躍している人もいる。

ASD の脳器質的特性

ASD の人の脳は定型発達者と違うのだろうか？　ASD の人の脳画像を観察しても見分けることはできない。昨今行われている ASD の脳の研究は，ある課題を ASD と定型発達者にやってもらい，反応の様子や，心拍数などの生理的側面を比較したり，近赤外線などを使って脳の血流の違いを調べるものである。

現在有力となっている ASD の脳機能に関する仮説は，脳の進化的に新しい部分（前頭葉）ではなく，深部にある進化的に古い部分（大脳辺縁系）の機能障害という説である。たとえば，大脳辺縁系の扁桃体は，もともとは嗅覚に関する機関であり，ハ虫類など進化的に古いものとも共通している。嗅覚というのは，食べ物が食べられるかどうか，腐っているかどうかを瞬時に見極める生存のために重要な感覚であるが，同じように，危険な状態なのか，危険な人なのか，という危機的状況を咄嗟に判断する生存のための感覚器官である。

ある研究では，扁桃体をてんかんの手術で除去した人に，人が喧嘩している絵を見せたところ，定型発達の人は恐怖感を感じたのに対して，扁桃体を除去した人は，人々がじゃれあっているとの感想を述べたという。つまり，扁桃体は，対人場面の好悪や危機場面の判定をしていると考えられ，こうした危機場面の情報を保持している記憶に関係する器官の海馬とつながっているが，ASD の人は海馬の動きも定型発達の人に比較して弱いという研究もある。

このような，ASD の人にみられる大脳辺縁系の機能の特性は，対人面・社会面のコミュニケーションの障害に関係していると考えられる。

一方，ASD の障害特性は，逆にいえば長所ともなりうる。規則性などを追求し，人のことは構わず我が道を行くという研究者や天才肌の技術者，活動家などに ASD の人が多いと言われる。このことから，障害というよりも「脳の多様性（ニューロ・ダイバーシティ）」「脳の特性」と考えた方が良いのであろう。ただし，ASD の人が見せる対人相互性の障害，すなわち初対面の人に生年月日をたずねたり自分の興味関心を一方的に話してしまうなどの特徴は，結果的に触法行為の行動場面や，裁

判での応答場面などで，奇異に見られたり事件の反省がないととらえられてしまう場面もあることに注意する必要がある。

ASD の人は触法行為を起こしやすいのか？

1　ASD の触法行為の発生率

　海外では ASD の青少年と定型発達の青少年を10数年間にわたって追跡し，触法行為の発生率を比較している研究がある。デンマークのモーリドソンら（Mouridsen et al., 2008）によると，定型発達者の触法行為発生率18％に比して ASD群は９％であり，ASD群が有意に低かった。一方，オーストリアの研究（Hippler, 2010）やスウェーデン（Cederlund, 2008）の研究では，定型発達者群と ASD群の間で触法行為の発生率の統計的な有意差はなく，ASD が触法行為を起こしやすいという結果ではない。

2　ASD の触法行為の類型と発生基盤

　では，ASD の青少年が触法行為を起こした場合，どのような様相を示しているのであろうか？

　筆者（熊上，2006）はある家庭裁判所において ASD の少年事件48事例を分析した。その結果は図1-15のとおりで，非行類型で最も多いのは「性非行」で全体の39％であった。ついで財産犯（窃盗など）20％，粗暴犯（傷害や暴行など）が16％であった。決して殺人などの重大事件が多いとはいえないが，一方で放火犯が６％と定型発達の少年よりも高い割合を示していた。

　次にこれらの触法行為の発生基盤（背景）を示したのが図1-16 である。発生基盤の分類は十一（2004）によるが，最も多いのは「対人接近時の過誤」の54％であり，他に「興味関心の追求」が23％，「実験確認」８％であった。

ASD の触法事例の発生機序

　次に見ていくのは，「性非行」「財産犯」などの触法行為が，どのような経緯で行われたのかという「発生機序」をまとめたものである。

　図1-16 の筆者の研究では，ASD の触法行為の発生機序で最も多いの

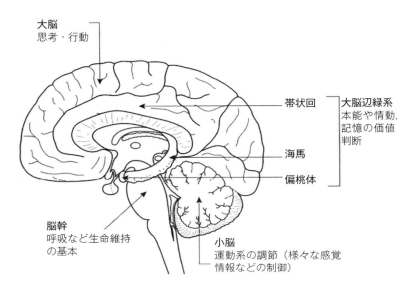

大脳
思考・行動

帯状回

大脳辺縁系
本能や情動,
記憶の価値
判断

海馬

偏桃体

脳幹
呼吸など生命維持
の基本

小脳
運動系の調節（様々な感覚
情報などの制御）

図1-14　脳の機能（出典：鳥居深雪（2009）『脳からわかる発達障害』より）

は「対人接近時の過誤」の54％である。

　ASDの特性である対人相互性の障害から，思春期以降に気になる異性などを見たときに，唐突に身体接触をしたり，声かけをして抵抗されたときにパニックを起こすなど，結果的に「対人相互性の障害」が「性非行」という形で現れやすいことが明らかになっている。

　ASDの診断基準に「社会的コミュニケーションの障害」があることからも分かるように，ASDの人は対人場面のコミュニケーションでミスを起こすことが多い。とりわけ，思春期以降に性的な関心を抱くのは，若者にとって普通のことであるが，定型発達の人はあれこれ迷ったりしながら徐々に対象となる人に接近していくのに対し，ASDの人の中には興味関心の追求と社会性・対人性の障害から直接体に触れたりして，それが性非行として発覚してしまうことも多い。また昨今はアダルトビデオやインターネットで性に関する露骨な情報や，レイプなど非合法なものも流布しているが，ASDの人がそれを真実であると誤学習してし

まい，これを実際に真似てしまう事件なども報告されている。いずれに
しても，性の問題は対人接近時の過誤として現れやすいことを表している。
すなわち，ASD の人が特殊な性的嗜好を持っているというわけではなく，
接近の仕方，コミュニケーションの取り方の誤学習という社会性の障害
と対人スキルの不足という観点が必要である。

　次に多くみられる発生機序は「一次障害（興味関心の追求）」の 23％
である。これも ASD の診断基準の「限局された興味関心の追求」の表
れといえる。たとえば電車に興味のある ASD の人が，電車の部品を盗
んでしまったり，銃や武器，軍隊などに興味関心を持ち，これがエスカ
レートして実際に武器や銃を作ったり，所持してしまったりする事例も
みられる。

　「関連症状」は 12％であるが，これは，ASD の症状が対人面や社会
での不適応を引き起こし，うつ状態になったりして，支援が得られない
まま社会的に孤立すると，社会への恨みが触法行為として表れる時もあ
る。

実験確認型

　ASD の人の限局された興味関心の対象が，人体解剖や薬物投与など
危険なものになった時に，静岡県女子高校生による母親へのタリウム投

表1-6　PDD（ASD）を母集団とする触法事例割合（長期追跡研究）（出典：熊上，
　　　2015）

	年，著者	対象数	触法事例	対照群 （一般の触法割合）
デンマーク	2008 Mouridsen	313	29 （9％）	18％ （p<.01）
オーストリア	2010 Hippler	177	8 （1.3％）	1.3％ 30年間の追跡研究
スウェーデン	2008 Cederlund	70	7 （10％）	10％ 21年間の追跡研究

上記の3ヶ国では，当該国の PDD と犯罪率は同程度

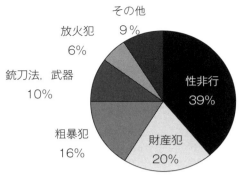

図1-15　ASD の非行類型 （熊上，2015 より作成）

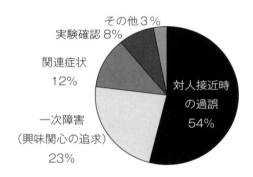

図1-16　ASD の触法行為の発生基盤 （熊上，2015 より作成）

与事件，元名大生による放火殺人・薬物投与事件などのような形で表れることも，まれではあるが念頭に置いておく必要がある。

実験確認タイプの例 （熊上，2004）

　14歳の男子少年による放火の事例である。少年は，中学2年生で，爆発物を作り，学校内の踊り場や，校区内の公園などで爆発物を爆発させて警察に逮捕され，家庭裁判所で観護措置をとられ少年鑑別所に送致され，少年鑑別所の医務室技官により ASD の診断がなされている。

　少年は，放火の動機について「音が聞きたかった」「火柱が見たかった」

「爆発音が聞こえて成功して嬉しかった」と述べていた。

　また，少年には強いスパイ映画への興味関心があり，映画の中の爆発シーンを繰り返し見て，再現したいという気持ちを持っていたという。サバイバルゲームというモデルガンを持って撃ち合うゲームにも夢中になっていた。

　すなわち，恨みや怒りで放火したわけではなく，「限局した興味関心」の対象は爆発であり，本件はその「実験」であった。

　ASD の人には社会性の障害（コミュニケーションの障害）があるが，本事例の少年は「今回の事件を起こして，お父さんの気持ちはどんなだろうね？」と家裁調査官から聞かれると，「お父さんでないから分かりません」「お父さんに聞いて下さい」と淡々と答えていた。

　さらに「今したいことは？」と聞かれると，すぐに「サバイバルゲーム」と答えていた。

　ASD の少年は，他者の感情を推測するのが苦手なので，「お父さんの気持ちは？」と聞かれても「お父さんではないから分からない」と，彼なりに「正直に」話している。定型発達の子どもであれば，相手からの質問に対して，「このように答えられることが期待されている」と想像して「お父さんは，悲しんでいると思う」と答えるであろうが，ASDの人は想像力の障害からそうした場の雰囲気を読むことができにくい。

　また，行動面も特徴がある。本少年の場合，鑑別所では不眠・不安はなく食欲があり。淡々と日課をこなしていた。日記は「朝起きて，食事して，日課をして，寝た，いつも通りだった」と毎日同じことを記載し，鑑別所の教官から赤ペンで事件の時の気持ちや他者への影響を指摘されるが特に意に介さない様子が見られた。

　また，鑑別所内での交通事故防止ビデオ教材の感想文では，「うちには車がないです」と記載し，車があったらという想像が困難であった。

　少年はその後送致された少年院では，運動やクラブ活動に熱心に参加し，規律違反なく順調に進級していて，調査官の面会の時も，礼儀正しく，場違いなほど満面の笑みを絶やさなかった。事件について尋ねると「もう捕まるからやりません」，今やりたいことは「サバイバルゲーム」と本人なりに正直に答えていた。

また，鑑別所に居たときの日記は同じ短い内容を繰り返していたが，少年院では，「指定された量を書かないと進級できないから」と多めに記載するようになっていた。

　このように，ASD の少年は，他者の感情を推測したり，自己の言動について他者がどのように思うかを想像することは困難であり，「反省していない」と誤解を招きやすいが，当人は正直に答えているだけのことも多い。こうした ASD の人の言動の表面を見て「反省していない」と評価するのは相当ではない。

14．非行・犯罪の「予防」とは

　では，ASD の人の触法行為を予防するためにはどのような仕組みを整えればよいであろうか？

　ここでは，コミュニティ精神医学・心理学の概念である Caplan（1964）の予防理論を紹介する。もともとは精神障害がある人の病気の発症を防ぐため，個別の治療よりも地域精神保健を重視する理論である。

　予防理論とは，一次予防：「まだ発症していない人を健康に保つ」，二次予防：「発症しそうな人や発症初期の人を見つけて効果的な治療につなぐ」，三次予防：「すでに発症した人への治療。リハビリテーション」の３つからなる。たとえば学校での喫煙の予防を例えると，一次予防は学校の生徒全員に喫煙の身体的・社会的影響を教える。二次予防は喫煙に興味をもっていたり，何度かした人を対象にカウンセリングなどを実施する。三次予防は，既に常習化している人を専門的治療につなげるといったことである。この予防理論を発達障害と触法事例に当てはめてみると，表1-7 のようになる。

　たとえば，思春期以降の ASD の人が直面しやすい課題としては，「異性との接し方」「性的関心の取り扱い」「限局した興味関心が収集癖につながる」などがあるので，一次予防として，発達障害のある人・ない人含めて，性の問題や対処法を学ぶ，二次予防として不適切行動の傾向がある人への支援，三次予防として，既に問題が起きている人には専門家・チーム支援の提供，療育及び環境調整が必要となる。

とりわけASDの人の性に関しては以下の研究で課題が指摘されている。

大久保（2008）は，自閉症者に対する性教育のニーズについて親への質問紙調査を行った。性教育の必要性は親の8割以上が感じており，性教育の望ましい開始時期は「小学校高学年」が52.4%，「小学校低学年」が27.4%であった。また性教育の内容については，「男女交際のマナー，エチケット」「性的被害，加害の防止」「マスターベーションの仕方」などがあげられていた。この結果から，ASDの人に対して小学校時点から異性との対人場面や性的欲求の適切な処理について教えることが予防につながるといえよう。

川上ら（2008，2009）は，ASDの当事者団体である「アスペ・エルデの会」において，保護者66名への調査をしたところ，保護者が心配する点として，「気になる女の子に近づきすぎたり，キスするまねをする」などを挙げ，性教育プログラムへの保護者の要望として「異性との関わり方」「情報（性に関するものも含む）の扱い方」のニーズが高いと報告し，高機能ASDの青少年に対する性的教育プログラムを実施しているのは参考になる。

精神保健福祉士の菊池ら（2011）は，茨城県内の民間の医療機関で，知的障害を有する重度のPDDの子どもを対象に，適切な性的行動のプログラムを実施していると報告している。このような，性や対人関係の指導プログラム（例として川上，2015）は，触法行為の予防になるであろう。

また，発達障害のある人の場合は，障害そのものだけでなく，学習不振や仕事上での不振などの二次障害も問題となるため，予防的措置としては，まずは発達障害の有無に周囲が気づき，そのうえで，思春期以降の発達障害の人が直面しやすい課題について理解し，あらかじめ対人関係，異性関係，コミュニケーションの取り方，学校や会社などの社会的場面での振る舞いなどを学習して不適応を予防し，「良き人生」への支援をすることが求められる。

15. 非行・犯罪をした人への「支援」とは

発達障害の人が触法行為をした時にも，一般的な心理社会的な支援と

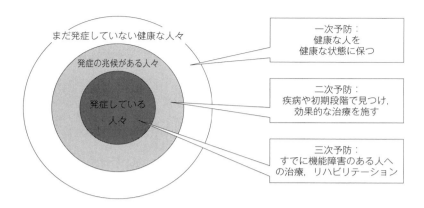

まだ発症していない健康な人々

発症の兆候がある人々

発症している人々

一次予防：
健康な人を
健康な状態に保つ

二次予防：
疾病や初期段階で見つけ，
効果的な治療を施す

三次予防：
すでに機能障害のある人へ
の治療，リハビリテーション

図1-17　Caplan（1964）による予防概念　一次予防，二次予防，三次予防

表1-7　発達障害のある人の触法行為の予防

	対象となる人	実際の支援内容
一次予防	逸脱や不適切な行動のない発達障害の人への，予防的教育	発達障害の人が直面しやすい困難やその対処方法について学ぶ。
二次予防	逸脱や不適切な行動の傾向が少し見られる発達障害の人	ソーシャルスキルトレーニングなどで逸脱行為をせずに生活できるスキルを学ぶ。
三次予防	逸脱や不適切な行動がすでに起きている発達障害の人	ソーシャルスキルトレーニングや行動療法的支援と共に，専門家によるチーム支援，ソーシャルワーク，環境調整を行う。

同様に，基盤となる考え方はBPSモデル（Bio-Psycho-Social Model, 生物-心理-社会モデル, Engel, 1977）であり，支援に際して生物学的基盤，心理学的な側面，社会・環境面の3つの視点からアプローチすることが必要である。たとえば，Bio については，多動・衝動性や，うつ状態への薬物療法も考えられる。Psycho については，社会的・対人的な困難に焦点をあてた情緒的サポートや個別的なカウンセリング，ソーシャルス

キル・トレーニングなどの具体的生活場面での対処法を提供することなどが考えられる。

　Social の側面では，学校や職場で発達障害の人が学びやすい・働きやすい，過ごしやすい環境づくりを行うチーム支援体制を整えたり，各種の行政・社会的サービスに円滑につなげるソーシャルワークも必要である。近年は少年院において BPS モデルの観点から社会福祉士が配置されてソーシャルワークを行いつつ，Bio や Psycho にも焦点化したソーシャルスキル・トレーニングや医療的措置も行われている。

　支援の基本姿勢は，「できないところをトレーニングして直す」という短所改善型の指導ではなく，「その人の得意なこと，得意なやり方を活かす」という Strength model（長所活用モデル）による指導が，長期的に見て発達障害の人の社会適応や心理面の安定に役立つ。誰しも苦手なことを矯正されるよりも，得意なことを活用すれば，良い人生になる。こうした考え方を Good Lives Model「良き人生モデル」という（Ward, 2004）。たとえば視覚的で直感的な情報処理が得意で，細部までこだわりのある人であれば，それを活かした仕事，例えばアニメの仕事についたうえで，職場での人間関係を円滑にするためのソーシャルスキルを学んだり，困った時に相談するスキルなども身につけておけば予防となる。逆に，対人関係などで困った時に相談できないと，より一層興味関心に没入して結果的に触法行為などになるというメカニズムもみられることがある。

　また，人それぞれ得意な認知処理形式があることが知られている。物事の情報を理解するのに，全体的・視覚的な提示が理解しやすい「同時処理」の優位なタイプ，段階的・順序的な提示が理解しやすい「継次処理」のタイプである。これは学校心理学・心理アセスメントの権威である米国の Kaufman の開発した心理検査の KABC-Ⅱ（Kaufman Assessment Battery for Children, Ⅱ）日本版で測定することができる。各人の得意な認知方略に合わせた指導法も研究されており，異性への対処法や限局された興味関心への没入，生活リズムの改善などの指導案集も出版されている（熊谷ら，2016）。

　このように，支援対象となる人の特性・長所をアセスメントして指導

することが大切である。

16.　高齢者と触法行為

　近年ニュースとなることが多い高齢者の触法行為を見てみよう。

　刑務所に入るのは，血気盛んな20代〜30代というイメージがあるかもしれないが，『平成30年版犯罪白書』を見ると，男性・女性とも最も多いのは40歳代（男性27％），女性（28％）である。

　また男性では，50〜64歳が24％，65歳以上の高齢者は10％である。女性では，65歳以上の受刑者が19％もいる。

出所時年齢

　次に，刑務所を退所する時の年齢について見てみよう。

　退所時には，「仮釈放」と「満期釈放」がある。「仮釈放」は受刑態度が良かったり，身元引受人がいる場合に刑の満期終了前に行われる。「満期釈放」は，受刑態度に問題があったり，身元引受人がいないために満期まで仮出所できない。つまり「満期釈放」の人ほど，住む家がなかったり世話をしてくれる人がなく，社会的に孤立した状態にあるといえる。

　「仮釈放」と「満期釈放」とを比較すると，65歳以上の人が刑務所から出る時，「仮釈放」が8％，「満期釈放」が19％，50〜64歳代は，「仮釈放」が23％，「満期釈放」が30％である。

　また出所受刑者の帰住先を見ると，「仮釈放」の場合は，親や兄弟姉妹，親類などの親族が6割以上であるが，「満期釈放」の場合は，父母や親族が帰住先となることは少なく，5％の人が更生保護施設に行くが，42％が「その他」であり，どこも行くことができず，刑務所を出てすぐに衣食住に事欠く状態となる人が一定数いることが予想される。

　「満期釈放」の場合，身元引受人がいなければ，一時的に更生保護施設に入ることもあるが，衣食住がないまま社会に戻される高齢者もいる。2006年の下関駅放火事件の福田九右衛門さん（74歳）もそのひとりであり，前件の満期釈放時は74歳で，住むところも食べ物もなく，刑務所に行くしかないと考えて，放火事件を起こすに至っている。

　この下関駅放火事件は知的障害と高齢者の累犯行為の実情を世に知らしめた。この事件を起こした福田さんは，事件を起こす8日前に刑務所を満期で出所したばかりだったが，生活する場所がなく，警察，福祉事務所など8つの公的機関を渡り歩くも，カップ麺や，近くの駅への交通費を渡されたという。放火をした動機として，福田さんは「行く先がなく，刑務所に戻りたかったから」と述べている。山本讓司氏の著書『刑務所しか居場所がない人たち』（山本，2018）によると，拘置所に山本さんが福田さんに面会に赴いて「刑務所に戻りたいなら，火をつけるんじゃなくて，食い逃げとか泥棒とかは考えなかったの？」と問うと，福田さんは「だめだめ，そんな悪いことできん」と答えたという。

　そこで山本さんが「でも放火は悪いことでは？」と言うと，福田さんは「悪いこと，でも火をつけると刑務所に戻れるけん」と答えたというエピソードが描かれている。

　山本（2018）によると，福田さんは，幼少期から父親に虐待を受け，それから逃れるために12歳で放火未遂をして教護院へ入所することになった。教護院は衣食住が保証された「天国」のようであり，火をつけるふりをすれば「天国」に行けると思い，以後は10回放火し，刑務所に40年以上いた「累犯障害者[6]」で，福祉的な支援とは無縁であったという。

　下関駅放火事件で，福田さんは懲役10年の判決を受け，2016年6月に仮釈放されたが，この時84歳であった。このような高齢で知的障害が疑われる福田さんをそのまま社会に戻せば，また「刑務所に戻りたい」と放火などをすることが予想される。この事情が報道されたこともあり，福岡県地域生活定着支援センター「抱樸」が福田さんの身元引受人とな

6　累犯障害者

　触法行為を何度も繰り返して行ってしまうことを累犯というが，知的障害や認知症等がある人で，生活に困窮して軽微な窃盗を繰り返したり，刑務所に戻れば衣食住が保証されると考え触法行為を行ってしまう場合がある。刑法56条では前回の刑の執行が終わってから5年以内の再犯は累犯加重といって刑が重くなることが定められており，生活困窮者や障害への社会的支援がなされていない人が結果的に刑務所に長期間出入りを繰り返してしまうことが，2006年の下関駅放火事件を契機に社会問題となっている。

り，衣食住の支援を行っている。

　山本氏は，「刑務所には，見るからに凶暴な男や手に負えないチンピラたちがいる，と思っていた。だが，自ら栃木県の黒羽刑務所に服役して見た光景は，全く違った。『寮内工場』と呼ばれるところに，知的障害者や精神障害者，認知症の高齢者が集められていたのだ」(中略)「駐車中の車の窓が開いていて，10円玉が3枚見えたから，つい手が出た人。お母さんが『神様に預けたお金』と言っていたことを思い出し，『神様に助けてもらおう』と賽銭箱から200円を取った人。お腹がすいたため，おにぎりやパンを盗んだ人……。善悪の区別がつかない人が，軽微な罪で少なからず受刑しています。軽度の知的障害者は，ひとりで外出ができ，外見からも障害が分からない場合が多く，奇異な行動が出ると，モンスター視される。そういった状況と，法を犯すことが密接に関係しているという。福祉や家族から見放された揚げ句に困窮し，窃盗などに追い込まれるケースが多いのだ」(『日刊ゲンダイ』2018年7月26日記事より)と，受刑者の実情を紹介している。

　このように，刑務所にいるのは，凶悪犯ばかりではない。知的障害や発達障害，認知症があり，支援の必要な高齢者もいるのである。

17. 地域生活定着支援事業

　下関駅放火事件を契機に高齢や障害を持つ人が刑務所や少年院から出た際に，社会でサポートする仕組みが必要であることが明らかになり，厚生労働省の事業として，平成21年(2009)から「地域生活定着支援事業」が始まった。

　この事業は，高齢者や障害者の支援に実績のある団体や社会福祉法人が各都道府県の地域生活定着支援事業を受託している。たとえば岩手県の地域生活定着支援センターは，長年岩手県内で知的障害者施設を運営していた社会福祉法人が受託している。これまで高齢者や障害者を支援してきたノウハウを活用し，社会福祉士を中心に，アパートの契約，生活保護の受給申請や障害者手帳の申請への同行といった「コーディネート業務」，その後の生活相談に引き続きのっていく「フォローアップ業務」，

さらに地域の高齢者や障害者の触法行為への相談支援を行う「相談支援業務」を行っている。

　平成28年度，全国の地域生活定着支援センターでのコーディネート業務は1384件，フォローアップ業務は2037件，相談支援業務は1300件で件数は毎年増えており，地域生活定着支援事業は刑務所や少年院から出てきて帰住先がなかったり，衣食住や医療など福祉的な支援が必要な出所者にとって重要なセーフティーネットとなっている。

　地域生活定着支援センターについては，本書ケース編のケース9で取り上げるが，ここでは地域生活定着支援事業が，出所者の社会福祉的支援にとって重要な事業であるにもかかわらず，2020年4月現在，まだ法

（令和3年）

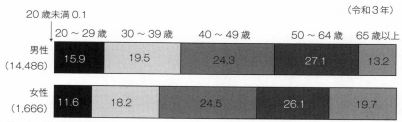

注　1　矯正統計年報による。
　　2　入所時の年齢による。ただし，不定期刑の受刑者については，入所時に20歳以上であっても，判決時に19歳であった者を，20歳未満に計上している。
　　3　（　）内は，実人員である。

図1-18　入所受刑者の年齢層別構成比（男女別）（出典：『平成30年版犯罪白書』）

②　満期釈放等

（令和3年）

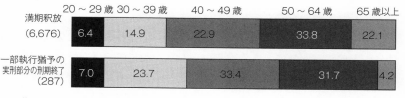

注　1　法務省大臣官房司法法制部の資料による。
　　2　出所時の年齢による。
　　3　（　）内は，実人員である。

図1-19　出所受刑者の年齢層別構成比（出所事由別）（出典：『平成30年版犯罪白書』）

制化がなされていないことを述べておきたい。今後はこの地域生活定着支援事業に関する法律を整備し，恒久的な制度として，受託する各都道府県の地域生活定着支援センターが安定した運営ができるような法的仕組みを整備することが課題である（図1-20）。

就労・住居の確保について

　少年院や刑務所などの矯正施設を退所したり，保護観察や在宅処遇に付された場合でも，生活の基盤となる住居の確保，就労への支援がなされないと生活が不安定になる。処遇が終盤になった時に，帰住先が確保できない場合，被収容者の心情も不安定となる。可能であれば希望する者には，居住支援法人と連携し，いくつかアパートを探したり情報提供を受け，ここであればがんばれるといった心情になってから送り出すことが望ましい。住居の確保について，多くの被収容者や在宅処遇者がその情報にアクセスできるような仕組みを作ること，居住支援法人の活用も考えられる。

　就労支援についても，希望する対象者に対して，就労支援事業所へスムーズにつなぐ仕組みが重要である。現在は，特別調整や独自調整の対象者となっているが，その範囲を広げ，処遇の終盤からいくつかの就労支援事業者と面談を重ねる機会をもうけ，就労支援事業者との信頼関係を構築し，スムーズに就労支援につながることが重要と考える。

　一般就労と福祉的就労の狭間にある者の就労の確保についても，上記と同様の，いわば「おためし期間」のような機会を作ることが必要と考えられる。知的障害による福祉的就労まではいかないものの，発達障害や精神障害傾向を抱えて一般的就労が難しいケースが多く，こうした人々に自主的に就労を促しても困難があり，やはり専門の就労支援事業所につなぐことが必要であるが，いきなりつなぐのではなく，処遇中から面談を重ねて信頼関係を構築することが重要と考える。いわば安心して矯正施設から出られる仕組みが必要である。

　まとめると，少年院や刑務所では，家庭や知的・発達側面，就労面で困難を抱える人が多く，帰る家もないこともあり，住居支援，福祉的支援，就労支援，生活保護などの経済的支援がセットで提供されることが

地域生活定着促進事業

○　高齢又は障害により自立が困難な矯正施設退所者に対し、退所後直ちに福祉サービス等につなげ、地域生活に定着をはかるため、各都道府県の「地域生活定着支援センター」と保護観察所が協働して進める地域生活定着促進事業を推進する。
○　地域生活定着支援センターで、①入所中から帰住地調整を行うコーディネート業務、矯正施設退所後に行う②社会福祉施設入所後の定着のためのフォローアップ業務及び、③退所後の福祉サービス等についての相談支援業務を一体的に行うことにより、社会復帰と再犯防止に寄与する。

（参考）○受入先がない高齢者又は障害を抱え自立が困難な者は約1，000人／年（平成18年法務省特別調査）
　　　　○65歳以上の満期釈放者の5年以内刑務所再入所率は約70％、65歳以上の高齢再犯者のうち約4分の3が2年以内に再犯に及んでいる
　　　　（平成19年版犯罪白書）
　　　　○知的障害者又は知的障害が疑われる者のうち 犯罪の動機が「困窮・生活苦」であった者は36.8％（平成18年法務省特別調査）

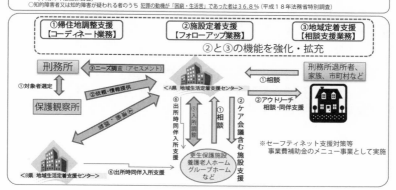

図1-20　地域生活定着促進事業（厚生労働省ホームページより）

必要である。就労だけ，福祉だけ，住居だけ，ではなく，すべてセット，パッケージにした支援を提供すること，その事業者を処遇終盤から面談を重ねて信頼関係を築いたり，場合によっては，矯正施設から被収容者が見学や宿泊体験をして，これならできる，という安心感を得られるようにすること，そうした支援事業所を積極的に育て，加算などの措置を講じることも必要と考える。

学校と連携，修学支援について

　少年事件では，家庭環境面や発達面での困難があり，幼少期から学業へのつまずき，不登校が見られ，思春期以降に非行行動として表れている場合が多い。しかし，少年院という安心できる環境下では，勉強に目覚める少年も多い。高卒資格を取ることは人生に可能性が開かれるだけでなく，自信にもなる。もちろん知的・発達面でハンディを抱えている少年もいるので，心理職や教育の専門家もチームとなって就学支援に取

り組むことが「標準」となることが望まれる。

アセスメント機能の強化

　少年や受刑者に対して，知能検査や学力検査の結果をフィードバックすることが重要である。自分の知能や発達，学力について，よく知らないまま自信を失っている少年も多い。鑑別技官などの専門家を活用し，知能検査や心理検査を行った際は，積極的にフィードバックを行い，少年自身や保護者，支援者，教育する側との情報共有が必要である。私は，この点について，法務省矯正研修所効果研修センターで，知能検査のフィードバックについての研修講師を行ったが，技官の皆さんの関心は非常に高かった。検査結果を処遇側だけが持つのではなく，少年自身や支援者と共有し，支援のツールとすることが望まれる（熊上，星井，熊上，2022）。

18. 犯罪の防止は可能か

　本書の冒頭にも述べた 2018年11月に奈良市で行われた日本犯罪心理学会で公開シンポジウム「凶悪犯罪をどのように防止するか」に戻ろう。ある犯罪心理学者は，銃乱射事件やテロ事件，少年の凶悪事件の事後的調査を行い，事件を起こす前には前兆行動が見られることから，これを見逃さないことが犯罪防止につながると報告した。一方，刑法学者は「テロを予防することはできない。それよりも，原因となる社会問題を解決することが大切」と述べていた。前者の犯罪心理学者は，犯罪をする個人をターゲットとしたミクロ・レベル，刑法学者は，社会問題の解決というマクロ・レベルの見地から犯罪防止を論じている。確かに，テロ事件などは，移民問題や格差問題が背景にあり，これを解決することがテロ防止になるし，銃乱射事件では，個別支援も大切だが，何よりも銃のない社会を目指すことが犯罪防止になる。このように犯罪予防はミクロ・レベルとマクロ・レベルの両者の視点から制度設計をする必要がある。

性犯罪者への「電子監視」は性犯罪を防止するか

　同シンポジウムでは，性犯罪やDV，ストーカー犯罪をした人に，身体に電子機器（小さいGPS装置）を取り付けて，保護観察官が監視するシステムが，性犯罪やストーカー犯罪を防止できるかの議論も行われた。

　シンポジウム登壇者の国学院大学甘利教授（刑法学）の報告によると，GPS監視システムはアメリカのフロリダ州で1997年に取り入れられた。15歳未満の子どもへの性犯罪者は相当期間，12歳未満の子どもへの性犯罪者は一生涯GPS装置を付ける。また，性犯罪者の氏名・住所，DNA情報を公開する法律もあるという。他方，実は電子監視機器を販売しているのがフロリダ州知事の親族であり，電子監視は政治とビジネスの癒着という側面もある。

　性犯罪において，電子監視は犯罪予防に資するかという問いに対して，甘利教授は，9割は電子監視をしてもしなくても再犯しない。6％は電子監視をしてもしなくても再犯する。残り4％に電子監視により再犯防止効果があるという。その4％のために電子監視を取り入れることが，人権面およびコスト面で相当なのかとの疑義を呈していた。要するに再犯防止効果は乏しいのである。

　さらに重要なのは，電子監視は「監視する側」と「監視される側」に分かれるため，保護観察官と被観察者との間に信頼関係がなくなり，敵対関係が生じ，指導や支援ができにくくなる。すなわち電子監視は指導・支援関係が成り立たなくなる。それよりも指導・支援関係や信頼関係の構築と治療的取り組みが再犯防止のために必要である。

　一方で，DVやストーカー犯罪に対して，DV等の関係者双方にGPS装置を持たせることは，犯罪予防になるのではないかとの見解もあった。

　しかし，京都大学の高山教授（刑法学）は，最高裁判決でGPS捜査が違法となったことからも，GPSによる犯罪予防は憲法上の制約があること，また対症療法ではなく根本的な問題解決が必要との提言があった。犯罪心理学者は，犯罪・再犯予防にあたっては監視だけではなく，DVなど被害者保護を徹底する制度の設計などを，犯罪をした人の心理をふまえて提言していく必要があろう。

19. 治療的法学と司法福祉

　これまで概観したように，触法行為とは，「（自分とは縁の遠い）悪い人が悪いことをやっている」ではなく，「高齢者や障害を持つ人や，家庭環境が大変な人たちが，結果的に生活のため，支援を受けられないために触法行為に陥っている」ことも多く，誰でもおこりうることと考えることができる。そこで，触法行為に対しては，刑罰ではなく，治療を優先する法学，裁判の在り方の理論が提出されてきた。

　米国では1980年代から，薬物犯罪について，刑罰よりも治療を重視するドラッグ・コート（薬物裁判）や，メンタルヘルス・コート（精神障害裁判所），ホームレス・コート（ホームレス裁判所）などのさまざまな試みがなされている（刑事立法研究会，2018; 丸山，2015）。

　触法行為に対して刑罰を科すのではなく，治療や社会的支援を行うこと，そのために，薬物防止プログラムや，医療プログラムを提供したり，裁判所がコミュニティに出て行って，ホームレスの人たちに必要な社会的支援につなげる試みがなされている。こうした試みを「治療的司法（Therapeutic jurisprudence）」という。

　治療的司法は，三層構造に分かれており（刑事立法研究会，2018），理論的基盤としての「治療的法学」，司法場面への応用として「治療的司法」，そしてドラッグ・コートやメンタルヘルス・コート，ホームレス・コートなどの具体的な「問題解決裁判所（Problem solving court）」の構造となっている（図1-21）。

　米国では1980年代からこれらの問題解決裁判所が設置されている。ドラッグ・コートでは治療か判決かを被告人が選ぶことができ，その経過を見て判決を受けるシステムもある。こうした「治療プログラムを受けてしばらく様子をみる」ことをダイバージョンという。

　治療的法学の創始者であるプエルトリコ大学のウェクスラー教授が2017年の犯罪心理学会で来日講演をした時，ボトルとワインの比喩を用いて語っていた。ボトルは，システムのことであり，裁判システムや法システムの治療的法学の枠組みのことである。ワインは実際の薬物防止

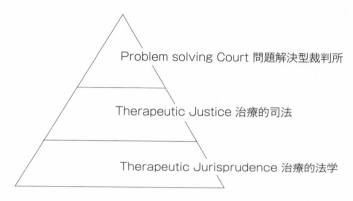

治療的法学の三層構造

Problem solving Court 問題解決型裁判所

Therapeutic Justice 治療的司法

Therapeutic Jurisprudence 治療的法学

図1-21　治療的法学の三層構造（刑事立法研究会（2018）を参考に筆者が作成）

プログラムなど具体的支援の仕組みである。このどちらも欠けてはうまくいかず，「法的枠組み」と「支援の仕組み」の両方を作ることが必要だと話していた。

　実際に少年事件や刑事事件を見ると，薬物事犯や発達障害・精神障害が背景にあるケースが多い。それらのケースは刑罰よりも治療が必要なことも多く，その人自身のため，あるいは再犯防止という社会的観点からも，ドラッグ・コートのような問題解決型裁判所，治療的司法の枠組みを日本でも検討すべきであろう。

　日本では，野球選手や芸能人などの著名人が薬物所持で捕まるたびにバッシングが見られるが，かれらもさまざまなプレッシャーやストレスにさらされ，孤独で誰にも相談できぬまま，薬物に依存していたのかもしれない。そうした人たちはすでに報道により大きな社会的ダメージを受けているのであり，さらに制裁を加えるのではなく，かれらの問題解決・治療をサポートして，薬物依存に苦しむ人や家族の目標となるような在り方が望まれる。

Ackerman, M. J., & Ackerman, M. J. (2010). Essentials of forensic psychological assessment, Wiley.

Bonta, J. and Andrews, D. A. (2017). *The psychology of criminal conduct*(原田隆之訳 (2018). 『犯罪行動の心理学』北大路書房)

Caplan (1964). Principles of Preventive Psychiatry. New York: Basic books.

Cederlund (2008). Asperger Syndrome and Autism: A Comparative Longitudinal Follow-Up Study More than 5 Years after Original Diagnosis. *Journal of Autism and Developmental Disorders*, 38, 72–85.

Engel (1977). The Need for a New Medical Model: A Challenge for Biomedicine, *Science*, New Series, 196, 129-136.

Famularo, R., Fenton, T., Kinscherff, R., Barnum, R., BoLDuc, S., & Bunschaft, D. (1992). Differences in neuropsychological and academic achievement between adolescent delinquents and status offenders. *The American Journal of Psychiatry*, 149(9), 1252-1257.

Farrington, D. P. (1995). The development of offending and antisocial behaviour from childhood: Key findings from the Cambridge study in delinquent development. *Journal of Child Psychology and Psychiatry*, 36(6), 929-964.

藤田和弘（監修）熊谷恵子・熊上崇・小林玄（編著）(2016). 『長所活用型指導で子どもが変わる・part5——KABC-Ⅱを活用した社会生活の支援』図書文化

Hippler, et al. (2010). No Increase in Criminal Convictions in Hans Asperger's Original Cohort, *Journal of Autism and Developmental Disorders*, 40, 774–78.

法務省法務総合研究所編『平成30年版犯罪白書』

法務省法務総合研究所編 (2023). 『令和４年度犯罪白書』

Jackson & Roesch (2016). *Learning forensic assessment 2nd edition*, Routledge.

川上ちひろ (2015). 『自閉スペクトラム症のある子への性と関係性の教育』金子書房

刑事立法研究会 (2018). 『「司法と福祉の連携」の課題と展開』 現代人文社

菊池春樹・森田展彰・田上洋子 (2011). 「自閉症スペクトラム障害の思春期における性的な行動に関するアセスメントツールの作成」『児童青年精神医学とその近接領域』, 52(1), 1-20.

清永聡 (2018). 『家庭裁判所物語』日本評論社

熊上崇（2004）．「アスペルガー障害を持つ放火事例」『精神科治療学』，19(10)，1215-1221.

熊上崇（2006）．「広汎性発達障害を持つ非行事例の特徴」『精神神経学雑誌』，108(4), 327-336.

熊上崇・熊谷恵子(2009)．「LD・AD/HDの傾向を有する非行事例の頻度と特徴」『LD研究』，18(3), 274-283.

熊上崇・熊谷恵子（2011）．LDを有する触法事例に関する研究動向——わが国および米国における知能検査，学習習得度，転帰，介入の調査結果を中心に『LD研究』，20, 219-230.

熊上崇（2015）．『発達障害のある触法少年の心理・発達アセスメント』明石書店

熊上崇・星井純子・熊上藤子（2022）．『心理検査のフィードバック』図書文化

熊谷恵子・加藤喜久・池上雅子（2007）．「少年院少年の算数障害の特徴——軽度発達障害の行動傾向をもつ少年について」『筑波大学学校教育論集』，29, 29-36.

Laub & Sampson（2003）．*Shared beginnings, divergent lives delinquents boys to age 70*. Harvard University Press.

丸山泰弘（2015）．『刑事司法における薬物依存治療プログラムの実際』日本評論社

松浦直己（2015）．『非行犯罪心理学』明石書店

McNamara, J., Vervaeke, S. L., & Willoughby, T.（2008）．Learning disabilities and risk-taking behavior in adolescents: A comparison of those with and without comorbid attention-deficit/hyperactivity disorder. *Journal of Learning Disabilities*, 41(6), 561-574.

Meltzer, L. J.（1986）．Cognitive and learning profiles of delinquent and learning-disabled adolescents. *Adolescence*, 21, 581-591.

Meltzer, L. J., Levine, M. D., Karniski, W., Palfrey, J. S., & Clarke, S.（1984）．An analysis of the learning styles of adolescent delinquents. *Journal of Learning Disabilities*, 17(10), 600-608.

Moffitt, T. E., Caspi, A., Harrington, H., & Milne, B. J.（2002）．Males on the life-course-persistent and adolescence-limited antisocial pathways: Follow-up at age 26 years. *Development and Psychopathology*, 14(01), 179-207.

Mouridsen, S. E., Rich, B., Isager, T., & Nedergaard, N. J.（2008）．Pervasive developmental Disorders and criminal behaviour: A case control study.

International Journal of Offender Therapy and Comparative Criminology, 52(2), 196.

日本精神神経学会（日本語版用語監修），高橋 三郎・大野 裕（監訳）（2014）．DSM-5 精神疾患の診断・統計マニュアル．p49-50，医学書院

大久保賢一・井上雅彦・渡辺郁博（2008a）．「自閉症児・者の性教育に対する保護者のニーズに関する調査研究」『特殊教育学研究』，46(1), 29-38.

越智啓太・桐生正幸（編著）（2017）．『テキスト司法・犯罪心理学』北大路書房

Redding, R. E.（2010）. Juvenile transfer laws: An effective deterrent to delinquency?. *Juvenile Justice Bulletin, August.* （翻訳：岡邊健「少年移送法は非行に対する効果的な抑止力となるか」葛野尋之・武内謙治・本庄武編著（2020）．『少年法適用年齢引き下げ・総批判』現代人文社所収，pp.187-215.）

Rucklidge, J. J., McLean, A. P., & Bateup, P.（2009）. Criminal offending and learning disabilities in New Zealand youth: Does reading comprehension predict recidivism? Crime & Delinquency, Online available.

裁判所職員総合研修所（監修）（2012）．『重大少年事件の実証的研究──親や家族を殺害した事例の分析を通じて』司法協会

Seo, Y., Abbott, R. D., & Hawkins, J. D.（2008）. Outcome status of students with learning disabilities at ages 21 and 24. *Journal of Learning Disabilities*, 41(4), 300-314.

須藤明（2018）．『少年犯罪はどのように裁かれるのか。──成人犯罪への道をたどらせないために』合同出版

田宮裕・廣瀬健二（編）（2018）．『注釈少年法　第4版』有斐閣

十一元三・崎濱盛三（2002b）．「アスペルガー障害の司法事例──性非行の形式と動因の分析」『精神神経学雑誌』，104(7), 561-584.

十一元三（2006）．「司法領域における広汎性発達障害の問題」『家庭裁判月報』，58(2), 1-42.

鳥居深雪（2009）．『脳からわかる発達障害』中央法規

Walsh & Hemmens（2008）. Introduction to criminology, A text/reader, Sage.

Ward.T., Brown, M.（2004）. The good lives model and conceptual issues in offender rehabilitation. *Psychology, Crime & Law*, 10, 243-257.

山寺香（2017）．『誰もボクを見ていない』ポプラ社

山口雅敏・植田満・小栗正幸（2007）．「WAIS-R で査定された認知特性と心理要因との関係──非行少年を対象とした実証的研究」『LD研究』，16(1), 73-83.

山本讓司（2018）．『刑務所しか居場所がない人たち』大月書店

1．家事・民事事件からのアプローチ

　これまで犯罪心理学のテキストでは，家事・民事分野は取り上げられることはほとんどなかった。

　しかし，少年非行の実際のケースでは，非行の背景に親の離婚や親権をめぐるトラブル，別居親との面会交流が不安定であることにより，同居親や少年本人のメンタルヘルスに悪影響が出ていたり，別居親からの養育費の送金がないために，ひとり親家庭（多くは母子家庭）が経済的に困窮して，同居親が生活に追われて昼夜働き，子どもが放任されて非行化することがよく見られるところである。

　また，成人犯罪のケースでも，2016年の警察庁の調査によると，殺人事件は55％が親族間で発生している。離婚や相続に関する家事事件に起因するトラブルが刑事事件に発展することはよく見られる。また，面会交流の調整がうまくいかず，子どもを道連れにして心中するケース（兵庫県伊丹市の事件，本書70ページ参照）もある。

　このように，刑事・少年事件と家事・民事事件は密接不可分なものであり，「司法犯罪心理学」は刑事・少年非行だけでなく，家事・民事分野も重要な構成要素である。

　そこで本章では，離婚，面会交流（別居親と子の面会のこと），養育費，後見制度など家事事件の概要を説明する。

2．離婚の制度・法的諸問題

　日本の年間の婚姻件数は厚生労働省の統計では約62万件であり（図2-1），離婚件数は約22万件，つまり1年に約44万人が離婚している（図

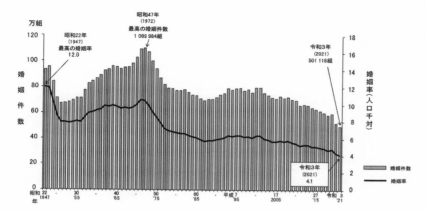

図2-1　婚姻件数及び婚姻率の年次推移（出典：『令和３年度人口動態統計』）

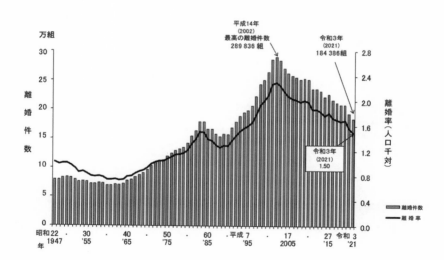

図2-2　離婚件数及び離婚率の年次推移（出典：『令和３年度人口動態統計』）

2-2)。民法では，離婚の形式は「協議離婚」「調停離婚」「裁判離婚」の三種類であり，「協議離婚」は互いの合意により子どもがいる場合は親権者を定めた上で市町村役場に提出する。「調停離婚」は家庭裁判所の調停により離婚や親権，養育費，財産分与などで合意があれば，判決と同じ効力を持つ離婚の形式である。しかし調停で合意できない場合は，「裁判離婚」を求めて家庭裁判所で訴訟をすることができる。

　協議離婚は全体の離婚のうち 87.4% である。しかし，離婚届を受理しないように求める「不受理届」は年 2 万件あり，双方の合意がないまま提出されているケースもある。

　調停離婚で妻の申し立てた 4 万7529件のうち，離婚を求める理由として「暴力を振るう」という DV 事件は全体の23％，1万1032件であり，離婚・別居の理由として DV が多いことは重要である。DV があるケースでは，親権者の決定や，別居親との面会交流の実施，養育費の支払いがうまくいかなかったり，DV から早く逃れるためにやむをえず親権や面会交流，養育費について妥協的な合意をすることもあり，離婚後に調停が再度申し立てられることもある。

　裁判離婚は最高裁判所の統計では，平成29年度の新受件数は年間8813件（うち和解4354件，認容2970件，棄却336件）である。認容や棄却はあくまでも和解できずに争った事例であり，和解は離婚・親権，財産分与などについて双方の同意で解決したものである。離婚訴訟については，近年は有責主義から破綻主義をとり，たとえば不貞行為をした夫または妻からの離婚の訴えに対して，実質上夫婦生活が長きにわたって破綻していると認められれば，離婚を認める判決となることもある（棚村，2012）。

離婚の各制度のメリットとデメリット

　協議離婚は，当事者で合意し市町村役場に提出するという形式のため，簡便で費用もかからず，裁判に比してプライバシーは比較的保護されるといえる。一方で，デメリットとしては，当事者で合意ができているとはいえ，双方が対等な関係かどうかという問題がある。

　とりわけ身体的・心理的な DV や暴言がある場合，居住している家などの夫婦財産の精算，養育費，面会交流の取り決めに対して，強者弱者

の関係が反映してしまう傾向がある。

　調停・裁判離婚は，メリットとしては双方の言い分を第三者である裁判所が中立の立場で聞き，調査や証拠に基づいて客観的に判断できるという点がある。また，調停や裁判で決まった内容は公証力があり，たとえば養育費などがきちんと支払われない場合は，判決や調停調書に基づいて強制執行を申し立てることもできる。デメリットとしては，調停や裁判ではお互いに争うことにより感情的な軋轢が高まり，仮に調停での合意や判決があっても離婚後の養育費や面会交流などがスムーズに行われないことがよく見られる。

　日本の家庭裁判所でも，調停の前などにビデオ（youtube の裁判所チャンネルでも見ることができる）を申立人・相手方に見せて，離婚する際に，子どもへの面会交流や養育費をきちんと決めて履行することや，子どもの心情に配慮しながら面会交流を行うようにという一種の教育プログラム（親ガイダンス）が実施されている。

離婚と子どもに関する法の規定

　公認心理師などの心理職や行政職が知っておきたい離婚に関する民法の規定として，離婚後の子の監護に関する事項の定めがある。以下の条文は，離婚・養育費・面会交流の問題に悩む人を支援する際に知っておかねばならない。

　民法766条①父母が協議上の離婚をするときは，子の監護をすべき者，父又は母と子との面会及びその他の交流，子の監護に要する費用の分担その他の子の監護について必要な事項は，その協議で定める。この場合においては，子の利益を最も優先して考慮しなければならない。②前項の協議が調わないとき，または協議をすることができないときは，家庭裁判所が同項の事項を定める。

　この民法766条の条文①は，協議離婚の際に，親権者，面会交流，養育費（子の監護に要する費用）を決めなければならないが，その際に「子の利益を最も優先して考慮しなければならない」ということである。②

は調停離婚・裁判離婚であるが，「子の利益を最も優先」ということは同じである。

　裁判となれば，夫婦間でそれぞれの言い分があり，養育費や親権についての話し合いでも，互いを非難し，感情的もつれから「子どもを会わせたくない」「養育費を払いたくない」となりがちである。しかし，法律上も道義上も最も優先すべきは子の利益であり，子どもの健やかな成長のためには，養育費を双方の経済状態に応じて分担すること，子どもが両親から愛されているという実感が持てるように面会交流に関する日時やルールを定められることを，話し合いの冒頭や途中でも確認していくことが重要となる。もちろん，感情のもつれが激しいケースでは，話し合い自体が困難になりがちであるが，夫婦間の争いから子どもの将来へ目を向けるように援助することも心理職の役割といえよう。

3．面会交流

　1977年のアメリカ映画『クレイマー・クレイマー』は，元夫婦の間で親権と面会交流の訴訟を描いた名作である。映画では，DVや不貞行為は描かれてはいないが，レストランで子どもを引き取りたいと話す母親に対して，父親役のダスティン・ホフマンが持っていたワイン入りのグラスを壁に投げつけて割るシーンがあり，母親役のメリル・ストリープがおびえながら首を振る場面がある。これは心理的なDVであり，当事者間で冷静に話ができない一因となっている。

　映画では，裁判では互いの収入や養育状況について争いつつ，裁判所の命令に従い，二人が連絡をとりあって子どもと別居親（母親）との面会交流は実施できているが，子どもが「僕が悪い子だからお父さんとお母さんは離婚したんだよね」「僕がいい子にしていたら（お母さんは）戻ってくる？」などと話すシーンがあり，両親の離婚に直面した子どもの心情がよく描かれている。

　子どもは，両親の離婚に際して，「自分が悪い子だから」と自責の念を持ちやすく，そのことで子どもの心身の不調となることもある。

　そこで，アメリカでは，離婚の際には，「離婚プログラム」を受講す

図2-3　両親が離婚した子どものための絵本

ることを定めていている州も多い。プログラムはインターネットで受講できたり，両親が離婚する子どもが読む本も出版されている。

It's not your fault, Koko bear（図2-3）という絵本は，クマの家族の物語で，両親が離婚し，母親と同居することになった子グマ（ココベアー）の物語である。両親が離婚することになり，自分の責任ではないかとベッドで泣いていたりするココベアーに両親が「君のせいじゃないよ」と話しかけている。

絵本を通じて，子どもに対して，離婚は親同士の問題であり，子どもには責任がないこと，しかし，親は両方とも子どもを気にかけ，愛していること，そこで，面会交流では決まった日に別居親と過ごすことなどが，かわいらしい絵で表現されており，子どもが抱きがちな罪悪感や自責感を減じさせるような工夫がされている。

面会交流のメリットとデメリット

面会交流には，メリットとデメリットがあることを，支援者や心理職は留意しなければならない。面会交流が父母の協力のもとで適切に行われれば，子どもの発育に好影響がある。一方で，デメリットとしては高紛争，高葛藤，DV事案で面会交流を行うことは事件・事故の危険性が高まり，子の福祉にとって利益とならない。

兵庫県伊丹市　面会交流での無理心中事件

2017年4月には兵庫県伊丹市で，面会交流中の父親が4歳の娘を殺して自殺した無理心中事件が起きた。

2017年5月23日の毎日ジャーナリズムの記事によると，父母は2010年2月に結婚し，母親が家事育児を担っていたが，父親は生活費を月

2万円しか渡さず借金を繰り返し，感情の起伏も激しく，夜通しの説教や家具を壊すといったDVが続き，2016年11月に父親が突然離婚届を提出，その後，母親が神戸家庭裁判所伊丹支部に養育費の調停を申し立てて，そこで面会交流についても話し合った。

　父親の求めに応じて2016年11月から月1回，父子2人で面会交流をした。その後，父親が面会交流の頻度を増やすように要求したが，合意ができずに家庭裁判所の審判となり，事件当日は審判後はじめての面会であった。

　この伊丹市のケースのように，高葛藤・高紛争でDV等があるケースでの面会交流は，元配偶者への感情的軋轢が高まり，面会交流中の無理心中事件や，子どもを殺害する事件もしばしば報告されている。記事の中の斉藤秀樹弁護士によると，米国では2009年6月以降の7年間で面会交流を認めた親による子の殺害事件が475件報道されているという。高葛藤事案での面会交流は，このように子どもに危険が及ぶこともある。

4．裁判所命令による面会交流における子どもの心理

　米国のWallerstainによる，離婚後の子どもを25年間追跡調査した研究を紹介しよう（Wallerstain, 2000）。

　Wallerstainは，離婚後も子どもと関わりを持たない父親がいる子どもは，見捨てられたとの不安や怒りから，思春期以降に非行や問題行動を起こす事例を多く記載している。確かに離婚後の子どもに別居親が音信不通であることは，子どもの心に不安を残すものである。

　一方で，Wallerstainは，「裁判所の命令によりスケジュール通りに面会していたケース」も紹介している。裁判所命令なので，子どもの意思に関わりなく，スケジュールに従い，別居親のもとに行かなければならない，という子どもの心理を以下のように描いている（前掲書pp.273-275）。

　　14歳の誕生日に私（ワラースタイン博士）と面談した彼女は切羽詰まった様子でこう尋ねてきた。「いくつになったら，父さんとの面

会を拒絶できるの？」「私は，父さんの家ではよそ者って気がするの。友達も居ないし，何もすることがないんですもの」「だっていかなくちゃいけないんだもの，バカな判事がそう言ったのよ，月に2回と，7月は丸1ヶ月よ」「父さんは私を愛していないのよ。愛しているなら相手を尊重するはずだわ。父さんは一度だって，私が面会に来たいか，私が何をしたいか聞いたことがないわ。私が行かないことを絶対に許してくれないの」

　「夏が近づくと，友達は皆ワクワクしているの。私はうんざりよ，7月なんか大嫌い，最悪だわ。去年の7月は，ずーっと泣き通しで，なんでこんな罰を受けるんだろうって考えたわ。私がどんな罪を犯したっていうの？　私は寂しくて，友達に会いたくてたまらなかった。ポーラと私は毎晩泣きながら寝たわ」

　「パパの家は大嫌いだったわ。月に2回の週末を別の親のところで過ごすなんて，子どものためにはよくないと思う。私の友達はいつのまにか，私が家に居る週末にすら誘ってくれなくなったわ」

　他にも，Wallerstain は週末の宿泊面会交流が命じられたために，少年野球チームの試合に出られない子どもや，週末毎に飛行機に乗る子どもの姿も描いており，Wallerstain は「私の研究では，裁判所の命令の下，厳密なスケジュールに従って親を訪ねていた子どもたちは，大人になってから一人残らず，親のことを嫌っていた。大半は，訪ねることを義務づけられていた親の方に腹を立てていた。彼らは皆大きくなると，無理矢理訪ねさせられていた親を拒絶した。」と記載している。

　そのうえで，Wallerstain は「なぜ法制度は，子どもが自分の生活を決める計画に参加する権利を持つべきだという事実を把握していないのだろう（同書p.282）。」と論じている。

　英国Cafcass（子の監護紛争について家庭裁判所に子どもの立場からアセスメント・提言する行政機関：Children and Family Court Advisory and Support Service）では，子どもの監護紛争の当事者による「若者委員会」があり，家庭裁判所の手続きを経験した7歳から25歳の若者70人がその体験をシェアしたり勧告している。学習や家裁の改善のグループもあ

り，当事者や専門家が協働してより良い家裁の子どもに関する実務を作っている。

　子どもの法的紛争に関することについて，子どもに聞き，また実務の改善策を子ども達がシェアしたり意見を出すという仕組みが素晴らしいと感じた。他にも，家裁手続きを経験した子どもの電話相談ホットラインなどもある。

　面会交流などの子の監護紛争について，当事者である子どもの意見を聴き，尊重し，その仕組みを子どもたちと作っていくことが求められよう。「私たちのことを私たちぬきに決めないで」ということだ。

日本における面会交流の実務

　2012年に面会交流について，家裁実務の指針の一つとなっているのが，2012（平24）細矢裁判官・進藤裁判官・野田調査官・宮崎調査官による論文「面会交流が争点となる調停事件の実情及び審理の在り方〜民法766条の改正をふまえて」家裁月報64(7)，1-97 である。これによると，面会交流調停の審理の基本方針を以下のように述べている。

　　子の福祉の観点から面会交流を禁止・制限すべき事由（面会交流の実施がかえって子の福祉を害すると言える特段の事情）が認められない限り，具体的事案に即して，面会交流の円滑な実施に向けて審理・調整を進めることを基本方針とする。

そのうえで，

- 第1回調停では，面会交流を禁止・制限すべき事由の有無の検討（双方に裏付け資料を求める，調査官調査など）
- 禁止・制限すべき事由が認められない場合，面会交流の阻害要因（感情的対立・子の状況など）に応じて，面会交流の試行など，面会交流を円滑に実施するための環境整備をすすめる　としている（同論文p.75）。

　また，面会交流を制限・禁止すべき事由として，以下の4つを挙げている。

- ア　非監護親の連れ去りのおそれ
- イ　非監護親による子の虐待のおそれ
- ウ　非監護親による監護親に対する暴力など（DV）
- エ　子の拒絶（ただし，真意からの拒絶か，禁止・制限事由にならないこともあると記載）と記載している（同書p.77）。

　このような基本方針が示された背景として，増加する面会交流調停事件について，紛争性の高い事例も多く，その解決のための枠組みを示すことで，困難事例の解決を目指そうと考えられる。その基本方針は，「面会交流を禁止・制限事由（4つ）がなければ，面会交流の試行や実施のための環境整備を進める」とのことであり，まず双方の言い分を聞いていくのである。

　ただし，ここで問題となるのが，4つの禁止・制限事由のうち，DV，子への虐待，子の拒絶，の3点が，紛争性の高い事案では，いずれもその有無について争点となり，それらが禁止・制限事由になるのかがハッキリさせることができず，結果的に，面会交流の試行や実施に向かうことが多くなるという傾向が見られて，いわゆる「原則的面会交流実施論」という実務が2012年頃から2020年頃まで見られるようになってきた。このため，DVや虐待が同居親から主張されるケースでも，面会交流の取り決めが行われるようになっていた。

　たとえば，2018年には現職の家裁裁判官と家裁調査官による著書（片岡，萱間，馬場『実践調停〜面会交流』日本加除出版，2018）では，ある架空ケースの中で（同書p.262），

　　同居親（母親）が「子どもが嫌がった場合はどうなるのでしょうか？」との問いに対して，調査官は「お子さんを育てていく上では，お子さんが嫌がってもきちんと説明して言うことを聞かせなければならないことがたくさんありますよね」
　　「歯医者に行くのを嫌がっても，必要であれば受診させなければいけません」「（面会交流の）試行の実施に，お子さんを納得させてきち

んと参加させるというのは（中略）同居親としての責任と裁判所は考えているのです」と記載されている。そのうえで，調査官のポイント解説として「子どもが嫌がってもさせなければならないことってたくさんありますね，確かに歯医者さんは典型的な一つといえそうです」「一番大切なのは，面会交流が子どもにとって必要なことだと同居親がしっかりと理解することです」

と記載されている。このような考え方は，「プロ・コンタクトカルチャー」（原則的面会交流実施論）であり，子どもが拒否していても，面会交流は子どもにためになるという考えで調停運営がなされていた。

　しかしながら，面会交流は子どもにとって歯科受診とは異なる。双方の親と子が協働できる面会交流は子どもにとって有益であるが，子どもが嫌がる面会交流を強制することは，歯科受診のように有益であるという研究は，著者の知る限りではない。むしろ，子どもの心理に禍根を残すことは離婚後の子どもを25年間追跡したWallerstain博士が指摘している。

　その後，「原則面会交流実施論」（プロ・コンタクトカルチャー）への批判が高まり，東京家庭裁判所プロジェクトチーム（2020）は，これからは面会交流については「ニュートラル・フラット」の立場で進めていくと述べている。

片親疎外症候群Parental Alienation Syndrome：PAS

　子どもが，別居親に「会いたくない」と述べたことに対して，「同居親が子どもに会わせないように言わせている」「同居親に洗脳されている」という，いわゆる「片親疎外症候群（Parental Alienation Syndrome：以下PASと記載）」の主張が家庭裁判所の面会交流での紛争性の高いケースでしばしばなされている。

　日本だけでなく，海外でも，子どもが面会交流を拒否する際に，別居親からPASの主張が家庭裁判所の調停や，裁判においてなされることがある。

　PASとは，Meier（2009）の研究レビューによると，1980年代に米国

の精神科医リチャード・ガードナーにより，子どもが両親の一方（多くは父親）に対して不当な拒絶的反応を示すこととして提唱された。ガードナーは紛争度の高い離婚ケースにおいて，同居親（多くは母親）が子どもを洗脳して子が別居親を拒否しているとし，治療として子どもを「脱洗脳」することと主張した。また，子どもへの性的虐待の主張は大半が虚偽であると主張したという。いわば，子どもへの虐待への防御の抗弁として使用されたとしている。

　PASについては，APA（アメリカ心理学会）やABA（アメリカ法曹協会），Cafcass（英国の家庭裁判所助言機関）などで根拠がないとして否定されている。APAの「アメリカ心理学会・家庭での暴力に関する大統領タスクフォース」では，1996年に「PASと呼ばれる現象を裏づけるデータは無いが，一部の法廷評価人や裁判所は今でもこの用語を用いて，好ましくない環境や心理的虐待の状況に置かれた子どもの恐怖心を軽視している」と述べている。PASは米国精神医学会によっても科学的な根拠を欠いているとして，「精神障害疾患の診断・統計マニュアルDSM-Ⅳ」に含めることに値しないとされている。

　しかし，国内外での子の監護紛争において，子が別居親との面会交流等を拒否する時に，同居親が洗脳しているという主張は後を絶たず，日本の家庭裁判所調査官研究紀要22号（2017），「子の意思把握の調査の充実に向けた調査方法の研究〜調査に有用なツールを活用した調査の在り方について」においても，掲載されている事例の中で，子どもが「（面会交流に）絶対に行きたくない」「会いたくない」と言っているケースの分析について，片親疎外の理論から解説し（同書pp.44~49），「紛争下の親子関係について，片親疎外に関する知見の理解も重要」（同書p.75）としている。このように裁判所内部にも疑似科学であるPASが入り込み，その結果として子の拒否に反しても面会交流が行われることが指摘されていた。

　しかし，2023年5月には，国連人権委員会特別報告者Reem Alsalem氏の勧告書が出され，片親疎外は疑似科学であり，その概念の使用の禁止や「片親疎外」を扱う専門家の利用の禁止を勧告している。このように子どもの監護紛争や面会交流に関わる専門家は，PAS概念を使用する

ことはあってはならない。子どもの声を丹念に聞き取り，背景事情をもとに子どもの安心な育ちを考慮することが求められよう。

5．親権

親権とは，未成年の子の監護養育権，財産管理，法定代理を行うことである（民法820条，824条）。虐待などで親権の濫用がある場合，親権停止（834条の２），親権喪失（834条）となることもあり，家庭裁判所の審判による。

日本の民法では，父母が離婚する際には，父母どちらか一方が親権者となる単独親権制である（民法819条イ）。

- 819条①　父母が協議上の離婚をするときは，その一方を親権者と定めなければならない。
- 820条　親権者は，子の監護及び教育をする権利を有し義務を負う。
- 824条　親権を行う者は，子の財産を管理し，かつ，その財産に関する法律行為についてその子を代表する。

調停離婚や裁判離婚では，しばしば親権の合意がなされず紛争が高まることがある。そこで，欧米などの「共同親権」制度と比較して，日本は法整備が遅れているという主張もある。

しかし，諸外国で共同親権を導入している国では，DV等事案での面会交流中の事故が多いことから，逆に単独親権への関心も高まっている（小川，2016）。

「家族法制審議会〜親権，子の監護に関する議論」

2022年11月に法務省家族法制審議会が中間試案を発表した。その中で特に社会の耳目を集めているのが共同親権の導入の可否である。共同親権の導入については，賛否が対立している中で，法務省は2022年12月から２ヶ月間にわたり広く国民の声を聴くパブリックコメントを実施した。

しかしなぜ共同親権の可否について意見が対立しているのだろうか。親権は現行法では，婚姻中は共同親権，離婚後は父母どちらかが単独

親権となる。親権とは，身上監護と財産管理，重要事項決定権であるが，特に問題になるのが重要事項決定権である。

　たとえば，保育園や幼稚園に入園する時に，親権者の合意が必要となるが，共同親権になると別居親の合意が必要となる。小学生が病院で手術をする時に，同じく別居親の合意が必要となる。高校の進学に際しても，別居親の合意が必要となる。このような子どもの医療や進学などの人生の節目で，別居親の合意が必要になるということは，逆にいえば別居親が拒否すれば，子どもは希望する医療や進学ができないということになる。元配偶者同士が子どものことで協議可能であれば良いが，別居親が音信不通であったり，DVや子どもへの虐待のあるケースでは，進学や医療措置など重要事項決定の際に合意を得ることが非常に困難となる。

　こうしたことから「シングルマザーサポート団体全国協議会」が実施した同居親側2524人を対象とした調査では，単独親権制度に賛成が60.8％，共同親権に賛成が9.6％，わからないが29.6％であり，単独親権の維持を望む声が多い。一方で，別居親側による408名を対象としたアンケート調査では共同親権を求める声が90％を超えているとのことである（以上は，法制審議会家族法制部会18回（2022年7月）に提出された資料，法務省ホームページ参照）。

　このように，共同親権については，主に子どもや元配偶者に関わりたい別居親側が賛成，元配偶者に関わりたくない同居親側が反対の立場をとって鋭く対立している。ただし，この問題で最も重視すべきは，子どもの安全や心身の健康が確保されるかどうかである。

共同親権と重要事項決定権

　法務省中間試案は，共同親権の甲案，単独親権（現行法維持）の乙案に分かれている（図2-4参照）。甲案は1，2，3に分かれているが，甲1案は，離婚後に原則的に共同親権にするもの，甲2，3案は，協議のうえで共同親権，または協議できない場合は家庭裁判所が共同親権を命じることがあるというものである。協議ができない元夫婦の場合は，家庭裁判所で共同親権が命じられた場合，その決定は法的強制力を持つために，先に述べたような子どもの保育園・幼稚園，小学校や高校進学の際におけ

る別居親の合意が必要となり，とりわけ DV や子どもの虐待がある・あるいはその紛争が生じている家庭では，進学や医療のたびに家庭裁判所で争いが生じ，離婚後の紛争は子どもが成人になるまで続く可能性がある。

　なお，現行の単独親権では，別居親は子どもに面会交流できないとの意見もあるが，これは誤りであり，現行法でも父母双方の協議により面会交流等は可能であり，協議できない場合は，家庭裁判所がこれを定めることとなっている（民法766条）。実際に家庭裁判所で面会交流や共同監護が決定されるケースは，令和３年度司法統計によると，総数11917件のうち月２回以上が974件，月１回以上が5,003件となっている。

親権問題は，当事者だけでなく，子どもに関わる人全体の問題

　仮に共同親権が導入された場合，その影響は元配偶者間だけではなく，幼稚園・保育園，学校関係者にも波及する。保育園や学校の，入園手続きや，修学旅行，進学などの際に別居親の合意を得るために奔走するケースが出てくるであろう。小学校では，しばしば別居親が面会や授業参観

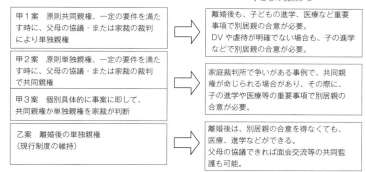

図2-4　法制審議会中間試案（甲案・乙案）における子どもの医療・進学など重要事項決定に関する別居親の合意の必要について，筆者作成

などを求める場合もある。平穏なケースばかりではなく，子どもが嫌がるケースでも対応し，受け入れなければならないかもしれない。医療関係者は，手術などの際に別居親の合意がいる。米国では，既にワクチンの接種に際して別居親が拒否するケースが頻発しており，ワクチンを接種したいという子どもや同居親の意思が尊重されないことも報告されている。

　このように，「共同」とは聞こえは良いが，共同親権により，離婚後も紛争が続き，医療や教育関係者も別居親の合意を得るため紛争に巻き込まれるケースが増大する危惧があるということである。

　子どもにとっては，進学や手術などの人生の節目事に別居親の合意が得られなければ，そのたびに家庭裁判所での調停や審判が必要となり，成人するまでに家庭裁判所での争いが続くケースが出てくるであろう。子どもは成人するまで別居親の意向を確認し，人生の節目ごとに別居親の合意や許可を得なければならなくなる。

　離婚後も父母が共同して協議ができ，子どもの心情に配慮して，親としての責任を持てるケースであれば良いが，家庭裁判所で親権や面会交流等の子どもの監護について争われるケースではDVや子どもの虐待が主張される事例が多い。

　こうしたケースで中間試案の甲案のように家庭裁判所において共同親権が命じられることで，子どもの心身に相当の負担が掛かることも予想されるのである。子どもの安全と心身の健康を守るために何が最善なのか，読者に議論していただきたい。

6．子どものための面会交流

オーストラリア，イギリス，アメリカなどの状況

　オーストラリアでは，2006年の法改正（父権団体のロビー活動が影響しているとされている）により，フレンドリー・ペアレントルールという，面会交流に協力的な親を監護権者とするルールが策定されたため，面会交流がほとんどのケースで行われたが，2009年「ダーシーちゃん事件」が起きた。これは当時４歳のダーシーちゃんが，別居親である父親に橋

から落とされて死亡したケースで，父親によると動機は母親への復讐であった。この「ダーシーちゃん事件」を機に，フレンドリーペアレントルールの見直しが行われ，2011年の法改正で，子どもの心身の安全を第一に考慮されるようになっている。

イギリスでは，英国の Women's Aid（2016）は，2004年から継続的に，面会交流中に子どもが殺害されるケースを分析し，2016年に19人の子どもが別居親（父親）に殺害されたケースを報告している。

この報告によると，これらの事件の多くは，宿泊での面会交流中に発生していること，家庭裁判所で DA（Domestic abuse：家庭内虐待であり，DV や子どもへの虐待を含む）が認識されていても，「子どもへの重大な危害のおそれ」とは見なされていなかったと報告している。また，5ケースでは，父が子どもを殺害した動機は，元パートナー（多くは母親）への復讐のためであった。以上より，本報告では，子どもが面会交流中に殺害されたケースでは，家庭裁判所の責任もあるとし，家庭裁判所の専門家は子の保護を優先すべきとしているが，実際には，家庭裁判所の「プロ・コンタクト・カルチャー（いわゆる，原則面会交流実施論）が浸透し，裁判所が面会交流は子どもの福祉と考えていたために，重度のDAがあったケースでも面会交流の決定がなされ，結果的に宿泊面会中の事件が起きているという。このためイギリスでは，本報告がなされた後，面会交流で子どもが犠牲となることを防ぐ，「Child Firstキャンペーン」がなされている（熊上，岡村，2023）。

アメリカでは，カリフォルニア州では2017年に5歳の男子が実父との面会交流中に殺害された。両親は家庭裁判所の裁判中であった。母親は，裁判所に対して「子どもが父親を怖がっていると訴えたが，裁判所は面会交流の延長を認めていたという。この事件も踏まえて，2020年には，カリフォルニア州で，親権，監護権，訪問権の決定の際に，精神的DV も考慮するよう DV防止法の改訂が提案されている。

さらに，2023年には，カリフォルニア州議会は，家庭裁判所の親権手続きで子どもの安全を優先し，裁判官に家庭内暴力と児童虐待に関する研修を義務付け，家裁での危険な再統合プログラムを禁止する法案「ピキ法」（Piqui's Law）を全会一致で可決した。この法案は，2017年4月

に父親に殺害された５歳の男の子の名前「ピキ」に由来している。ピキの母親であるアナ・エステベスは，ピキの父親である元夫の虐待から子どもを守るため，家庭裁判所で面会交流しないことを主張したが，家庭裁判所は面会交流を命じ，ピキの悲劇的な殺人につながったという。

これ以外にも，米国Center for judicial excellence の調査では，2008年以降，2022年12月現在までに882人の子どもが面会交流または共同監護中に別居親に殺害されたと報告している。これらは子どもへの殺意というよりも，同居親との共同親権下における監護権や面会交流権の裁判の延長下で行われており，結果的に別居親の同居親への憎悪や攻撃が，結果的に子どもに向かうことになっているのである（https://centerforjudicialexcellence.org/）。

このように近年では，DVケースでも家庭裁判所が面会交流を命じるために子どもの命を奪われた反省から，ピキ法のように，裁判官にDVの研修を義務付けたり，無理に親子を再統合するプログラムを禁じる法律も各国で制定されはじめている。

2022年３月に連邦議会を通過しバイデン大統領がサインした「Kayden's Law」は７歳のケイデン・マンキューゾちゃんの事件がきっかけに制定された。この事件は裁判所が認めていた監視なし面会交流中に，７歳のケイデンちゃんが殺害されて袋に入れられ，報復の手紙が置かれていた事件にきっかけに，裁判所が虐待の危険性や履歴があることが分かっている場合，面会交流に制限を加えることで，このような事態を回避することを目的としている。

「Kayden's Law」は，各州に対し，リスクのある子どもを適切に保護することを以下のように奨励している。

1. 専門家の証言を，それを提供する適切な資格を持つ者のみに限定する。

虐待の疑いに関する国選専門家や外部の専門家の証言は，その専門家がDV被害者や児童虐待（児童性的虐待を含む）の被害者に関わる専門知識と経験を実証している場合にのみ認めることができる。

2. 安全で効果的であることが証明できない再統合キャンプや療法の使用を制限すること。特定の治療法の安全性，有効性，治療的価値につい

て，科学的に有効で一般に認められた証明がない限り，「再統合治療」は裁判所から命じられることはない。

　3. 裁判官および裁判所職員に対して，以下のような家庭内暴力の主題に関する証拠に基づく継続的な研修を提供すること：

(i) 児童の性的虐待

(ii) 身体的虐待

(iii) 感情的虐待

(iv) 強制的な支配

(v) 暗黙の偏見と明示的偏見

(vi) トラウマ

(vii) DV や児童虐待が子どもに与える長期的・短期的な影響

(viii) 被害者及び加害者の行動。

　4. 裁判所は，被告となった親の DV，性的暴力，児童虐待に対する保護命令，逮捕，有罪判決など，過去の性的または身体的虐待の証拠を考慮しなければならない

　カナダでも同種の「Keira's Law」が上院を通過している。この法案は4歳のキーラちゃんが父親に殺害された事件をきっかけに，裁判官に対する DV に関する教育レベルを引き上げ親密なパートナーを含む人の安全や安心が危険にさらされる可能性がある場合，電子監視をもう一つの釈放条件として正式に導入するという内容である。

　円滑な交流をしている別居親と子どももいる一方で，DV や虐待ケースで裁判所が監視なし面会を命じて子どもが犠牲になる事件が増えている。こうした事件の反省から，諸外国では，面会交流について，親の権利よりも子の安全を優先する方向に変化している。

離婚時の子どもを支援するプログラム

　米国で1990年代にルイヴィル大学ブラウン教授が開発した離婚に直面する親と子どもへの支援プログラムの一つに FAIT プログラムがある。日本では 2010 年から白梅学園大学の福丸教授のグループが日本語翻訳版を導入・実践している。

この面会交流支援プログラムは，親の離婚を経験した子どもや思春期の青少年，親向けのそれぞれのプログラムがあり，親向けのプログラムでは，離婚に直面した子どもの心理を理解すること，子ども・青少年向けのプログラムでは，子ども自身が自分の気持ちを理解したり，感情を適切に表現し，対処や問題解決の方法を学ぶものとなっている。このプログラムは自治体でも導入されており，明石市では離婚後の面接交渉を支援する政策として，このFAITプログラムを導入している（本書245ページのコラム10を参照）。

7．養育費制度の諸問題

養育費とは，子どもと離れて暮らす親が，子に対する扶養義務に基づいて分担する子どもの生活費のことである（下夷，2008）。

扶養義務とは，生活保持義務という未成年の子どもに対しては必ず生活を保持しなければいけないという義務と，生活扶助義務というたとえば高齢の親に対しては扶助をするという生活保持義務よりは弱い義務がある。未成年の子どもへの養育費は生活保持義務であり，必ず親が分担しなければならないもので，父が支払う場合が多いが，母が支払う場合もある。

養育費は別居親が同居親に支払うものと誤解されるが，あくまで養育費とは子の生活費を双方が分担するものである。

養育費を司法犯罪心理学で取り上げる理由

筆者は家庭裁判所で少年事件を担当していた時，事件の背景に経済的問題があり，離婚後に養育費が別居親から支払われず（もしくは最初からあきらめている），母親が昼夜働いて子どもが夜間放任されているというパターンを数多く見てきた。親が昼夜働いている子どもは，放任されていると感じ，同じような境遇の子たちと集団行動をして，自分たちに注目してほしいと挑戦的に行動をする。

また，貧困家庭と低学力との関連はさまざまな研究から指摘されている。養育費を別居親が分担しないことで絵本や教材を買ってあげる余裕

もないから，幼少期から学業が苦手になっていることも多い。

養育費の不払い問題

このように養育費の不払い（不分担）問題と，少年非行は密接なつながりがある。そのため養育費の支払いが滞りなく履行されることが必要であるが，実際には，家庭裁判所の調停で養育費が決められたにもかかわらず支払いがなされず，履行勧告が申し立てられたのは1万5188件になる（『平成25年司法統計年報』）。このうち全部履行されたのは33％で，それ以外は，一部履行または全部不履行である。これはあくまで家庭裁判所に履行勧告が申し立てられた件数なので，実際は権利者が泣き寝入りして，未払いになっているケースはもっと多いと予想される。

養育費制度の欠陥

養育費を支払わない義務者に対しては，家庭裁判所の履行勧告のほか，強制執行による給与差し押さえなどの手段がある。こうした法的解決は，権利者（子の監護者）と義務者（支払い義務者）の二者関係の民事事件であり，国や行政機関が関与するわけではないとされてきていた。

そのために，子を養育している権利者が，裁判所に申し立てをしたり，給与差し押さえのために義務者の勤務先を調べたり，場合によっては弁護士費用がかかるなど，権利者の精神的・金銭的な負担が大きくなってしまい，あきらめてしまうことがよくみられる。

家庭裁判所の履行勧告では，家裁調査官が「子どもさんのためですよ」「子どもが大きくなった時に，あなたが養育費を支払ったことできっとありがたく思うでしょう」などと，義務者の言い分も聞きつつ，説得する。義務者が会社勤めであれば，不払いの場合，差し押さえも可能だが，仕事を辞めてしまったり，就労や生活が不安定な場合などは差し押さえもできない。裁判官による履行命令，間接強制という制度もあるが，ほとんど使われないから，権利者が泣き寝入りしてしまうことが多い。

結局，権利者は，度重なる養育費不払いに直面して疲弊してしまい，養育費を払わないほうが逃げ得になるのが日本の養育費制度の欠陥である。

そこで，2016年9月9日の『朝日新聞』記事によると，法制審議会の中間試案で，債権者から申し立てを受けた裁判所が金融機関に債務者の口座の情報，市区町村には納税情報などをもとにして債権者の勤務先の開示を命じられるようにした。

これまでは権利者が自力で相手の口座や勤務先を突き止めなければならなかったから，権利者の強制執行申し立てのためのハードルが下がったことは評価できるだろう。

ただし，気になるのは日本では「養育費を支払わない別居親から取り立てる，支払わなければ罰を与える」という懲罰的な考え方がよくみられる。2019年10月には明石市が支払わない人の氏名公表も検討していると報じられている。しかし，現実問題として，養育費を支払わない人は，そもそも支払い意欲がなかったり，勤務先をよく変えたり，口座にお金

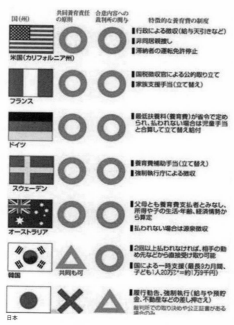

図2-5　養育費制度，各国との比較（出典：『朝日新聞』2016/3/7）

もないことがある。そこにこの制度で強制執行すれば，ますます非監護親の養育費支払い意欲はなくなり，結果として困窮するのは子どもになってしまうのである。懲罰的対応だけでは子どものためにならないことも考慮しなければならない。

8．子どもを育てるのは，親か社会か

諸外国では，養育費の制度は，どのような仕組みなのであろうか。

図2-4 は2016年3月7日『朝日新聞』記事から引用したものである。これを見ると，米国，フランス，ドイツ，スウェーデン，オーストラリア，韓国などでは，不払いの時の国や自治体による徴収や立て替え制度がある。

ここから，子どもの養育費は，親同士の問題なのだろうか？　それとも社会で負担する問題であろうか？　という問いが生じる。

子どもは社会で育てるという観点から，不払いの場合でも国が子どものために養育費を立て替えている国がある。2016年6月1日の『朝日新聞』の記事によると，フランスでは非監護親から支払われる養育費が月104ユーロ（約1万2千円）以下であれば，国が立て替え払いして，国が非監護親や勤務先に催促する仕組みがあるという。

オーストラリアの養育費確保制度

家庭問題情報センターの情報誌『ふぁみりお』68号（2016）に，オーストラリアの養育費の確保制度が紹介されている。1988年に養育費の査定と徴収を専門に行う行政機関Child Support Agency（CSA）が国税庁に設置され，2011年以降は「人的サービス省養育費局」で職員3000人，全国に14ヶ所のコールセンターがある。

養育費の査定はインターネット，電話などで申し込みができ，28日以内に養育費の査定を行う。国税庁のシステムと連動し，養育費の額は所得によって変動するという。

養育費の徴収は，CSA が義務者から徴収（現金，給与天引き，口座引き落とし）するが，不履行（つまり支払わない）の場合，CSA には強制

的な徴収権限があり，給与の自動天引き，社会保障給付金の差し押さえができる。また CSA は国税庁，移民局などの省庁間と情報共有するパートナー状況に基づき情報提供を受け，義務者の出国停止などの措置もあるという。

　その結果，養育費Child Support の徴収率が97％とのことである。

　オーストラリアのシステムは，親同士だけに任せず，国が子どもの養育に関わるシステムとして参考になる。

　養育費を監護親と非監護親という両親の紛争としてとらえるのではなく，「子どもは国（社会）で育てる」という考えにたち，フランス，ドイツ，スウェーデン，オーストラリア，韓国などのように，国による養育費の立て替えなども検討すべきであろう。わが国でも明石市による養育費立替のパイロット事業が2019年度から実施されており，注目されている（本書228ページ，コラム 8 を参照）。

　いまお金に困っている子どもや監護親のために，国（あるいは社会）がどのように経済的な手当をするかが大事であって，養育費は親が負担するのか，社会が負担するのか，という根本的な議論を抜きにして，取り立て方法だけを強化・改善するのは不十分であろう。フランスやオーストラリア，諸外国に比して日本の養育費制度は立ち遅れており，苦しんでいるのは子どもと同居親である。この問題は親だけでなく国（社会）で取り組んでいかなければならない。子どもは親のものだけではなく，社会のものでもあるのだから。

9．後見

成年後見と未成年後見

　司法犯罪心理学でこれまで扱われることは少なかったが，実務で必要となる知識として「後見制度」がある。

　後見制度には，大きく分けて「成年後見」と「未成年後見」がある。「成年後見」は認知症や知的障害などで判断能力が低下した人を支える仕組みであり，自分でできるところは自分で行い，契約など困難なところは「後見人（保佐人，補助人）」が代理をしたり，取り消しできる制度である。

たとえば，認知症の高齢者が悪質な訪問販売にだまされて高額の契約をしてしまった時に，後見人がその人の財産を守るために契約を取り消すことができる。後見制度を利用する端緒として，認知症に罹患した人が老人養護施設に入所するにあたって，不動産を売却して入所資金に充てたり，認知症で判断能力が衰えて，リフォーム詐欺にあったり，不相応な買い物をするなどの被害から身を守るということがきっかけになることも多い。

「未成年後見」は，未成年の場合，単独で法律行為ができないので，たとえば，高校生がスマートフォンを携帯電話会社と契約するには，親権者が代理となって契約する。しかし，両親が死去しているなどの事情で親権者がいない場合は，未成年後見人が家庭裁判所で選任されて身上監護と財産管理を行う。ただし，後見人が多額の生命保険金などを管理していることから，ときどき後見人による犯罪行為として，財産の使い込み，横領がされるケースもある。

石巻市では東日本大震災により両親を亡くした6歳の子どもに生命保険金，震災義援金など多額の財産があり，それを管理するために，叔父が後見人に選任されたが，6690万円の使い込みをして業務上横領として逮捕された事案がある。

このように，元々は親権者のいない子どもや，認知症などに罹患した人々の財産を守る制度であるにもかかわらず，後見人制度を悪用する事案も

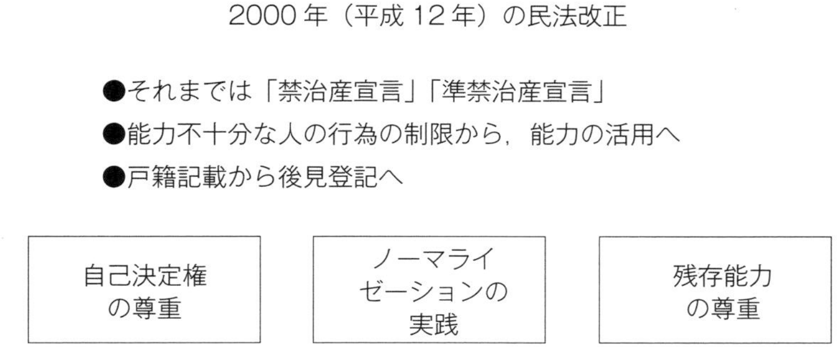

2000年（平成12年）の民法改正

●それまでは「禁治産宣言」「準禁治産宣言」
●能力不十分な人の行為の制限から，能力の活用へ
●戸籍記載から後見登記へ

| 自己決定権の尊重 | ノーマライゼーションの実践 | 残存能力の尊重 |

図2-6　後見制度の理念（筆者作成）

あり，こうした犯罪防止や財産の保全も後見制度の課題となっている。

後見制度の概要

後見制度は，その判断や行為に関する能力が困難な順に「後見・保佐・補助」に分かれている。これらの制度は，2000年（平成12年）の民法改正で創設された。

後見制度の理念

制度の理念は，認知症や知的障害，精神障害のために判断能力や理解能力など法律上の「行為能力」が十分でない人を権利擁護（advocacy）するためのものである。

とりわけ2000年の民法改正前は，「禁治産宣告」という制度で，重い認知症の人など判断能力を欠く人の権利や契約を制限していた。

しかし，成年後見制度では，「自己決定権の尊重」「ノーマライゼーション」「残存能力の活用」の3つの理念から，どのような障害があっても，権利や自主性を尊重し，できるところは活用し，できない部分は補助するという，人への尊厳の主旨から変更された。

禁治産宣告制度から後見制度へ

後見制度の理念──ノーマライゼーション

「禁治産宣告」は，民法7条の旧条文では「心神喪失ノ状況ニ在ル者ニ付テハ家庭裁判所ハ本人，配偶者，四親等内ノ親族，後見人，保佐人又ハ検察官ノ請求ニ因リ禁治産ノ宣告ヲ為スコトヲ得」とされており，「禁治産」という名前のとおり，判断能力に欠ける人は，自分の財産を治めることを「禁じる」というニュアンスがあった。

しかし，認知症や知的障害・精神障害などの障害があっても，自分のできる範囲を活かして生活していくことが望ましい。経済的行為を禁止するのではなく，「できない部分は補助する」ことにより，他の人と公平な関係になるという「ノーマライゼーション」の理念により，この後見制度が生まれたのである。

後見制度の基本的な理念は，従来の禁治産宣告の「能力不十分な人に

表2-1　成年後見の三類型（後見制度の３つの類型［後見，保佐，補助］）

	後見	保佐	補助
本人の判断能力	欠く常況にある （例：重い認知症，植物状態など）	著しく不十分 （例：知的障害，認知障害など）	不十分 （例：知的障害や発達障害の人など）
本人ができること	日用品の購入	重要でない法律行為	特定の法律行為以外
本人を保護する人	成年後見人	成年保佐人	成年補助人

二宮周平『家族と法』（岩波新書）より

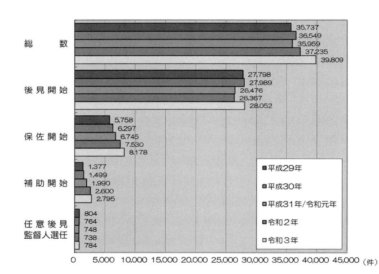

図2-7　成年後見制度の利用者数の推移（出典：最高裁判所「成年後見関係事件の概況　令和3年1月～12月」より）

対する行為の制限」ではなく，「その人の持つ能力を活用」することである。また禁治産宣告では戸籍への記載がなされていたが，後見制度では戸籍だとプライバシー上の問題もあり，後見登記へ変更されている。

　認知症などの症状があったとしても，その人の「自己決定権の尊重」「残存能力の尊重」そして「ノーマライゼーションの実践」のために作られ

た制度であることを確認しておきたい。

法定後見と任意後見

　成年後見には「法定後見」と「任意後見」がある。法定後見とは，家庭裁判所が親族や市町村長の申し立てを受けて選任するものである。つまり認知症などの症状がある程度進行して，財産管理や老人保健施設入所などが必要となった時に法的な代理人を決める手続きである。

　「任意後見」とは，まだ元気なうちに，将来，認知症などになった場合に備えて，任意で信頼できる人を後見人として契約し，その内容を公正証書に残しておくものである。現状はほとんどが「法定後見」である。

　後見制度には３つの類型がある（表2-1）。認知症や障害など判断能力の低下が重い方から「後見」「保佐」「補助」である。後見は，判断能力を「欠く常況にある」状態であり，重い認知症や事故などで植物状態にある人などが想定されている。「保佐」とは，判断能力が「著しく不十分」な状態であり，例としては中重度の知的障害の人や交通事故や頭部外傷，脳卒中などの影響で判断能力が相当程度障害されている人が対象である。「補助」は判断能力が「不十分」な状態であり，たとえば中軽度の知的障害や発達障害，精神障害などの影響で，日常生活は元気にで

表2-2　成年後見の三類型

	後見	保佐	補助
本人の判断能力	欠く常況にある（例：重い認知症，植物状態など）	著しく不十分（例：知的障害や認知障害など）	不十分（例：知的障害や発達障害などの人）
本人ができること	日用品の購入	重要でない法律行為	特定の法律行為以外
本人の権利を擁護する人	後見人	保佐人	補助人（申し立てにあたって，本人同意が必要）
家庭裁判所の許可が必要な行為	不動産の処分や賃貸，抵当権の設定	不動産の処分や賃貸，抵当権の設定	同意権付与，代理権付与の審判を同時に行う

きるが，お金の計算や契約などで保護しないとだまされてしまったりすることが心配な場合が挙げられる。

　後見等をする人は「後見人」「保佐人」「補助人」といい，後見等を受ける人を「被後見人」「被保佐人」「被補助人」という（表2-2参照）。

　この３類型のうち，後見が８割以上を占めており，平成26年度末では全体約18万４千件のうち，後見が14万９千件，保佐が２万５千件，補助が８千件であり，任意後見は約２千件となっている。

後見人の業務

　後見人の主な業務は「身上監護」と「財産管理」である。

　「身上監護」とは，実際の介護や世話を意味するのではなく，被後見人が介護を受けられるように，高齢者施設への入所の手続きをしたり，様子を見守ることなどである。

　「財産管理」とは，預金や不動産などを管理し，被後見人の財産を保護することである。後見人が被後見人の財産を着服したり，投資したりすることは許されないが，現実には前述の石巻の事件のように，後見人が被後見人の財産を使い込んで刑事告発されるケースも問題となっている。

　いずれも後見人等は，ノーマライゼーションの観点から，できる限り本人の意思を尊重しなければならない（民法858条，876条の５，876条の10）。

法定後見と任意後見

　家庭裁判所に後見等の申立てがなされ，家庭裁判所が後見人を選任した場合を「法定後見」という。この例として，市町村の福祉担当者がひとり暮らしの認知症の方を発見し，その人の財産管理や高齢者施設などの入所手続きのために，家庭裁判所に後見の申立てをするケースなどである。他には，認知症の人が高齢者施設に入った後に，親族（配偶者や子ども，甥，姪など）が施設入所費用を捻出するために，その認知症の人の自宅を売却したり，賃貸するために申立てるケースも多い。ただし，不動産の売買等に関しては，たとえ後見人でも自由にすることはできず，

家庭裁判所の許可が必要である（民法859条の３，同876条の10）（表2-2）。

　「任意後見」とは，家庭裁判所の審理によらず，後見を受けたい人（被後見人）と後見人になる人が，お互いに任意で公正証書などで後見の契約をすることである。

　たとえば，高齢の人や知的障害のある人が，今は元気で日常生活を送っているが，将来の身上監護や財産管理について委ねたい場合に，あらかじめ信用できる人に依頼しておくような場合である。

市民後見人の活用

　いま注目を集めているのは，弁護士，司法書士，社会福祉士などの専門職後見人だけでなく市民後見人の活用である。

　たしかに，多額の財産を有している場合などは，専門職の後見人がきちんと財産管理をすることも重要であろう。しかし，専門職の数には限りがあることや，地域の人は地域で見守るというコミュニティ福祉の観点から，地域の市民が後見人となる動きが現れはじめている。

　この分野で先駆的な取り組みをしている東京都の品川区社会福祉協議会では，「個人の困りごとは地域の困りごと」として「品川成年後見センター」を設立し，区内20ヶ所の地域包括支援センターや300人の民生委員を通じて，身寄りがなく判断能力が不十分な人を見つけ，月２回のケース会議で後見申立てにつなげ，社会福祉協議会で育成した市民後見人が活躍している。市民後見人は，その地域の実情や援助資源を持っていることが強みである（くわしくは本書ケース編ケース13を参照）。

　2011年（平成23年）老人福祉法の改正で市民後見人の育成・活用が区市町村の努力義務になったことから，親族間の紛争や財産管理の困難があるケースは専門職を活用し，地域で見守るケースでは市民後見人を活用することが，今後の高齢社会での流れになろう。

　一方で，市民後見人制度の課題として，財産が多額になる場合に市民後見人が適切に管理できるかという疑問が持たれる場合もある。たしかに多くの現金や通帳などを手元で管理すると，横領などの不安もある。

　そこで，信託銀行などが財産の多くを預かる「後見信託」制度があるが，最近注目されているのは，静岡県の信用金庫による「後見信託」制度で

ある。全国規模の信託銀行では手続きや手数料の負担も大きいが，地域に密着している信用金庫であれば，金銭の相談だけでなく，生活面も目が行き届きやすい。こうした地域密着型の金融機関とも連携して，地域の高齢者を地域の市民で支えていく仕組み作りが今後求められているといえる。

このように後見制度は，高齢者福祉・社会福祉の生活支援の領域で必要の知識であるが，司法犯罪心理学においても，高齢者や認知症の人へのリフォーム詐欺などの事案や，弁護士や司法書士といった専門職後見人が業務上横領で検挙される例もあり，犯罪防止及び権利擁護の観点からも必要な知識である。

家事事件との関連

これまで述べてきたように，司法犯罪心理学は，刑事・少年事件だけを対象としたものではなく，家事・民事事件とも密接につながっている。

たとえば，面会交流の不調が子どもとの無理心中につながった事例，殺人事件では家庭内の（元）夫婦間トラブルに起因する殺人事件が多いことなどである。そして，こうした家事事件でのトラブルは，メンタルヘルスの低下に結びつきやすい。

たとえば，離婚問題や面会交流，養育費，後見のことで相談できずにひとりで抱えている成人が，職場などで集中できず，気分が落ち込んだりしやすくなり，うつ病や自殺のリスクともなる。

子どもの場合は，親の離婚問題や面会交流の問題に巻き込まれて，どちらかの味方になるように求められたりすると，子ども自身が精神的な不調に陥り，不登校や学習不振，少年非行などの問題も現れやすい。

このように，家事・民事事件での問題が適切に解決されないことで刑事・少年事件に発展することがよくあることから，司法犯罪心理学に関わる者や，教育領域・産業領域の心理職も，こうした司法制度について概要を知っておくことで，対処や支援を行うことが求められる。

文献

青木聡 (2020).「親子交流の課題と方向性――交流を支援して生きた経験から」

『児童青年精神医学とその近接領域』，60，624-625.

American Psychological Association（APA）（2008）．*Statement on Parental Alienation Syndrome*

https://www.apa.org/news/press/releases/2008/01/pas-syndrome

法務省　法務総合研究所（編）（2019）．『平成30年版犯罪白書』

細矢郁・進藤千絵 & 野田裕子（2012）．面会交流が争点となる調停事件の実情及び審理の在り方——民法766条の改正を踏まえて　家庭裁判月報，64(7), 1-97.

片岡武・萱間友道・馬場絵里子（2018）．実践調停　面会交流，日本加除出版

家庭裁判所調査官研究紀要22号（2017）．「子の意思把握の調査の充実に向けた調査方法の研究——調査に有用なツールを活用した調査の在り方について」

熊上崇（2023）共同親権や面会交流における子どもの心理的問題，こころの科学，228，2-7.

熊上崇，岡村晴美編著（2023）「面会交流と共同親権」（明石書店）

公益社団法人家庭問題情報センター（FPIC）（2016）．『ふぁみりお第68号』海外トピックス　オーストラリアの離婚法政と養育支援の実情（http://fpic-fpic.jp/doc/familio/familio068.pdf#page=5）

小川富之・高橋睦子・立石直子（編）（2016）．『離別後の親子関係を問い直す——子どもの福祉と家事実務の架け橋を目指して』法律文化社

小川富之（2020）．「離別後の親子の交流と親権・監護・親責任——諸外国の情勢を踏まえて」『児童青年精神医学とその近接領域』，60，624-625.

Meier, J. S.（2009）．Parental alienation syndrome and parental alienation: Research reviews. Harrisburg, PA: VAWnet, a project of the National Resource Center on Domestic Violence/Pennsylvania Coalition Against Domestic Violence. Retrieved July, 13, 2009.（邦訳：「片親引き離し症候群PASと片親引離しPA-研究レビュー　髙橋睦子訳・梶村・長谷川編『子ども中心の面会交流』第4章，58-82.」

Reem Alsalem（2023）．Custody, violence against women and violence against children. Report of special Rapporteur on violence against women and girls, its causes and conseqences, United Nations, Human Rights Council.

https://undocs.org/Home/Mobile?FinalSymbol=A/HRC/53/36&Language=E&DeviceType=Desktop&LangRequested=False

ロス, J.A., コーコラン, J.（著）青木聡・小田切紀子（訳）（2013）. 『離婚後の共同養育と面会交流実践ガイド』北大路書房

最高裁判所事務総局（2022）令和3年度司法統計年報3，家事編

シャーファー, H. R.（著）無藤隆・佐藤恵里子（訳）（2001）. 『子どもの養育に心理学がいえること』新曜社

下夷美幸（2008）. 『養育費政策に見る国家と家族——母子世帯の社会学』勁草書房

棚村政行（2012）. 『子どもと法』日本加除出版

棚村政行（編著）（2013）. 『面会交流と養育費の実務と展望——子どもの幸せのために』日本加除出版

東京家庭裁判所面会交流プロジェクトチーム（2020）. 東京家庭裁判所における面会交流調停事件の運営方針の確認及び新たな運営モデルについて，家庭の法と裁判，26，129-136.

Wallerstein, J. S., Lewis, J. M., & Blakeslee, S.（2000）. *The Unexpected Legacy of Divorce: A 25 Year Landmark Study.* New York: Hyperion Books.（ワラースタイン・ルイス・ブラッスリー「それでも僕らは生きていく」早野依子訳（2001）PHP研究所）

Woman's Aid Nineteen Child Homicides

https://www.womensaid.org.uk/wp-content/uploads/2016/01/Child-First-Nineteen-Child-Homicides-Report.pdf

第**3**章　心理アセスメントと
チーム支援

1．BPSモデル

　司法犯罪心理学領域でも，対象となる人のアセスメントには，
Biological（生物学的）からの視点と，Psychological（心理的）からの視点，
Social（社会的）からの視点の３つの方向から情報を収集し，その情報
を関係機関だけでなく，対象となる人とも共有・協働して，今後の生活
の支援に活かすことが重要である。

　このBPSモデル（Engel, 1977）は司法犯罪心理学の分野だけではなく，
障害者福祉や高齢者福祉などあらゆる福祉・心理的分野で共通する枠組
みである（図3-1）。刑事・少年事件などの触法行為の理解にあたっては，
たとえばASDやADHD，知的障害，精神障害といった生物学的側面だ

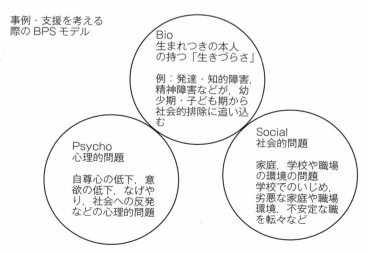

図3-1　BPSモデル（Bio-Psycho-Social model）（Engel, 1977）

けに注目するのではなく，その心理状態や社会的な状態がいずれも不調になり，適切な支援がなされないために触法行為やその他の困難状況（自殺企図，うつ状態など）が現れやすいととらえる必要がある。

2．新幹線内殺傷事件をBPSモデルで考える

　2018年の新幹線内殺傷事件は社会の関心を集めた事件であるが，報道によると22歳の被告人は自閉症の診断を受けていたという（2018年6月11日『毎日新聞』）。

　BPSモデルから考えると，基盤としてBiologicalな自閉症という障害があるが，Socialな面ではサポートがあった定時制高校時代は心理的（Psycho）に安定していた。しかし，就職という自閉症の人にとって人間関係が複雑化してストレスが起きやすい時に失敗して離職し，野宿生活や自殺願望が高まるにつれて，Psychologicalな面で疎外感や社会への恨みが高まっていったといえる。

　このように，BPSモデルで触法行為を理解する際には，

Bio（生物学的）→Social（社会的）→Psycho（心理的），すなわち

自閉症　→　定時制では安定，離職後不安定　→疎外感，社会への恨み

の順で，生活歴・家族歴・学校や就労などの移行期の心理を追跡していく。このようにとらえると本ケースが単なる無差別殺傷事件ではなく，自閉症という障害を持ちながらもなんとか社会的サポートを得ながら思春期を過ごした青年が，就労移行期にサポートがなく社会的に孤立していった事件ととらえることができる。

　新幹線内殺傷事件のような痛ましい事件を予防するには，駅や交通機関で警備を強化することではなく，障害を抱えていたり，さまざまな発達的困難や社会的困難を抱える子ども・青少年を早期から社会的にサポートしていくことこそが必要なのであろう（図3-2）。

図3-2　新幹線内殺傷事件を BPSモデルで整理する

3. さまざまな心理テスト

　司法犯罪心理学領域では，触法行為をした人のアセスメントで，面接に加えて心理テストがよく使用される。たとえば少年事件では，家庭裁判所や少年鑑別所などで使用頻度の高い心理テストとして，ウェクスラー式知能検査（16歳10月までは WISC-Ⅳ，16歳以上は WAIS-Ⅳ）で基本となる知能と認知特性を測る（参考書籍として，上野，2015）。また，学習困難や読み書き・算数でのつまずきが学校生活や職業生活の不調に関連していたり，指示の意味が分かっていなかったりすることがあるので，認知特性だけでなく，学習習得度も測定できる KABC-Ⅱ（Kaufman assessment battery for children 2，適用年齢は 18歳11月まで，参考書籍として，カウフマン（著）藤田・石隈・熊谷ら（訳），2014；小野・小林・原ら，2017）を用いることもある（p.38参照）。

　なお，ウェクスラー式知能検査などの歴史的背景や，知能検査の理論については，ホーガン（2010）が詳しい。

心理テスト実施の順序

アセスメントは面接が基本であるが心理テストにより，数値化，可視化することも本人への支援にあたり大切である。では心理テストをどのように実施するかについて以下に述べる。

第一に，WISC-ⅣやKABC-Ⅱで，対象となる人の理解の基本となる知能・認知機能・学習習得度などを測定し，その人の能力や特性を理解する。

第二に，Biologicalな面や発達的な特性，精神病理状態を理解するために，クライエントの特性に応じてたとえば自閉症傾向や発達検査，うつ病などの質問紙などを実施する。

第三に，その人のPsychologicalな状態，心理的状態を知るために，「枠組みのある検査」と，「投影度の高い検査」を組み合わせる。

枠組みのある検査としては，SCT（文章完成法，参考書籍として，伊藤，2012）を実施すると，親や社会に対して，本人が自覚している心の内面

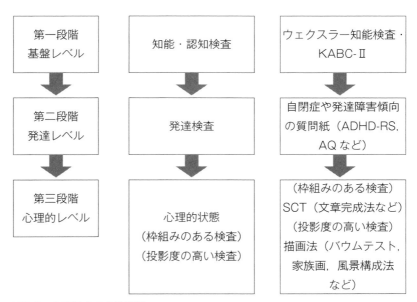

図3-3　心理検査の実施段階

が表出されることがある。例えば，父は「こわい」母は「何もしてくれない」という回答があったとすると，それをもとにインタビューをすることで，抱えている家族への悩みや思いを表出できるきっかけとなることがある。

　投影度の高い検査として代表的なものに描画法がある。木を描いてもらうバウムテスト（参考書籍として，コッホ，1970，ボーランダー，高橋訳，1999），家族が何かしているところを描く「動的家族画KFD」，家と木と人を描く「HTPテスト」（参考書籍として，バーンズ，1997），指定された風景のアイテムを描いていき，その構成や色合いなどで人格水準なども見ることができる「風景構成法」（参考書籍として，皆藤，1994）など，さまざまな描画法がある。

　投影法で留意しなければいけないのは，「解釈をしすぎない」ことである。たとえばバウムテストなどでは，解説本を読むと，木の幹にあらわれた洞や傷が，その人の心理的外傷体験を表すとか，左に描いてあるものと右に描いてあることの意味などが解説されていることがあるが，これはそのまま受け止めてはいけない。木の幹の洞や傷は，たまたま近くにあった木を写実的に描いたものであるかもしれない。深読みするのではなく，絵を媒介にして，質問することが大切である。このような描画後質問（Post drawing question）が描画法の実施の際に重要であり，解説本にある解釈を鵜呑みにするのではなく，「この木の幹の傷は何かな？」「この木はあなたの心理的状態をどのように表していますか？」などと質問していくことが大切である。この際に「あなたは〜歳の時に，どんなことがありましたか？」などと聞くことは，誘導質問になる。

　また，投影法として，ロールシャッハテストが使われることもあるが，ロールシャッハテストは，米国では信頼性と妥当性に関する論争が1950年代以降続けられており，1970年代以降にExnerらにより包括システム（Exner,1974）が発表された後も，ロールシャッハテストの信頼性と妥当性に疑問が呈されている。Woodらは『ロールシャッハテストはまちがっている』（原題*What's wrong with the Rorchach? Science confronts the controversial inkblot test*, Wiley，2003，日本語版は宮崎謙一訳，北大路書房，2006）で以下のように指摘している。

ロールシャッハテストの信頼性については，Shaffer et al.（1999）は，ロールシャッハ指標の84％が信頼性.85未満，指標の44％は，信頼性.61未満と報告している。

　妥当性に関しては，1980年代から，Exnerは，司法場面で親権の査定や仮釈放者の査定に用いることができると主張していた。1990年代では，Gacono & Meloy（1994）は，受刑者の研究を行い，ロールシャッハテストで精神病質者か否かを区別できると主張し，司法場面でロールシャッハを使用するための講習会を盛んに開催していたという。しかし，Wood et al.（1999）によると，このGacono & Meloy（1994）らの研究を追試するため，10の研究が実施されたが，このうち9つの研究で追試は失敗しているという。

　また，ロールシャッハテストの妥当性に関しては，「過剰病理化」すなわち病気でない人を誤って病気や精神障害と判定する傾向が指摘されている。

　Shaffer, Eldberg et al.（1999）は，患者と非患者のロールシャッハスコアを比較した研究で，Exnerの基準に従うと，6人のうち1人が精神分裂病指標に該当してしまうと報告した。他にも，Exnerが考案した「うつ病指標」「対処欠陥指標」「知覚—思考指標」などに妥当性がなく，健康な人を精神障害等があるように判定してしまうことが報告されている。以上，Wood et al., 1999を基にまとめた。

　Hunsey & Baily（2001）は，ロールシャッハテストは，科学的根拠が乏しく，信頼性と妥当性が確認できない以上は法廷などの司法場面で利用すべきではないと論じている。

　このように，ロールシャッハテストの信頼性と妥当性に関する議論はほぼ米国では決着がついており，特に司法場面での使用は控えるべきだとされているが，日本ではこうした議論は紹介されているにもかかわらず，使用が継続されている。しかし，ロールシャッハテストを用いても，対象者の特性を把握できないうえ，過剰に病気や精神障害と見なしてしまうおそれが高い。

　2016年のAFCC（家庭裁判所学会）で筆者が参加した司法における心理検査の活用のワークショップで，サイモン博士はロールシャッハテス

トに関しては，精神病質や無意識な部分，対人関係，認知について調べるものとされているが，まず採点システムが難しすぎて，信頼性が乏しいと論じていた。また，ノルム（一般人の平均）もきちんと統制されておらず，テストの受験態度とスコアとの関連も不明確であり，ロールシャッハテスト自体への信頼性と妥当性が乏しいため，子の監護評価（child custody）のアセスメントには使用できないと述べていた。日本では，ロールシャッハテストが重用されているところもあるが，司法場面では信頼性と妥当性が乏しい検査を使用すべきではなく，親権の査定や刑事・少年事件のアセスメント，精神鑑定などで使うことは避けるべきだと筆者は考えている。

　なお，家事事件における離婚や親権，面会交流に関する司法心理アセスメントについては，Ackerman（2010）やフールマン（田高・渡部訳，2016）が詳しい。

4．長所活用型アセスメントと支援

　心理アセスメントや心理検査は何のために行うのであろうか？

　対象となる人の知能や認知特性などの基本的特性や，心理的状態を知ろうとすると，ややもすると，平均から離れているところや，その人の弱いところ，できないところを取り上げがちである。これを「短所改善型」アセスメントと呼ぶことにする。一方，能力の凸凹があったとしても，その人の得意な面に目を向けて，その得意な方向を活かすことを「長所活用型」アセスメント（Strength Oriented assessment）と呼ぶ。

　たとえば，国語が得意だが，数学が苦手な生徒がいたとして，数学を特に強化して平均的にできるようにするのは「短所改善型」アセスメントである。一方，数学の苦手さは多少目をつぶって，得意な国語をさらに強化し，得意の読み書きを活かして進路や職業を決めるように支援するのが「長所活用型」アセスメントである。「短所改善型」ですべて平均的に底上げするという考え方よりも，その子どもや支援を受ける人の立場に立ち，自分の好きなこと，得意なことを理解してもらえて，得意なやり方を伸ばすほうが，その後のメンタルヘルスや職業適応にも良い

影響があると考えられる。

　次に心理アセスメント結果のフィードバックについて考えてみる。フィードバックとは，アセスメントの結果を本人や支援チームに説明し，その人の特性をチームで理解し，支援に活かすことである。そのフィードバックにも「短所改善型」と「長所改善型」がある。

　例として，竹内（2009）のフィードバック事例集は多くの実例のある有益な書籍であるが，その中には以下のようなものがあげられている。

例1
　「バウムテスト：実や地面は描かれず，空虚な感じで具体的な目標や願望を思い描きにくい。樹幹の左下がやや下がっていることからも，上昇志向が停滞していることが示唆される……」（竹内，2009，p.82）。

例2
　「一つ一つの課題において，こだわりを持つために時間がかかるというのはA君の特徴で，これは理解していく必要があります。ですが，最後まで根気強く投げ出さない姿勢は立派です」
　「A君は頭で考えて言葉で答えること，画を見て答える間違い探し，ものがたりの順序を予想することは得意です。すごい！→これからも自信を持って，言葉で相手に思っていることを伝えていこうね」
　「これからどんなことをしていったらいいか，書いてみよう」（竹内，2009，p161-162）

　例1が「短所改善型」あるいは「短所指摘型」，例2が「長所活用型」といえる。どちらのほうが「もらって意欲がでる」フィードバックであろうか？
　心理アセスメントでは，例1のような「短所改善型」「短所指摘型」の心理検査報告書やフィードバックが多くなされがちである。短所改善型のフィードバックや所見は，しばしば抽象的で理解しがたいものがあったり，フィードバックをもらっても，「だからどうすれば良いの？」とかえって落ち込み，支援や意欲に結びつきにくい。

どのような人間であれ，能力の凸凹はあるのだから，苦手・短所は指摘しつつも，さらに長所や得意な面を強調し，それをもとにした支援をすることで，支援を受ける人や支援チーム（学校教員など）の意欲を高めることになる。心理検査やアセスメントのフィードバックは原則として，「長所活用型」「自己理解を促し，意欲を高めるもの」すなわち「元気・やる気が出るフィードバック」とすることが求められる。

Strength model

司法犯罪心理学の国際的な潮流も，良いところに目を向ける Strength model である。触法行為を罰するだけではなく，触法行為をした人がより良い人生を送ることに焦点づけ，そのことが結果的に犯罪を予防することになるという Good lives Model（Ward, 2004）が主流になっている。

誰しも，自分の短所を改善するように指導されるよりは，自分の長所を伸ばし，活かすように支援されるほうが受け入れやすい。

藤田ら（2016）は，KABC-Ⅱを利用して，少年の「長所活用型」のアセスメントを行った事例を紹介している。KABC-Ⅱでは，被検査者の得意な認知特性として「同時処理」か「継次処理」かを測定することができる。「同時処理」の優位な人とは，「部分より全体を見るのが得意」「視覚的・運動的手がかりがあると理解しやすい」「空間的・統合的な手がかりがあると取り組みやすい」という特性がある。「継次処理」が優位な人は「全体より部分から，段階的に見ていくことが得意」「順序性，分析的なアプローチが有効」「聴覚的，言語的な手がかりがあると取り組みやすい」といった特性がある。本書ケース編のケース4では，中学校内で校内暴力をしてしまうケースで，「同時処理」が比較的得意なことが KABC-Ⅱで把握できたので，視覚的，空間的な手がかりとして「日課表」「生活チェック表」を付けて，点数をグラフで視覚化することで，子どもに理解しやすく，意欲が出るような支援を行っている。

このように，KABC-Ⅱや WISC-Ⅳ などのアセスメントは，知能指数や認知特性を測るだけではなく，具体的な支援に結びつけ，アセスメントをすることで，検査を受けた人が自己理解でき，支援チームとして今

表3-1　KABC-Ⅱの結果を利用した支援方針の立て方

・継次尺度＞同時尺度か，
　同時尺度＞継次尺度かによって指導方法を変える

継次型指導方略	同時型指導方略
段階的な教え方	全体をふまえた教え方
部分から全体へ	全体から部分へ
順序性の重視	関連性の重視
聴覚的・言語的手がかり	視覚的・運動的手がかり
時間的・分析的	空間的・統合的

※幼児への具体的支援方法については藤田（2015）参照

・計画尺度…　高い：　方略の使用を利用・確認
　　　　　　　低い：　方略や考え方を提示
・学習尺度…　高い：　連合学習や多感覚学習を利用
　　　　　　　低い：　記憶方略を指導

KABC-Ⅱの結果を指導に活用
する書籍，藤田ら（2016）

後への意欲が高まるようなアプローチをすることが大切である。

5．司法心理アセスメントの情報共有の問題

　このように，長所活用型の心理アセスメント・心理検査は，対象とな
る人への支援に有効なものと考えられるが，ここで考えなければならな
いのは，アセスメント結果が，裁く側・判断する側（裁判所，矯正機関の側）
だけでとどまっていないか，本人・保護者や地域での支援者にきちんと
説明（フィードバック）や共有がなされているであろうかという問題である。

　心理アセスメントは，教育や医療・福祉場面だけでなく，司法・矯正
領域でも，犯罪や非行の背景をさぐり，矯正施設での処遇や地域での支
援に活用するために重要である。

　教育や医療，福祉分野の心理アセスメントでは，アセスメントの対象
者には，対象者本人や保護者，支援者などで支援チームにフィードバッ
クを行うことが基本である。

　一方で，司法心理アセスメントは，裁判や処遇に資することを目的と
するものであり，少年本人や保護者にフィードバックすることは予定さ
れていない。

　少年事件では，家庭裁判所では家裁調査官が少年調査票にアセスメント結果を記載し，保護観察や少年院送致の決定がなされた時は，少年調査票や学校照会書，鑑別結果などの社会記録一式が，保護観察所や少年院に引き継ぎされる。そこで，保護観察所や少年院では，調査官が作成したアセスメント結果も参考にしながら，指導・支援を行っていく。すなわち，家庭裁判所と法務執行機関の間では，司法心理アセスメント情報の共有が行われている。

　他方，地域での支援機関，例えば医療・福祉機関や支援者団体などと司法・法務機関の間では，司法心理アセスメントの情報共有が十分に行われていないことが課題となっている（熊上，2017）。

　熊上（2017）は，地域生活定着支援センターと，障害のある出所者，出院者を期限つきで受け入れる国立の知的障害者施設へのインタビュー調査により，以下のような実情を明らかにした。

　第一に，地域生活定着支援センターや中間施設では，裁判所や少年院，刑務所などで作成された司法心理アセスメント結果を見ることができていなかった。また，裁判所や矯正施設に司法心理アセスメント結果を請求しても「裁判のための資料である」という理由で断られていた。そのため，医療機関や福祉機関へつなぐ際に，改めて心理アセスメントを実施しなければならず，タイムラグが生じ，その間に元受刑者や少年院退所者の不適応行動が起きてしまったり，福祉事務所での精神障害や知的障害の手帳の取得手続きにも時間がかかり，住居や年金などの手当が遅れ，生活が不安定になることも見られていた。

　第二に，地域生活定着支援センターが必要としている司法心理アセスメント情報としては，知能検査結果や心理検査の結果だけでなく，どのような支援・処遇プログラムが行われていたか，刑務所や少年院での生活の中で，どのような場面設定や声かけをすると，意欲を持って生活できるか，もしくは不適応や失敗をしやすいのかという行動面の心理アセスメント情報が地域生活定着支援に必要である。

　矯正施設からの退所者がスムーズに地域の支援機関とつながるためにも，司法心理アセスメント結果の地域支援チームとの共有を行うことは必須であり，その共有方法，書式などについて今後検討していく必要が

あろう。

6. 心理アセスメントのフィードバック

　Pope（1992）は「フィードバックは心理士の責務である」と題する論文で心理テストのフィードバックは「インフォームド・コンセント[7]の一環である」「過去ではなく未来に向かう」「心理検査のプロセスである」「（クライエントの）危機への対応方法を伝える」等と述べ，そのための「記録化，書面化，フォローアップ」のプロセスと提言している。

　さらに Finn（2007）は，フィードバック面接の体系化・構造化を行い，これまでの「情報収集型アセスメント」から「治療的アセスメント」への転換を提唱している。

　Finn によると，フィードバック面接は以下の6つのステップで構成され，

　　1 「初回セッション」
　　2 「標準化された検査の実施」
　　3 「アセスメント介入セッション」
　　4 「まとめと話し合いのセッション」
　　5 「文書によるフィードバック」
　　6 「フォローアップ」

となっている。この Finn らの実践・研究は，それまで個々の心理職に任されていた心理アセスメントのフィードバックの方法に一定の指針を示した。そしてフィードバックは，検査する側のニーズだけでなく，検査を受ける人も主役となり，協働して行っていくというコラボレイティブ・アセスメントという理念を提起した。

7　医療行為や研究参加等にあたり，十分な説明を行って同意を得ることを言う。心理アセスメントに関しても，検査者は，検査を受ける人に検査の概要について十分な説明をしたうえで実施の同意を得ることが望まれる。司法手続きにおいても強制的に心理的アセスメントはできず，あくまでも任意であるから，検査を受ける人への説明と同意に加え，得た情報をどの範囲にまで知らせるかの説明も行っておく必要がある。

　司法心理領域では，裁く側・支援する側とされる側に分かれてしまうという権力関係（パターナリズム）が発生しやすいと指摘されている。しかし，支援する側もされる側も，結局はひとりの人間同士にすぎない。司法領域の心理職や支援者が，心理アセスメント結果を，支援者側だけでなく，支援の利用者にも積極的に開示して，協働して用いることが支援を受ける人の利益になるという考え方を共有していくことが求められている。

アセスメントとは「行動・考え方の方程式」と「その人の代弁機能」

　司法ケースのアセスメントとは，知能指数や認知特性，心の内面を測定することだけではない。筆者は，アセスメントとは，「その人が，どのような特徴を持ち，どのような場面で，どのような行動や考え方を取るのかという『行動の方程式』をさぐること」であると考えている（熊上・星井・熊上，2022）。

　そして「行動・考え方の方程式」を，アセスメントをする人だけでなく，本人や保護者，支援チームで共有し，

「アセスメントを受けて良かった」

「自分の気持ちや行動を理解・代弁してもらった」

「アセスメントを受けて意欲が出た・元気になれた」

ことを目標として実施されることがこの領域で求められる。主役はあくまでアセスメントを受けた人なのである。

文献

Acklin, M. W., McDowell, C. J., Verschell, M. S., & Chan, D. (2000). Interobserver agreement, intraobserver reliability, and the Rorschach comprehensive system. *Journal of Personality Assessment*, 74(1), 15-47.

Ackerman (2010). *Essentials of Forensic Psychological Assessment*, 2nd Edition, Wiley.

バーンズ（著）伊集院ら（訳）(1997). 『動的H-T-P描画診断法』星和書店

ボーランダー（著）高橋（訳）(1999). 『樹木画によるパーソナリティの理解』ナカニシヤ出版

Exner, J. E. (1974). *The Rorschach: A Comprehensive System.* Vol.1. New York:

Wiley.

Finn, S. E.（2007）. *In our clients' shoes. Theory and techniques of therapeutic assessment.* Psychology Press.（野田昌道・中村紀子（訳）（2014）.『治療的アセスメントの理論と実践——クライエントの靴を履いて』金剛出版）

フールマン・ジーベル（著）田高誠・渡部信吾（訳）（2016）.『離婚と子どもの司法心理アセスメント』金剛出版

藤田和弘（監修）熊谷恵子・熊上崇・小林玄（編著）（2016）.『長所活用指導で子どもが変わる・Part5——KABC-Ⅱを活用した社会生活の支援』図書文化

Gacono, C. B., & Meloy, J. R.（1994）. *The Rorschach assessment of aggressive and psychopathic personalities.* Lawrence Erlbaum.

ホーガン（著）繁枡ら（訳）（2010）.『心理テスト——理論と実践の架け橋』培風館

Hunsley, J., & Bailey, J. M.（2001）. Whither the rorschach? An analysis of the evidence. *Psychological Assessment,* 13(4), 472-485.

伊藤隆一（2012）.『SCT（精研式文章完成法テスト）活用ガイド——産業・心理臨床・福祉・教育の包括的手引き』金子書房

皆藤章（1994）.『風景構成法——その基礎と実践』誠信書房

Kaufman, A., Lichtenberger, E. O.（藤田和弘・石隈利紀・青山真二ら（訳）（2014）.『エッセンシャルズKABC-Ⅱによる心理アセスメントの要点』丸善出版

コッホ（著）林（訳）（1970）.『バウムテスト——樹木画による人格診断法』日本文化科学社

熊上崇（2017）.「矯正施設から退所した障害を持つ人への地域生活定着支援」『立教大学コミュニティ福祉研究所紀要』, 5, 19-36.

熊上崇・星井純子・熊上藤子（編）（2022）『心理検査のフィードバック』図書文化

小野純平・小林玄・原伸生ら（編著）（2017）.『日本版KABC-Ⅱによる解釈の進め方と実践事例』丸善出版

Pope, K. S.（1992）. Responsibilities in providing psychological test feedback to clients. *Psychological Assessment,* 4(3), 268.

Shaffer, T. W., Erdberg, P., & Haroian J.（1999）. Current nonpatient data for the Rorschach, WAIS-R, and MMS-2. *Journal of Personality Assessment,* 73, (2), 305-316.

竹内健児（編）（2009）.『事例で分かる心理検査の伝え方・活かし方』金剛出版（なお, 2016年に同じ著者, 出版社から発行された第2集も有用である）

上野一彦・松田修・小林玄ほか（2015）.『日本版WISC-Ⅳによる発達障害のアセスメント――代表的な指標パターンの解釈と事例紹介』日本文化科学社

Ward, T., Brown, M.（2004）. The good lives model and conceptual issues in offender rehabilitation. *Psychology, Crime & Law*, 10, 243-257.

Wood, et al.（2003）. *What's wrong with the Rorchach? Sience confronts the controversial inkblot test.*（日本語版は，宮崎謙一（訳）『ロールシャッハテストはまちがっている』北大路書房，2006）

ケース編

Introduction ·················

　ケース編では、「少年・刑事事件編」として10ケース（うち一つは特別編のケース研究）、「家事・民事事件編」6ケース、合計16ケースを記載した。

　これらのケースは、実際に起きた事件として報道されたものと、家庭裁判所などの事例では、個別に特定できないよういくつかの事例を組み合わせた架空のものがある。

　「少年・刑事事件編」では、報道された事件として千葉県銚子市の娘殺害事件、埼玉県川口市の少年による祖父母殺害事件、元名古屋大学生による放火殺人事件、埼玉県朝霞市で起きた中学生監禁事件、特別編として1997年の神戸連続児童殺傷事件を取り上げた。

　いずれの事件も、事件の態様は重大であり、行為だけを見ると非常な悪事と見えるが、その背景となる生活歴、家庭の状況、経済的状況、心身の発達の問題も記載した。

　また、特別編の神戸連続児童殺傷事件については、元少年Aの母による手記、本人による手記の分析だけでなく、被害者の手記も併せて紹介し、触法行為を起こした人だけでなく、被害者の心理も解説した。

　「家事・民事事件編」では、報道されたケースとして歌手岩崎宏美さんの面会交流の事例、品川区の市民後見人の事例、養育費が元配偶者から支払いがなされず、困窮している新聞記事投書欄を取り上げた。

　その他の面会交流や児童虐待に関するケースはいくつかのケースを組み合わせた架空事例であるが、実際に現場でもよく見受けられる類型である。

　また、筆者の経験から、少年事件でも家事事件でも、生活状況や家庭環境、社会的環境だけでなく、本人や家族への発達障害への対応を要するケースが少なからず見られること、筆者の専門が司法犯罪心理学と発達障害学であるため、これらが重複するケースに偏りがちであることを理解していただきたい。

そして，ケース編では，事例を読み，ディスカッションをしていただきたい。

　事件の表面・態様だけを見るのではなく，「なぜ，このような行動・心理になってしまったのだろうか」「どうすれば防ぐことができたのだろうか」「社会的資源につなげるにはどうすれば良かったのか」を話し合い，解決策を提案し，行動していくことが，いま困難な状況にある人々への支援への一歩となるであろう。

少年・刑事事件編

第**4**章

··· ケース1

県営住宅の家賃が払えずに中学生の娘を殺してしまった母親の ケース──千葉県銚子市～ソーシャル・サポートの理論と実際

　この事件は，2014年9月24日，千葉県銚子市で44歳の母親である被告人が，当時13歳，中学2年生の娘であった可純（かすみ）さんの首を絞めて窒息死させたものである。この事件の記事から，娘を殺害するまでに母親がどのような状況にあったのか，またどうすればこのような犯罪行為を予防できたのか，考えてみよう。

事件概要（以下は，2015年6月12日『毎日新聞』および文献（井上，2016）を参考に筆者が再構成したもの）

　　母親と娘（可純さん）は千葉県銚子市の県営住宅に居住していたが，母は1万2800円の家賃を2年間滞納していた。そこで県営住宅を運営する千葉県が母親に対して立ち退くように裁判を起こし，裁判の結果，千葉県側の主張通りとなり，本件当日が立ち退き期限であった。裁判所の執行官がこの家を訪問すると，娘の可純さんの遺体が発見された。
　　その時，母親は放心状態で座り込み，可純さんの頭をなでながら，4日前の体育祭のビデオを見ていたという。そのビデオには，赤い鉢巻きをして走る可純さんの姿が映っていた。母親はその赤い鉢巻きで可純さんの首を絞めたといい，「ビデオを見終わったら自分も死ぬ」と話していたという。

母親が娘を殺してしまったという痛ましい事件，中学２年生で命
を奪われた可純さんの気持ちはどのようなものだったのだろうか？
もちろん辛かったには違いないが，ひょっとしたら母親の追い込ま
れた状況も理解していたのかもしれない，それは誰にも分からない
ことであるが，今となっては可純さんのご冥福を祈るしかない。

母親の生活状況

　裁判では以下のような一家の生活ぶりが明らかになった。

　まず，可純さんの父親であるが，母との結婚当初から数百万円の借金
を抱えており，その返済や生活のために母親名義で消費者金融から借金
をしていた。可純さんが生まれた時から，生活は苦しかった。

　2002年，可純さんが１歳の時に両親は離婚し，2006年，可純さんが５
歳の時から母は学校給食のパートをしながら借金を返済していた。しか
し上述のとおり2012年から県営住宅の家賃が払えなくなり，県から立
ち退きを迫られていた。

　他にも，2013年春に可純さんが中学校に入学する時に，制服や体操着
を買うためにもヤミ金から７万円借りたり，国民健康保険料も滞納して
いた。

　母のパートの時給は850円で，月収は４〜８万円であった。そして事
件を起こした2014年９月は夏休み明けで，学校給食のパート収入がなく，
事件当時の預金残高は1,963円であった。母親は裁判の被告人質問で「市
が雇っているので，（市から）掛け持ちのアルバイトは無理と言われて
いた」と述べていたという。

　では，家族や友人に助けを求めることはできなかったのだろうか？
これも実家の両親に無断で実家の土地を借金の担保にしたため絶縁状態
であり，友人からも借金をすでに重ねていたという。

　では，生活保護などの公的な福祉制度は使わなかったのだろうか？

　記事および文献（井上，2016）によると，生活保護の相談で銚子市役
所を訪ねたが「仕事をしているという理由で断られ，（福祉課を）頼る
ことはできなかった」といい，銚子市の社会福祉課はこの件について，「（母
は）制度の説明を聞きに来ただけなので，詳しい事情の聞き取りはしな

かった」という。

　銚子市と千葉県の行政機関同士の連携については，県住宅課は，母親の生活状況は把握していなかったとのことで，2年間の家賃滞納という客観的事実だけで立ち退きを迫り，家賃を滞納している事情や生活状況などは考慮していなかったという。

　学生の感想
　事例紹介を聞いたある学生は以下のような感想を述べていた。
　「最初は，娘を殺すなんてひどい母親だと思いました。しかし，事情を知ると，県や市の対応，何よりも苦しむ母親の様子がヒシヒシと伝わってきて心苦しかった」
　「生活保護は受けられなかったのか？　なぜ，母親は詳しく相談できなかったのだろうか」
　「市の社会福祉課の職員は，もっと詳しく積極的に生活状況を訊いておけば良かったのではないだろうか」
　「県の住宅課は，立ち退きの前に，どうして滞納しているのか調査すべきではなかったか」
　「県の住宅課と市の社会福祉課で情報共有はできていなかったのだろうか」
　「アルバイトの掛け持ちはできないというのは，本当なのだろうか」
　「殺害に至る前に，母親は誰かに相談できなかったのだろうか？　身近な人や公的機関の人に相談できていれば，防げたのではないだろうか」
　さらに，社会の問題としての感想もあった。
　「ひとり親家庭の貧困率はどれくらいなのだろうか？」
　「別居した親からの養育費の支給はないのだろうか？」
　「貧困家庭に対する公的な扶助は十分なのだろうか？」
　いずれの感想も，自治体の貧困家庭のニーズ調査能力，自治体同士の情報共有体制，まちがった情報提起（他の仕事をしてはいけないなど）が含まれている。

生活保護

　生活保護についてみると，2017年6月現在，わが国では164万1532
世帯が受給している（厚生労働省）。また，2016年の子どもの貧困率は
13.9％，ひとり親家庭の貧困率は50.8％である。貧困率は，等価可処分
所得の中央値の半分の額を「貧困線」（2012年は122万円）と設定し，そ
れ以下の所得の家庭を貧困と定義している（図4-1）。

　すなわち，貧困家庭とは年間の収入が122万円以下である。年間122
万円とは，月収にすると約10万円であり，家賃や光熱費，水道費の合計
を7万円とすると，毎月3万円程度で生活しなければならない。今回の
ケース1の銚子市の事例も，月収は学校給食のパートだけで4〜8万円
とのことであるから，貧困線以下である。しかしながら，ひとり親世帯
の貧困率が50.8％であることを考えると，銚子市の事例は決して特殊な
ケースではないことが分かる。

　ましてや，住んでいた県営住宅の立ち退きを迫られていたということ
であれば，絶望のあまり本件に及んでいたとしても無理はないものと考
えられるが，筆者がこのケースを学生に紹介すると，1割くらいの学生は，
「それでも，母親の責任だ」

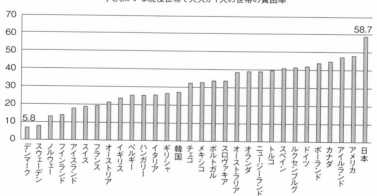

図4-1　ひとり親世帯の貧困率は最下位（出典：厚生労働省（2009）「子どもがいる
　　　現役世帯員の相対的貧困率の公表について」報道資料2009年11月13日）

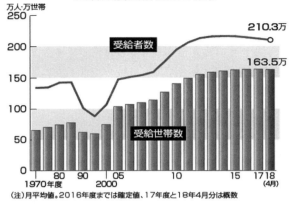

図4-2　生活保護受給者の推移（出典：時事ドットコム，2018.7.4 記事より）

　「とにかく殺すのは，どんな理由があってもダメ」
　「母親は，かけもちして働くべきだった」
という「自己責任論」も出てくる。果たして，このケースも母の自己責任なのだろうか？
　また，疑問として，どうして母親が生活保護を申請しなかったり，家族や周囲の人々に助けを求めなかったのかという点がある。
　援助を要請することを Help-seeking（援助要請）という。しかし，経済的あるいは心理的に困難な状況にある人は，周囲や公的機関に相談や援助を心理的に要請しにくいと言われている。では，相談や援助を要請しやすく，福祉的支援に結びつくには，どのようにしていけば良いだろうか？

　ソーシャル・サポートとは
　困難な状況にある家族や人に対して，どのようにサポートを行っていくかの理論として，「ソーシャル・サポート（Social Support）」の概念を紹介する。
　ソーシャル・サポートとは，コミュニティ心理学や社会福祉学で用い

られる概念である。コミュニティ心理学者のコップは，ソーシャル・サポートを「気遣われ愛されている，尊重されている，お互いに義務を分かち合うネットワークのメンバーであると信じさせる情報」と定義している（植村，2007）。つまり，本件ケースで言えば，家賃が払えず，経済的・心理的に追い詰められている時に，周囲の住民や関わりのある行政機関がどれだけ母親のことを気遣い，そして母親が人間として尊重されていると感じるか，コミュニティのメンバーとしての一体感を持つことができるかが，こうした悲劇を防ぎ，援助を要請できるためのポイントとなる。

　銚子市の事例では，県の住宅課や市の社会福祉課が，どれだけ母親のソーシャル・サポートを行っていたのか，また周囲の市民はどのようにサポートをしていけば良いのかを考えていく必要があるだろう。

　そこで，以下に，ソーシャル・サポートとは何かについて述べる。

ソーシャル・サポートの機能と計画

　まず，ソーシャル・サポートは二つの大きな機能がある。一つめは「道具的サポート」，二つめは「情緒的サポート」である。支援にあたっては，どちらか一方ではなく，この二つの機能を常に頭の中に入れておいて，ケースの支援計画をたてる。

表4-1　ソーシャル・サポートの機能

ソーシャル サポート機能	援助行動		
道具的 サポート	①物質的援助	②行動的援助	③情報的援助
情緒的 サポート	①情緒的援助	②評価的援助	③所属と肯定的相互作用

まず「道具的サポート」とは，①」「物質的援助」，②「行動的援助」，③「情報的援助」に分かれる（表4-1）。

　「道具的サポート」
　たとえば，銚子市のケースでは，「道具的サポート」のうち，①「物質的援助」は，食料や家賃などの金銭などの支援を行うことである。②「行動的援助」とは，たとえば，生活保護への申請に同行するという「同行支援」，これは法律相談や生活保護受給の相談でも有効である。なぜならば，金銭に困っている人は，後ろめたい気持ちや，分かってもらえるのだろうかという不安感，動揺もあり相談窓口に行って自分の実情を話すことが難しい。そこで，支援者が，福祉課などの窓口に同行して，話を促す，補足するなどの支援を行うことは，有効な「行動的援助」である。
　③「情報的援助」とは，たとえば生活保護の受給窓口や受給の手続きについて，「このような情報があるよ」「こうすれば受給の手続きができるよ」と正しい情報を教えてあげることである。
　銚子市のケースの場合は，生活保護の受給に関する情報だけでなく，たとえば娘の学校生活での支援に関する情報や，本当に市の施設である給食センターでパートをしていたら掛け持ちで働くことができないのか，おそらく正職員ではないから，他のアルバイトなどもして良いはずであるが，それも正しい情報が母親に伝わっていれば，場合によっては，夏休み期間に他の仕事をできていたのかもしれない。このように，③情報的援助も大切なサポートになる（筆者注：かけもちの仕事を推奨しているわけではない）。
　これらの，①物質的援助，②行動的援助，③情報的援助は，いずれもサポートのための道具（instrument）であるから，これらを総称して「道具的サポート」と呼んでいる。

　「情緒的サポート」
　次に「情緒的サポート」は①情緒的援助，②評価的援助，③所属と肯定的相互作用，の3つに分類される。
　①情緒的援助とは，心の支援，気持ちの受容的な共感のことである。

銚子市のケースであれば，社会福祉の相談窓口を訪れたり，家賃滞納の事情を聞くときに，職員のとるべき立場として，客観的情報だけを伝えたり聞くのではなく，「大変でしたね」「どんな気持ちですか？　それほど〜だったんですね」「よく相談に来てくれましたね」などと，相談者に対する気持ちのねぎらいや共感をすることである。

　相談窓口では，客観的情報だけを最低限聞いて，適用がなければ終了という対応が見受けられることがある。しかし，福祉的支援の利用者にとっては，窓口に行くだけでも心理的な重圧である。

　そこで，来てくれたことや相談に来た事へのねぎらい，家賃を滞納せざるをえなかった事情などを聞き，それに共感する，それによって，利用者が「頼れる人がいる」「話を聞いてくれる人がいる」「味方になってくれるかもしれない」と思えるようになれば，利用者自身が前向きに課題に取り組めるようになり，娘を殺害というような最悪の事態に陥らずに済む。こうした①情緒的援助は，自治体や公的機関で働く者，地域社会などで活動する支援者が，身につけておくべきサポート方法である。

　②評価的援助とは，利用者がこれまでしてきたこと，がんばってきたこと，うまくいかなかったことなど，すべて含めて，「評価する」ことである。ただし，「評価」とは成績をつけることではなく，できるだけ利用者にとって分かりやすく，これまでの行動や生活状況について伝えることである。

　たとえば，生活保護の申請に行ったが，制度だけを聞いて帰ってきてしまったというエピソードが銚子市のケースであったが，これについては

「窓口に行ったことは，たいへん勇気がいったことでしょう，ごくろうさまでした（評価1）。さらに，具体的にご自分の生活状況を伝えられれば良かったですね（評価2）。しかし，おひとりではなかなか不安もあってできなかったと思います（情緒的援助）。そこで，今度は一緒に申請窓口に行きましょう（行動的援助）」

　と言ってあげれば，利用者も自分がやってきたことがすべて無駄ではなく，一定の評価が得られることで，さらに自分の課題も見つけることができる。

③所属と肯定的交互作用とは，ケースの対象者にとって「ここは自分が居ても良い場所だ」と所属感が感じられることと，その場所で「あなたのやってきたことは間違いではない」と自分を肯定できる感情を持てることである。

　逆に，「早く県営住宅から出て行かなければいけない」「あなたが苦しい状況であっても，家賃を滞納しているので仕方がない」というように，否定的な声かけをすると，所属感もなくなり，自分なんて居なくても良い，という追い詰められた心理状態になってしまう。

　そうではなく，

　「あなたがここに立ち退きせずに居られるようにするためには，どうしたら良いか考えましょう」

　と所属感を高める言葉かけやサポートが必要である。また利用者が上手に生活ができなかったとしても

　「そこまで，よく頑張りましたね」

　「そこで，よく相談してくれましたね」

　と肯定的な言葉かけをすることにより，利用者のほうも，さらに「では，生活保護の申請をしてみます」「夏休み期間は他の仕事もしてみます」といった肯定的な行動が引き出され，交互作用が行われれば，利用者と公的機関の協働体制となる。

　このように，①情緒的援助，②評価的援助，③所属と肯定的相互作用の３つは，いずれも気持ちの面での受容，共感，前向きな行動や問題解決への後押しということであり，これらを総称して「情緒的サポート」と呼んでいる。

　「道具的サポート」と「情緒的サポート」を組み合わせて支援する

　支援をするにあたっては，「道具的サポート」だけでも「情緒的サポート」だけでも十分ではない。「道具的サポート」，たとえば生活保護の情報を伝え同行するだけでなく，その過程で「情緒的サポート」を取り入れ，ねぎらったり，評価したり，自分たちが仲間であり，居場所があることを明確に伝えること，このように「道具的サポート」と「情緒的サポート」を組み合わせることによって，支援の効果が高まる。

心理職などの支援者は，この二つのサポートを念頭において利用者と
接し，利用者が「相談して良かった，生きていて良かった，ここに暮ら
していて良かった」と所属感と自己肯定感を高め，住宅や金銭などの具
体的生活支援につなげることが，今回のケースのような悲劇を防ぐため
に必要なスキルと理念である。

◆ディスカッション
　銚子市のケースで，どのような支援をするか，表4-2の欄をうめてみよう。

表4-2　ソーシャル・サポートの機能

ソーシャルサポート機能	援助行動		
道具的サポート	①物質的援助	②行動的援助	③情報的援助
情緒的サポート	①情緒的援助	②評価的援助	③所属と肯定的相互作用

道具的サポートの例
・生活保護の申請に同行する，もしくは同行してくれる団体の情報を提
　供する。その団体に連絡を代行する（行動的援助，情報的援助）。
・物質的援助としては，家賃滞納の場合の延長制度が有効だが，これも
　ただ延長するだけでなく，県の住宅課への同行などの行動的援助と，
　住宅制度に関する情報的援助を組み合わせる。

情緒的サポートの例

・自治会や民生委員の制度をさらに充実させ，公営住宅などの困窮世帯を定期的に訪問する，また被害者である娘が学校に通学していたことから，学校のソーシャルワーカーが関わる。そこで福祉課や住宅課との橋渡しを行いつつ，これまでの苦労をねぎらう，学校に居ても良いのだよという所属感，自己肯定感を与える。

　さて，みなさんはどのようなアイデアを表に書き入れることができただろうか？　困難を有する家族や子どもの支援にあたっては，お金を与えるだけ，住宅を与えるだけという物質的援助だけではなく，行動的援助，情報的援助も組み合わせた道具的サポート，さらに根底には情緒的サポートも組み合わせた支援計画を立てるという理念と実践を学んでほしい。

文献

井上英夫・山口一秀・荒井新二（編）(2016).『なぜ母親は娘に手をかけたのか──居住貧困と銚子市母子心中事件』旬報社
植村勝彦（編）(2007).『コミュニティ心理学入門』ナカニシヤ出版

映画『ダニエル・ブレイク』 生活困窮者と社会的支援

銚子市の事件では，銚子市役所の生活保護担当部署や千葉県の県営住宅担当課の「お役所仕事」が母親の生活困窮，ソーシャル・サポートの不足に結びついていたが，2016年公開のパルムドール受賞作，ケン・ローチ監督の映画『ダニエル・ブレイク』も同じような情景が描かれている。

心臓病を患う大工のダニエルは，休業補償をもらうために市役所に行くが，そこでの対応は冷たいものであった。市役所の係員は，ダニエルに求職活動をするように求め，証拠を提出するように指示する。手当を受給しようにもダニエルは高齢であり申し込みのためのパソコンも使えない。電話をしてもたらい回しになる。

そんな時に市役所で見かけたのは，幼い子2人を抱えるシングルマザーのケイティであった。ケイティは慣れない土地で市役所の面談に遅れてしまい，手当を受けられなくなってしまう。また，ケイティは食料の配給に並び，途中で空腹のあまり缶詰の中身を食べてしまったり，スーパーで万引きをしてしまう。そこで紹介されたのは風俗業であり，ダニエルはケイティを訪ねて戻るように説得するが，ケイティは拒む。そんな中で，ダニエルはケイティの幼い息子ディランのために，大工の技術を活かしておもちゃを作ってあげる。

ダニエルの心臓病が悪くなり求職活動もままならなくなるが，市役所では相変わらず求職活動をしないと手当を出さないという。ダニエルは「自分は人間だ，自分はダニエル・ブレイクだ」と市役所の壁にスプレーで描き，通行人たちが拍手喝采するなか，警察に連行される。

釈放されたダニエルは，弁護士の助力も得て申し立てをしようとしてトイレで倒れ，ダニエルは亡くなってしまう。ケイティはダニエルの葬式で挨拶をする。月曜日の午前は葬式の代金が一番安く「貧者の葬式」である。その中でケイティは，ダニエルが「人間としての尊厳を教えてくれた」と弔辞を読むのであった。

映画の中で，ダニエルは壁にスプレーで抗議を描いたことは器物

損壊罪となり，ケイティは万引きをした。しかし，これらは罪として裁かれることなのだろうか？　市役所などで適切なソーシャル・サポートや生活保護の支給が行われていれば，ダニエルもケイティも罪を犯さずにすんだのかもしれない。何よりも，ダニエルは長年大工として地道に生きてきたし，ケイティも貧困状態の中必死で2人の子どもを育ててきた。そうした市民を社会は，行政はどのように支えていけばよいのだろうか？

　カンヌ映画祭で最高賞のパルムドールを受賞した本作を，司法犯罪心理学を学ぶ人は，ぜひ見てほしい，そして支援とは，社会福祉とは，市民のための行政とは何かを議論してほしい。

祖父母を殺害した少年のケース——埼玉県川口市〜虐待された子ども
の心理と支援

　埼玉県川口市で，17歳の男子少年が，70歳代の母方祖父母の背中を包
丁で刺すなどして殺害し，現金8万円やキャッシュカードを盗んだ強盗
殺人事件により，懲役15年の判決を受けたケースである。
　共犯者は少年の母親（42歳）であった。

事件概要（以下，事件については2015年1月8日の『朝日新聞』記事，NHK
ニュース記事（2015年9月4日）および山寺（2017）より筆者が再構成した）

少年の生活歴
　少年は，物心がつくようになってすぐに，両親が別居し母親と
生活した。少年が8歳頃には，母親が夜遊びを繰り返すようになり，
10歳の時には母が突然いなくなって1ヶ月連絡が取れず，その後に
戻ってきた母親の交際相手との生活が始まった。
　11歳になってからは，2年あまりホテル泊まりや野宿を繰り返
し，少年は母親や交際相手の男性から身体的・性的虐待を受けていた。
当時の心境について，少年は「生きているのがただただ辛く，何も
見えないで全く消えない闇の中を迷っている感じだった」と記して
いた。
　13歳の時，少年が児童相談所に保護され，それを機に母親が生
活保護を受給して横浜市の簡易宿泊所に入所した。少年は一時保護
所を出て母と同居したが，母は「自由になりたい」と言って簡易宿
泊所を無断で退去し生活が不安定になった。以後，母親は少年に対
して，親戚に借金しにいくように命じるようになり，少年は嘘をつ
いて借金を重ねていた。
　16歳になった少年は，塗装会社に就職したが，母親に給料の前

借りをさせられていた。母親はそのお金を遊びに使っていた。少年
は親戚に借金を頼みに言ったが断られ，2014年3月26日に借金を頼
みに行き，断った祖父母を殺害するに至った。

少年の性格

　少年は14歳の頃，13日間フリースクールに通っていた。その責任者
によると「ごく普通の気持ちが優しい感じの子。表情は暗かったが，継
続して学べていなかった分，学校に通いたいという気持ちはひしひしと
伝わってきた」とのことで，少年はフリースクールでは「漢字をマス
ターしたい」「マンガを書くのが好き」と述べていたという。当時中学
2年生であったが，小学校3，4年生の算数や低学年の漢字を学んでいた。
一方で，周囲の人との関わりは得意ではなく，反抗的ではないが，ちょっ
と引いたところで皆の楽しい様子を見ている感じだったという。

　以上より，少年は幼い頃から生活環境が不安定であり，母親やその交
際相手からは虐待を受け，学校にも通うことができず，基礎学力を身に
つけることができなかった。反抗することもなく，母親のいいなりに借
金をしたりして，最後には事件に及んだ様子がうかがわれる。

少年事件の理解の仕方

　少年や家族について，縦軸（生活歴，家族歴）と横軸（家族関係や社会
的関係）について，まずは紙に描いてみて，そこからケース全体を視化
する作業を行う。

身分関係図（ジェノグラム）を描いてみる

　このケースのように家族関係が複雑である場合，図式的に把握するた
めに，身分関係図を描いてみる。

　身分関係図は，さまざまな描き方があるが，ここでは，男性を四角（□），
女性を丸（○）とする。男女が婚姻関係にある時は二重線で□＝○と記
載する。内縁関係にあるときは棒線で，□—○と記載する。単なる男女
関係の場合は，波線で□〜○と記載する。

　子どもは，たとえば婚姻中の男女から生まれた場合は二重線＝の下に

棒線を引いて，男児であれば□，女児であれば○を記載する。2人以上の場合は，枝分かれして3人きょうだいであれば，□を三つ並べていく。

他に，養子縁組であれば，養子と養親との間に二重線を引く，離婚や養子縁組の離縁など，法的な関係が離れた場合は，二重線の上に×印をつけていく。

このようにして，まずケース2の身分関係図を描いてみよう（図4-3）。

身分関係図（ケース2）

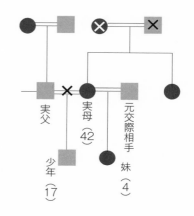

図4-3　川口市の事件の身分関係図(ジェノグラム)

生活歴・家族歴を一枚の表にまとめる

次に，ケースの歴史をまとめていく。書き方は上から下に時系列順に並べていき，左側に年号とかっこ内にその時の少年の年齢を記載する。右には，少年の生活歴や家族歴を記載する。

はじめに，家族歴として，少年が出生前のできごとを記載したり，母親が妊娠中の様子，出産時の状況，乳幼児期の発達状況や家庭内のできごとなどを記載する。本ケースでは，少年出生前の家族歴や乳幼児期の情報は少ないが，右側には，学校やフリースクールなど，少年や家族と関わる社会や環境についての情報を記載する。

家庭裁判所や児童相談所でのケース記録は，もっと細かく記載しているが，ここでは分かりやすく，はじめての人にも生活歴・家族歴をイメージしてもらうために，図4-3のように作成してみた。

以下のように，身分関係図と生活歴・家族歴を作成することで，ケースの縦軸（生活歴・家族歴）と横軸（家庭・環境の状況など）を一目で把握することができる。

ケースを担当し，面接調査やケースワークを行う時，この縦軸と横軸を常に頭の中に描いておく。この身分関係図と生活歴・家族歴を全部埋

めるイメージで，少年や家族，関係者へのインタビューや資料収集，アセスメントを行う。

　第一に支援者が行うべきことは，適切な情報収集，アセスメントとケース理解である。アセスメントにより少年の心理や苦労，母親や関係者の心理，事件に至る経緯なども自然と思い描かれるようになる。

　川口市のケースをあらためて考えてみる

　前掲の身分関係図と生活史・家庭史から，この少年を理解するためにはどのような疑問が出てくるだろうか？

　いくつか挙げてみよう。

　１．なぜ，少年は母親の言うなりに，借金をしたり，殺人まで起こしたのか？　反抗できなかったのか？

　２．公的機関やフリースクールも関わっていたにもかかわらず，なぜ，少年は助けを求めることができなかったのか？

　３．どうすれば少年は立ち直ることができるのだろうか？

表4-3　川口の事件：少年の生活歴・家庭歴

0歳	出生
幼児期	詳細不明
8歳	母：夜遊び繰り返し，男性が出入りする
10歳	父母が離婚　母が突然不在で1ヶ月いない時もあった 　　　　　母が知人男性から金銭の支援 　　　　　母がホストクラブ通い
11歳	少年・母の交際相手と静岡県へ　2ヶ月学校に通う その後，埼玉県内を転々とする　居場所不明児童に
13歳	母：生活保護を受給し横浜市の簡易宿泊所で生活 少年：横浜市のフリースクールに13日通う（小学校3，4年の算数や漢字を勉強，仲間に入りたいけど入れない） 13歳下の妹が出生　母が金を無心 母は簡易宿泊所の生活が嫌で家出し，同居男性が失踪
15歳	父方のおばから400～500万円借りる
16歳	塗装会社に就職。会社の寮に家族で入居。母はゲームセンターで浪費し，少年の給料を前借り 祖父に借金
17歳	事件発生　母から「殺してでも金持ってこい」と言われ，母方祖父母を殺害

少年の心理は――学習性無力感

　1について，なぜ少年は母親の言うなりになって，借金をしたり殺人まで起こしたのだろうか？　思春期は，親の言うことに反発してひとりだちしていくのが発達課題である。

　これに対して，考えられる心理学的概念は「学習性無力感（Learned helplessness）」である（ピーターソン他，2000）。

　学習性無力感とは，自分が無力である，どうにもならないという気持ちを学習してしまうという状態である。反発や反抗は，自立へのエネルギーであるが，無力感を学習すると，言われるままに行動してしまうということが起きる。

　学習性無力感は，米国の心理学者セリグマン（1967年）が提唱したもので，1980年代はうつ病の説明モデル，近年は被虐待児や学習不振児の心理を説明するモデルともなっている（セリグマンの学習性無力感やうつ病モデル，ポジティブ心理学に関する参考書籍としては，セリグマン，2013）。

　虐待されたり困難な状況下に長らく置かれていた子どもは，いくらがんばっても自分は無力だと感じてしまう。その結果，

・自ら状況から抜けだそうとしなくなる
・可能性があっても自発的行動をしなくなる
・言われるままに行動してしまう

という特徴がある。本件の裁判では，理化学研究所の黒田公美博士がこの少年の学習性無力感について証言を行っている（山寺，2017）。黒田博士によると，川口市の少年は，自ら状況を抜け出そうとせずに，言われるままに行動し，結果的に母親の指示どおりに嘘をついてでも借金をしにいったり，殺害にまで至るようになっていた。

　こうした環境下にある子どもに対しては「どうして反抗しないのか」「どうして逃げないのか」と責めるのではなく，学習性無力感という概念を理解しながら支援にあたる必要がある。

　では，このような状況下にある子どもは，もはや無力感から逃れることはできないのであろうか？

援助要請（Help seeking）とソーシャル・スキルズ・トレーニング
（Social skills training）

　苦しいときに「助けてほしい」「相談に乗ってほしい」と言えるのは，生きていくうえで必要な表現である。しかし，幼少期から虐待的環境や困難な状況で育った人や，暴力や貧困などの状態が続いている人は，ケース１の銚子市の事件の母親のように，学習性無力感もあり，「助けてほしい」「相談に乗ってほしい」と言うことができない。あるいは，言いづらかったり，自分自身でも困難な状況にあると自覚できていない場合もある。

　「助けてほしい」と援助を要請できる人ほど，困難な状況から立ち直りやすいと言われているが，人は自然とその力を身につけることはできず，多くの場合は，周囲の人をモデルにしたり，「助けてほしいときは，遠慮なく言ってほしい」と支援者が情緒的サポートをすることで，相談や援助要請へのハードルが低くなる。

　単に「困ったら相談したほうが良い」と伝えても，その経験がなかったり，言いづらい，相談することが気恥ずかしいという気持ちもある。そこで有効な手段の一つとして，「助けを求める練習をする」という方法がある。

　それが「ソーシャル・スキルズ・トレーニング」である。

　ソーシャル・スキルズ・トレーニングとは，米国の精神科医ロバート・ポール・リバーマン教授が考案したリハビリテーションの理念と方法（リバーマン著，西園訳，2011）であり，自閉スペクトラム症や知的障害，精神障害などの人のために開発されたものである。近年は行きづらさを抱えている人々や家族へもその応用範囲を広げており，非行少年の矯正教育でも取り入れられている。援助要請だけでなく，「無理な誘いを受けた時に断る」「依頼する」などの社会的スキルも生活面で必要であり，それを身につけるためには図4-4のようにすすめていく。

　第一段階は，支援者による「モデリング」であり，「助けを求める」場面などを実際にやってみせる。第二段階は，「ロールプレイ」として，台本を基に，場面を設定し，支援者と被支援者，あるいは被支援者同士で練習をする。第三段階では「シェアリング」として，実際に演じてみてどう感じたか，どのような困難あるいは良い点があったのかの感想を

・対人関係のスキル（謝る，援助を要請する，断る，依頼する，など）
を実行するためのトレーニング。元々は自閉スペクトラム症などの対
人関係に困難がある人のためのプログラムだが，不良仲間からの誘い
を断る。苦しい時に先生に助けを求める，などさまざまな場面や人に
応用できる。

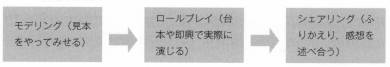

図4-4　ソーシャル・スキルズ・トレーニング（Social skills training）

述べ合い，実際に活用してみる意欲を高める。その後，そのスキルを社
会で活用できたかの事後チェックも行う。

　ケース2の少年についても，たとえば母親に借金を命じられたり，苦
しい状況にあるときに，それを断ったり，相談できるスキルがあれば予
防できたかもしれない。ただし，ソーシャル・スキルズ・トレーニング
だけで虐待や事件が予防できるわけではない。個別的な支援だけでは不
十分であり，次に社会レベル，マクロレベルでの支援について考えてみ
よう。

　社会レベル，マクロ・レベルで困難な状況にある家族支援の仕組みを
考える——引き続き川口市の事例から
　表4-4 は，阿部（2014）による「家族への支援の選択肢リストの例」
から一部抜粋して整理したものである。これを見ると，困難を有する家
族への支援は，「親に対する支援」と「子どもに対する支援」に分けら
れる。
　ケース2の川口市の事件についても，母親は子どもに借金するよう強
要するなど責められる対象であるが，ではどのような支援があれば良かっ
たのかということを考えてみよう。

表4-4　家族への支援の選択肢リストの例（出典：阿部彩著『子どもの貧困2』から）

親への支援	子どもへの支援
妊婦に対する訪問指導	無料学習塾
所得保障（児童扶養手当）	低学力のための補習
養育費の支援	教員の増員
就学支援（給食費，教材費の免除など）	放課後プログラム
住宅費支援	夜にひとりになる子の居場所づくり
親の就労訓練	学校での職業指導
学童保育の充実	奨学金
保健師による訪問相談	予防接種や健康診断無料
貧困などの包括相談窓口	発達障害への支援
子育ての包括相談窓口	虐待・ネグレクトの相談窓口

現金給付と現物給付・選別主義と普遍主義

　支援の仕組みを考えるにあたり，対象者を誰にするか給付方法をどのようにするかを決めるという2段階がある。

　対象者を決めるには，「普遍主義」と「選別主義」があり，「普遍主義」は子ども手当のようにすべての人が対象となる。

　「選別主義」はたとえば年収200万円以下というように，条件によって対象者を決めることである。

　いずれもメリットとデメリットがある。「普遍主義」であれば，必要となる財源が多額になる。一方「選別主義」をとると，たとえば年収200万円以下とした場合，年収が205万円の人は対象外となる。さらに，年収を把握するための資料のチェックなど，事務手続きが必要となり，その人件費も増える。これらを解決するためには，たとえば年収200万以下というような厳しい条件づけではなく，年収800万円以下のように高額な方向に設定し，普遍主義に近い仕組みにしている場合もある。

　給付方法（現金給付と現物給付）

　給付方法には現金給付と現物給付があり，児童手当などは現金給付であるし，食事チケット（米国のミールスタンプなど）は現物給付である。

これもメリットとデメリットがある。

　現金給付の場合，お金を支給することで，ギャンブルなどに無駄遣いをしてしまうとか，計画的に使えない人もいるという問題もある。しかし，お金ではなく食事チケットにした場合は，それを使用するときに気恥ずかしいという自尊心の低下や，意欲の低下も考えなければいけない。一方で，訪問サービスやカウンセリングは現物給付として，困難な家庭や子どもに有効である。そこで，支援の仕組みを作る際に，図4-5 の4つの枠組みを組み合わせることが，適切な支援を考える際に有効となろう。

　親への支援

　親への支援として「所得保障（児童扶養手当）」「養育費の支援」「就学援助」「住宅費の支援」（いずれも現金給付）が挙げられている。

　母親が十分にこれらの支援を受けていれば，あるいは支援を受けるための相談をするスキル（援助要請スキル）があれば，借金を強要しなくても済んだのかもしれない。もちろん，現金給付だけでは十分ではなく，親に対して訪問相談をしたり，貧困などの包括相談，子育ての相談，親への就労訓練などの現物給付と組み合わせると金銭問題だけでなく，情緒的サポートと情報的サポートを組み合わせることも可能になる。コラム8（228ページ）の明石市の児童扶養手当の毎月支給制度は，支給の際に社会福祉協議会の職員が訪問して生活状況の相談に乗ることができ，

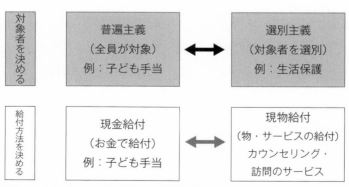

図4-5　支援（援助）の枠組み（筆者作成）

現金給付と現物給付を組み合わせた良い仕組みとなっている。

子どもへの支援——ビッグブラザー・ビッグシスタープログラム

川口市のケースのように困難な状況にある思春期の少年には，家族だけでなく，目標となる年上のお兄さん，お姉さんとの交流があると良い。

ビッグブラザー・ビッグシスタープログラムは，アメリカの「お兄さん，お姉さん活動」であり，子どもと大人が一対一の関係を持つことで，「見守ってくれる人がいる」「相談できる大人がいる」という感覚を子どもが持つことができる。その効果として，子どもの学力の向上や危険な行動の減少，自己肯定感の改善なども報告されている。このプログラムは，日本の家庭裁判所創設期に，京都で創設されたBBSにも影響を与えている。アメリカのBBSは主に寄付で支えられているが，このようなプログラムを社会で育てることも，思春期以降の子どもへの支援となるだろう。

アスポート事業

日本で行われている貧困や困難状況下にある子どもへの支援プログラムとして有名なものとして，埼玉県の事業「アスポート」がある。これは生活保護を受給している家庭の子どもに，大学生や定年退職世代が学習サポートをするものであり，大学や特別養護老人ホームを利用し，その地域の子どもを集めて学習支援を行っている。

埼玉県の立教大学新座キャンパスも，「アスポート」の会場になっており，毎週火曜日の夕方の2時間，大学生らが子どもたち（主に中学生）の学習支援を行っている。大学生だけで運営しているわけではなく，コーディネーターとして自治体から委託を受けた事業者の職員が，全体的な状況を把握したりトラブル対応なども行っている。学習支援ボランティアには，定年退職した学校の教員もいるので，教える技術は教員経験者から教わり，大学生は若い世代同士で，子どもの話し相手になりつつ学習を支援することが求められている。

筆者のゼミの学生も，この「アスポート」の学習支援に参加していたのだが，参加している子どもは，基礎学力が身についておらず，中学生

や受験生であっても，小学校での算数や漢字から復習していくことが多いという。しかし勉強だけをさせるのは逆効果であり，ダラーっとしている子どももいるが，それを注意するのではなく，まずは存在を受け止め，安心できる場所であることを感じてもらい，継続して来てもらうことが大切だと，コーディネーターから指導されているという。大切なのは子どもに安心感を持ってもらうこと，子どもの居場所づくりを通じてソーシャル・サポートにつながることである。川口市の少年にもこうしたサポートがあったら，彼を助けられたのかもしれない。

文献

阿部彩（2014）．『子どもの貧困Ⅱ──解決策を考える』岩波書店

ジェームズ・J・ヘックマン（2015）．『幼児教育の経済学』東洋経済新報社

駒村康平・田中聡一郎（編著）（2019）．『検証・新しいセーフティネット，生活困窮者自立支援制度と埼玉県アスポート事業の挑戦』新泉社

マーティン・セリグマン（著）山村宣子（訳）（2013）．『オプティミストはなぜ成功するか』パンローリング

ピーターソン・マイヤー・セリグマン（著）津田彰（監訳）（2000）．『学習性無力感』二瓶社

ロバート・ポール・リバーマン（著）西園昌久（監修）（2011）．『精神障害と回復──リバーマンのリハビリテーション・マニュアル』星和書店

山寺香（2017）．『誰もボクを見ていない』ポプラ社

コラム●2●

明石市の子ども政策1

　明石市は「子どもを核としたまちづくり」をすすめている。その明石市の政策の一つに，全小学校区に一つ以上，「子ども食堂」を設置するというものがある。「子ども食堂」の設置は普遍主義の現物給付であり，28校区に38ヶ所の子ども食堂がある。明石市は子ども食堂の運営に1回2万円の助成金を出しており，食材などの領収書の提出は求めず（渡しきり）子ども食堂を開く場所がなければ公民館，学校などの公共空間を提供しているという。

　また，明石市では，JRの駅前という便利な土地に児童相談所を設置した。これにより，虐待を受けた子どもや，虐待をしてしまう親も，駅前の便利な場所であるから相談に行きやすくなる。児童相談所の職員の数も全国基準より多く，市が雇用している弁護士も相談に乗っている。また，虐待などで保護が必要となる子どものために，児童養護施設を町外れではなく，町の中に作り，高級マンションのような名前を付けているという。

　川口市の事件の少年のように，親から虐待を受けている子どもが，相談しやすく，食事もできる「子ども食堂」を学区ごとに配置したり，そこから児童相談所につなげる仕組みは，普遍主義の現物給付のモデルケースとなろう。

　司法犯罪心理学を学んで，自治体などに勤務する人は，こうした先進事例も取り入れてほしい。

参考文献：泉房穂（2019）．子どものまちのつくり方　明石書店

親から放任されてぐ犯行為（家出）を繰り返す少年のケース──
埼玉県寄居町の補導委託「寄居少年塾」

　補導委託とは，少年事件の手続きの一つである。

　家庭裁判所では，少年院送致や保護観察などの保護処分を決定するにあたり，社会内で「しばらく様子を見る」ための「試験観察」という制度がある。少年法25条「家庭裁判所調査官の観察」では，「相当の期間，家庭裁判所の観察に付することができる」とあり，その中に「保護者に引き渡す」「適当な施設，団体又は個人に補導を委託する」制度がある。後者が本ケースの「補導委託」であり，自宅や保護者の元に少年を戻すことができない場合，たとえば少年が家に居られない事情がある時は，民間の団体などに半年ほど預かってもらうのである。

　埼玉県寄居市に，かつて女子少年のための補導委託先「寄居少年塾」があった。この補導委託先は，塾長であった柴崎寛子氏がご夫婦で戦災孤児などを引き取り，一緒に生活したのが最初であり，その後，裁判所の補導委託先となっていた。現在は補導委託先を辞めているが，ここでお世話になった女子少年は数多い。ここではケースを一つ紹介しよう。

事件概要　家出を繰り返し，「ぐ犯」送致された女子少年

　松山祐子（仮名・16歳）は，中学後半から不登校で，定時制高校に進学したものの1学期で中退した。その後，深夜徘徊を繰り返すうちに，25歳の男性，月輪太一に声をかけられた。月輪は仕事をしていなかったが，高級車に乗り，毎晩ドライブをしていた。祐子はドライブが楽しく，2ヶ月ほど月輪と各所を転々としていた。ただし，高級車は月輪が盗んだ車であった。

　しかし，港で車を止めているときに警察官に職務質問され，車が盗難車だと分かり，月輪は逮捕され，祐子は犯罪行為を起こしてはいないが，「ぐ犯」で家庭裁判所に身柄付きで送致された。

ちなみに，「ぐ犯」とは，法律に触れていないが，正当な理由なく家に寄りつかない，などの理由により（少年法3条12項），少年保護事件の対象となる。

　祐子は，家庭裁判所で審判までの間，鑑別所で過ごすことになり，家庭裁判所調査官が面接に赴いた。

　しかし，祐子は当初は泣いてばかりで，月輪と会いたいと繰り返し「さみしい」「彼氏に会いたい」と言い，捕まえた大人を恨むような話をしていた。調査官の福島友昭（仮名）はそれを傾聴しつつ，なぜ祐子がそこまで家に帰らず，月輪と不安定な生活をしていたり，月輪への思慕が強いのか疑問に思っていた。

家に居られない事情

　福島調査官が，家庭裁判所に親権者である母親に面接に来るように呼び出ししたところ，待合室で母と祖母が居た。その様子が尋常ではなく，母は顔面蒼白でうつむき，手が震えていて，酒のにおいをさせていて，アルコール依存症が明らかであった。話を聞くと，やはりアルコール依存症で何度も入退院を繰り返しており，断酒会にも入っているが，なかなかアルコールから離れられない。同伴の祖母も泣き出してしまい「祐子がかわいそう」「母親のせいでもあります。祐子が家にいられないのも分かる，どうか助けて欲しい」と話していた。

　福島調査官が祐子に母と祖母の様子を伝えると，祐子は，やっと分かってくれたのかという表情になり，積極的に話をするようになった。たとえば「母は強くないんです。父と離婚してからは，仕事も行かなくなって，お酒を飲んでばかり，一日中飲んで，祖母のお金を盗んでお酒を買うときもあります」「祖母から叱られると，母が暴れてドアやガラスを壊したり，夜に倒れて救急車を呼ぶことも何度もありました。私も何度も病院に行きました。もうこんな生活が嫌になって，家を出て遊び歩くようになったんです。月輪と居ると寂しさを忘れることができた……でも母のことは心配です」と話していた。ようやく福島調査官は，祐子が家に居着かないことや，月

輪との交際に執着していた理由が分かったのであった。

　では，祐子のために何ができるのだろうか？　今家に帰しても，家庭状況が変わらなければ，祐子はまた家出をしてしまうであろう。しかし，少年院に送るほど非行性や要保護性が高いわけでもない。今，祐子に必要なのは，「もう一つの家庭」であり，自分が保護されている，愛されている，安心できるという家庭的環境である。

　そこで，福島調査官は裁判官と話し合い，女子の補導委託先として伝統のある寄居少年塾に補導委託を行うこととした。

寄居での暮らし

　裁判官から寄居少年塾で頑張るように励まされた祐子は，捕まった時のままの格好であったため，少年友の会から，寄居への交通費や，当面の衣服などを与えられた。祐子は，「寄居でがんばってきます」と言ったものの，明らかに緊張していた。寄居に向かう電車の中でも，客がいなくなったのに祐子は座ろうとせず，なにか思い詰めた様子で外を見ていたのが福島調査官には印象的であった。

　寄居少年塾は，畑に囲まれたのどかな場所にある。一見ふつうの農家のようであり，柵もない。塾長の柴崎寛子先生と息子さん夫婦が世話をしてくれることになり，「ここでは安心して暮らせるよ。なにか困ったことがあれば言ってね」と言われて，祐子はほっとした表情を見せていた。

　そこからの暮らしは驚きの連続であった。

　朝の4時半には，寛子先生が台所でトントンと朝食の準備をしている。40年以上にわたり，子どもたちのための手作りの朝食を作っているという。寛子先生は，以前は一緒に子どもたちと同じ布団で寝ていて，おねしょが直った子もたくさん居たそうである。6時の起床時には，先輩の塾生も朝食の手伝いをして，みんなでラジオ体操をする。昼間は近所の工場から委託された内職作業（自動車部品の検品）を行うが，時々，レクとしてカラオケや遠足もある。

　補導委託決定の2週間後に福島調査官が訪問したところ，祐子はうつむいて涙目であった。急な生活の変化にまだ適応できておらず，

作業や日常のルールがまだ覚えきれずに先輩や先生から注意される
ことも多い，自信がない，そのうえ「彼氏に会いにいきたい」など
と話していた。福島調査官は祐子の思いを聞きつつ，「ここできち
んと生活することが，きっと祐子のプラスになるよ。僕はいつも応
援しているから」と励ますと，祐子は泣きながらうなずいていた。

　1ヶ月後に福島調査官が寄居少年塾を再訪すると，祐子は元気な
声で「失礼します！」「面接入ります！」と挨拶をしていた。すっ
かり顔色が良くなり，バンダナを頭に巻いて作業着の腕をまくって
いた。仲間同士で励まし合ったようである。「ここのご飯が美味し
くて，食べ過ぎます」と嬉しそうに話し，体つきもしっかりしてい
た。「早く先輩塾生たちのように，作業とか挨拶ができるようにな
りたいんです」「先生たちと一緒に畑でジャガイモを掘ったりして
楽しかった。野菜も美味しいです」と話していた。
　このように，寄居少年塾になじんだ祐子は，積極的に生活するよ
うになった。

将来の夢

　12月にはクリスマス会があり，福島調査官や他の塾生の担当の
調査官や裁判官，卒業生たちも来ていた。塾生たちは白いブラウス
に赤いスカート，ステージは黒い幕で覆って薄暗く，ムードも満点
であった。最初の演目は当時流行っていたパラパラというダンスで，
真剣な表情でぎこちなくパラパラを踊っていたのがかえって可笑し
かった。その他にもピアノ演奏や皆で練習したハンドベル演奏があ
り，会場は拍手に包まれていた。
　最後にキャンドルサービスがあり，塾生たち7人がろうそくを手
に持ち，塾生リーダーの麻子がそれぞれの塾生に火をともした。祐
子には「勇気の火」が与えられた。なぜならば，最初はおどおどと
して泣いていたが，次第に勇気を持ち寄居少年塾での生活になじむ
ことができたからであった。先生が「祐子さんには勇気の火を与え
ます。祐子さんの夢は，幸せな家庭を築くことです」と話すと，祐

子はキャンドルの向こう側ではにかんだ笑顔を見せていた。

　リーダーの麻子は挨拶で「これまででたらめな生活をしてしまったが，本当にごめんなさい。でもここでの生活で，自分でもきちんとした生活ができる自信も少しだけついた。将来の夢である幸せな家庭を作るために，がんばります」と言い，拍手を受けていた。

　さて，この祐子の将来はどうなったのだろうか？

10年後

　10年後に福島調査官が寄居少年塾を訪問した時に，祐子から塾長先生への写真入りの年賀状が届いていたのを見せてもらった。先生によると，祐子は結婚することになり，旦那さんと北国に住むことになった。その前に，夫となる人に寄居少年塾を見せたいと，夫婦そろって訪問したのだという。先生は「旦那さんは優しそうで良かったよ。少年塾のジャガイモが食べたいっていうから，たくさん送ったんだ」と嬉しそうに話していた。

　このように，補導委託先は，少年にとって「第二の家」になり，嬉しい時に報告したり，辛いときに相談できる実家のような存在になっていた。

　このように補導委託先は，退所後も末永く実家のように関わることができるのである。

　祐子も，生まれた家では，たくさんの困難があり家に居づらくなってしまったが，補導委託された寄居少年塾ではたくさんの愛情や食事に恵まれ，安心感や自尊心を回復し，夢であった幸せな家庭を手に入れることができた。これは補導委託制度のすばらしい一面であろう。

戦災孤児と少年事件

　補導委託制度の歴史は，家庭裁判所草創期にさかのぼる。清永（2018）によると，昭和20年代の戦災孤児が12万人いた当時，生きるためにやむなく窃盗などの犯罪をしている少年が多くいた。警視庁が次々と少年を家裁に送致するが，少年院も過剰収容であり，脱走して元の路上生活に戻ってしまう子どもが多かった。

　そこで，補導委託制度を活用し，当時の家裁調査官らは，町を歩き回っ

て少年を預かってくれるところを探したという。商店街を歩いては，魚屋やうどん屋などに声を掛け，多い時には調査官ひとりで20〜30人も試験観察をしていた。当時の家裁調査官は，地域に精通したソーシャルワーカーでもあり，地域とつながって補導委託先を開拓していたが，裁判官も自ら企業や商店をまわっていたという。

仏教慈徳学園（横浜市）

　本ケースでは，女子少年の補導委託先の寄居少年塾を紹介したが，他に著名な補導委託先として，横浜市に「仏教慈徳学園」（花輪，1999）があった。

　ここは男子少年の補導委託先であり，銘石磨きをしながら，生活訓練を行っていた。寄居少年塾と同じように，仏教慈徳学園でも，手作りの三度の食事，おやつもあり，学園を出てからも実家のように何度も訪ねられるところになっている。たとえ失敗して刑務所に入るようになっても，仏教慈徳学園に手紙を出してくる。

　仏教慈徳学園で毎年12月に行われるクリスマス会には，30年前の卒業生や最近の卒業生が，家族連れで再訪する。そして近況報告をする。立派な社会人になっている卒業生を見て少年たちは希望を抱くことができる。また仏教慈徳学園では，理解ある建設会社と連携し，家庭裁判所の補導委託が終わった後も，仏教慈徳学園で生活しながら建設会社で働き，貯金して車の免許をとったり，自立してアパートを借りる資金を稼ぐこともできる。これも安心できる仏教慈徳学園という「新しい家庭」があるからである。

　このように，補導委託先は，少年たちにとって「心のふるさと」になっている。筆者も担当する少年たちを何人も仏教慈徳学園で預かっていただいたが，少年たちと釣りを一緒にしたり，季節ごとの行事（お彼岸におはぎを食べるなど）を楽しんだり，脱走した少年たちを家に迎えに行ったりなど，少年たちを閉じ込めたり監視するのではなく，家族の一員として過ごすことで，少年たちもここでは愛されている，関心を持たれていると感じ，先輩の姿にも感化されて，数ヶ月がたつと見違えるようなリーダーになることもあった。

少年院や刑務所などの公的な矯正機関は，入所している時は職員と関わることができるが，退所後は，フォローアップなどの事情がない限り，関わることは難しい。しかし，補導委託先は民間施設であり，数十年も関係が続くことがある。筆者が担当した事例では，補導委託中に親が重病になり，親の入院先に何度も見舞いに行ったりした。こういうことがあると，少年も委託先を信頼し，その後の生活が意欲的になる。

　残念ながら，代表的な補導委託先であった寄居少年塾と仏教慈徳学園はなくなってしまった。しかし，ここを卒業した少年たちにとって，いつでも帰ることのできる故郷となったことは間違いないだろう。

　愛情の反対は，無関心，ネグレクトである。少年たちは，家族から無関心やネグレクトにさらされ，自分の存在価値を感じられないと自暴自棄になりがちである。しかし，自分に注目してくれる・関心を持ってくれる人がいる，愛情をもって世話をしてくれると感じると，安心感が生まれ，そこからがんばろうという気持ちになる。

　補導委託先は，このような家庭の愛情や関心を第一にしている貴重な場所である。福岡県の補導委託先である土井ホームは，「治療的里親」として，共に暮らしながら少年の立ち直りを支援している取り組みが注目されている（土井，2010）。

◆ディスカッション

1．非行や犯罪をした人の中には，貧困や虐待などやむにやまれぬ事情から触法行為に至ってしまう場合もある。非行性・犯罪性が進んでいないので少年院や刑務所などの矯正施設に入るまででもないが，かといって社会や家庭に戻した時に，再度家出や放浪，困窮する事態が予想される場合，どのような政策や仕組みが考えられるか，日本国内の状況や，海外の状況について調べてみよう。

2．少年の場合，家出や放浪の背景に，児童虐待（性虐待含む）がしばしば見られる。また女子少年の場合，望まない妊娠出産や子どもの遺棄の起きるケースもある（杉山，2013；石井，2016 など）。こうした事態を防ぐために補導委託が果たす役割は何かを議論してみよう。

文献

土井高徳（2010）．『虐待・非行・発達障害　困難を抱える子どもへの理解と対応――土井ファミリーホームの実践の記録』福村出版

花輪次郎（1999）．『人になる――家庭の愛をください』一光社

石井光汰（2016）．『鬼畜の家』新潮社

清永聡（2018）．『家庭裁判所物語』日本評論社

杉山春（2013）．『ルポ虐待，大阪二児置き去り死事件』ちくま新書

校内暴力を繰り返す中学生のケース――心理教育アセスメントを活用
した長所活用型支援

　本ケースでは，中学生の校内暴力の事例の心理アセスメントを取り上
げ，知能検査とは何か，心理テストはどのように使うべきかを考えよう。

事件概要（校内暴力により教育相談所で知能検査や心理アセスメントをうけ
た男子中学生のケースから（本ケースはよく見られる架空の事例です））

　　中学3年生の男子生徒，加須隼人君（15歳）は，身体は大きく，サッ
　カーが得意であったが，勉強は小学生のころから苦手であった。そ
　れでも小学校では友達と仲良く生活を送っていたが，中学校に入っ
　てからは，授業が理解できないうえ，サッカー部も先生に反発して
　辞めてしまった。
　　その後は，服装の違反をたびたび注意され，教師に「帰れ」と言
　われたことから，学校内で暴れてガラスを割ったり，ドアを壊した
　りした。このようなことが何度も繰り返されたため，学校の管理職
　は警察へ通報するか，教育相談所への指導にするか，スクールカウ
　ンセラーも交えて話し合いをした。その結果，個別的な支援を行う
　教育的配慮を行うことにして，A市の教育相談所に定期的に保護者
　と隼人君が通うことにした。
　　教育相談所の公認心理士，騎西洋子（40代）は，まずは隼人君
　と一対一で，カウンセリング的な関わりを行い，どうして暴力を振
　るってしまったのか，どんな気持ちだったのか，など受容的に聞い
　ていった。しばらくすると，隼人君が落ち着いてきたので，騎西先
　生は，どのような支援や指導方法が隼人君に必要かを見極めるため
　に，心理アセスメントを行うことにした。
　　なぜ心理アセスメントをすることになったかというと，騎西先生

は，逸脱傾向のある子どもを指導するにあたっては，熱意だけではなく，子どもの知能や認知特性などを踏まえたうえで指導することが大切だと学び，特別支援教育士と公認心理師の資格も取得していたからである。

　そこで，今回は認知・習得検査KABC-Ⅱ(Kaufman Assessment Battery for Children-Ⅱ)，さらに隼人君の心の内面を探るためにSCT(文章完成法)と，バウムテスト（樹木画）を行うことにした。

　知能検査は，WISC-Ⅳ（ウェクスラー知能検査）を用いることが多いが，WISC-ⅣとKABC-Ⅱを比較すると，KABC-Ⅱは，どのように物事の理解をしているのかという認知特性が分かることに加え，読み・書き・算数などの学習の習得度を測ることができる。隼人君の場合，知能だけを見るのではなく，学習上の問題も抱えていることから，支援の手がかりを見つけるため，習得度も測ることのできるKABC-Ⅱを選択した（図4-6）。

　隼人君は，騎西先生から「検査は知能を測るということではなく，隼人君にどのように支援や指示をすると良いか，隼人君の得意な勉強や行動の仕方は何か，という『良いところ探し』のためのものです。受けてみませんか」と誘われた。隼人君は，何より騎西先生に信頼

K-ABCⅡとは

・K-ABC（Kaufman Assessment Battery for Children）の改訂第2版
・米国のKaufmanが開発（初版1983、第2版2004）日本版KABC－Ⅱは、
　2013年刊行
・わが国で初の個別式の認知・習得検査
・適用年齢　2歳半～18歳11カ月
・所要時間　2歳半～4歳　30分
　　　　　　5～6歳　60～70分
　　　　　　7～18歳　80～120分
　※年齢に応じて検査数が異なる。

図4-6　K-ABCⅡ

感もあったし，これまで自分が学校生活がうまくいかない理由も知りたかったので，検査を受けることに同意した。保護者である父母も同意したので，教育相談所の一室でKABC-Ⅱを受けたが，隼人君は熱心に取り組んでいた。

　騎西先生は，KABC-Ⅱの結果をもとに，隼人君の所属する学校の先生あてに心理アセスメントの報告書と個別の指導計画書を作成した。それをもとに，学校でのチーム支援会議で以下のように報告した。

KABC-Ⅱ検査結果
　（実施年齢15歳5ヶ月）
　　認知総合尺度78——継次尺度71，同時尺度84，計画尺度96，学習尺
　　　　　　　　　　　度84
　　習得総合尺度71——語彙尺度70，読み尺度71，書き尺度74，算数尺
　　　　　　　　　　　度76

　物事の理解や受け止め方の特徴を「認知特性」という。隼人君の認知特性は，物事の先を見通すことは得意であるが，一つずつ積み重ねを要する作業は苦手である。また，聴覚で記憶する力も弱いので，口頭での指示はあまり記憶に残らない。一方，得意なことは，全体的な見通しをたてて結果を予測することであった。

　実際に，隼人君は検査者に対して「（先生に）たくさん言われると，わけわかんなくなって，いらいらする。口で言われてもわかんねえ」などと述べることがあった。つまり，隼人君は聴覚的・言語的に情報を保持することが苦手であり，言葉で次々と注意されても，隼人君にとっては聞き取れる容量をすぐに超えてしまい，混乱を生じると考えられた。

　また，学習の習得度に関しては，語彙，読み，書き，算数ともに低めであり，特に読み書きは，小学校段階からのつまずきがあり，苦手意識はかなり強かった。

　実際に隼人君に作文を書いてもらったところ，一生懸命に書いてはいるが，文字が整わずに読みづらいうえ，漢字の構成要素などに間違いが

目立った。書くこと自体も嫌いな様子であり，書く作業になると辛そうな表情になった。このように，基本的な読み書きで小学校段階からのつまずきがみられた。

バウムテスト
　全体的に弱々しく，線が細くて投げやりな様子もみられた（図4-7）。幹は比較的太いが，樹幹は葉が落ちており，幹にはうろがあった。
　検査者の騎西先生が，隼人君に「これはどういう木なの？」と尋ねると，隼人君は「なんかね，さみしそうな木ですね。冬で寒くて，葉っぱがおちちゃって，こごえている感じ，誰からも声かけられないって感じですね」と答えていた。騎西先生は，「そうなんだね，さみしそうな木なんだね」と問い返すと，隼人君は「俺も，学校で暴れちゃっているから，反省はするんだけど，なんかクラスのみんなの視線が冷たいんですよね」と話していた。なお，騎西先生は，バウムテストなどの投影法を行うときは，検査者だけで解釈や深読みをせずに，被検査者と一緒に解釈を作っていく「協働的なフィードバック」を行い，非検査者が自分の気持ちを語れるようにしていた。

図4-7　隼人くんのバウムテスト

SCT（文章完成法）

印刷された文字（下線部分）のあとに思いつくままに文章を書いていく検査である。隼人君は，子どもの頃，わたしは「おとなしく目立たない方だった」

私の失敗「小学校の時，勉強が苦手でみんなに笑われたこと。カッとなって暴れてしまうこと」

私の父「家にあまりいないし，話もしない，うるさい」

私がきらいなのは「学校でちゃんとやれ，高校大学に行けないといわれる」

私の母「いなくなったら大変，さみしい」

世の中「不公平，がんばっているのにできない人，適当なのにうまくやっているやつがいる」

などと記入していた。

騎西先生はすぐに解釈をせず，検査後の質問を行った。たとえば「私の父『家にあまりいないし，話もしない，うるさい』って書いてあるけれど，これはどういうことかな？　とオープンクエスチョンで尋ねると，隼人君は「ずっと夜遅くて，酔っ払って帰ってきて，ちゃんとやれ，っていうんだよね。嫌になっちゃうよ，そういうストレスが学校でたまっちゃう時はある。だから学校で，注意されたときに暴れてしまうのかな」と，答えながら，自分の学校での行動の理由に気づいていった。

このように，騎西先生は，心理テストを「心の中をよみとるもの」ではなく，「心の中を，話してもらうきっかけ」として，被検査者に話してもらう，教えてもらうためのツールとして実施していた。

今後の指導方針

騎西先生は，隼人君，保護者および学校関係者に対してアセスメント結果と今後の指導方針について説明し，共有した。

まず，隼人君の気持ちの面について，バウムテストやSCTの結果を示しながら，隼人君が，小学校の時の失敗を引きずっていて失敗することへの不安が高いことや，父親から理由もなく怒られてストレスをため，それが学校で注意されたときに爆発してしまう可能性があり，こうした

心理的な状況も把握しておくこと，感情的になったときは，後で家庭や学校での不安・不満について傾聴し，把握することの大切さを話した。

次に，KABC-Ⅱについては，結果をもとに以下のように説明した。

1．「同時処理」「計画尺度」の強さを活かし，文章ではなく全体的，視覚的に理解できる日課表作成や，職業指導を行う。

   ・隼人君に日課表（生活チェック表）をつけてもらうが，苦手な「読み書き」能力が必要な作文形式ではなく，「～時起床」「～時登校」のように，1行につき一つの行動を書くこととする。また，「～時までに起床したら10点」「～時までに帰宅したら10点」「悪いことをしなかったら10点」「学校に行けたら10点」など，善し悪しを点数という目に見える形で表せるようにする。

2．「継次処理」が弱いことから，段階的，部分的，聴覚的な情報の提示は避ける。

   ・長い話を聞いても，隼人君は聴覚的に情報を保持しきれないことから，注意指導する場合には，話し言葉をできるだけ1文ずつ区切るようにする。また，口頭で説明するだけではなく，伝えたい内容を文字で紙に書いて渡すようにする。

その後の経過

騎西先生の心理アセスメント結果のフィードバックをもとに，学校側ではさきに説明した点数加点方式の日課表（表4-5，図4-8：生活チェック）を実施した。A君は興味を示し，つたない文字ではあったが，起床時間や帰宅時間を記入してきた。また，それを点数化することに一喜一憂していた。さらに，隼人君の計画尺度の高さを活かして，どのような行動をすればどのような結果が生じるのかを，毎回の面接で確かめていった。たとえば，「指導を受けてイライラしたときに，暴れてしまったらどうなるか」を，なるべく絵やイラストなどを用いて学習した。

その後，隼人君は，教育相談所にも定期的に通いながら，学校に戻っていたが，すべて順調というわけではなく，時々暴言があったり，構ってもらいたい気持ちから反抗したりすることがあった。一方，隼人君は将棋が趣味であり，コンパクトな将棋セットを持ち歩き，空いている

表4-5　日課表の例

5月10日

		点数
起床	7：00	10
学校へ行く	8：20	30
授業を受ける		20
夕食を家で食べる	19：30	20
家族と話す，テレビを見る	22：00	20
ねる	23：20	10
合計		110

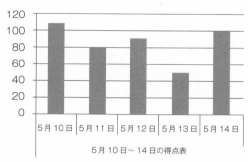

5月10日～14日の得点表

図4-8　生活リズム改善のための日課表と得点表

時間や別室指導の際に，友人や教諭らと将棋をするようになった。そして，その時間は落ち着いて人の話を聞くことができた。中学校の教員も，話の内容を短くコンパクトにし，質問などは1文にまとめてくれたので，隼人君も的確に答えることができた。

　中学卒業にあたっては，隼人君は高校へは進学せずに就職することを希望した。隼人君の希望は，友人の父親が勤務している型枠大工の仕事であった。型枠大工の仕事は隼人君の強さである計画能力を活かして，目に見える形で計画的に物事をすすめることができ，得意な同時処理方略を活かせることから，保護者や中学校の教員，騎西先生もこれに賛成した。ただし，職人の世界では，親方が早口で指導することがあるので，理解できないときは聞き返すことや，メモをとることを助言した。その後，雇用主にも隼人君の特性を伝えてもらった。

卒業後半年たち，今では，すっかりたくましく日焼けした隼人君は，時々
教育相談室に顔を出してくれることもあり「俺も，自分は勉強もできず
に暴れたりして駄目な人間だと思っていたけれど，先生に俺の良いとこ
ろ，得意なところを見つけてもらって，本当に良かった」と話していた。
騎西先生は，心理アセスメントとは，ただ知能や特性を測るものではな
く，子どもに元気や勇気を与えるものだとしみじみと感じたのであった。

　　知能・心理検査は「長所活用型」支援のため
　本ケースでは，知能検査・心理検査などのアセスメントをどのように
少年の指導・支援に活かすかがポイントである。少年非行のケースを扱っ
ていると，知能指数や心理検査の結果がケース記録に残っていることが
ある。ただし知能指数（IQ）というと，ネガティブなイメージが持たれ
てしまう場合もあり，IQが低いから，勉強ができないとか，支援がう
まくいかない，などと受けとめられることもある。
　しかし，心理検査や知能検査は，「支援のために使う」「得意なところ
を探す」ためのものである。弱いところ，苦手なところは，これまでさ
んざん言われてきている子どもたちである。弱いところを直すという「短
所改善型」ではなく「得意なところを伸ばし，得意なことを生活に活か
す」という「長所活用型」の支援が，困難に直面する子どもの支援者に
とって大切な姿勢である。このような視点から，知能検査や心理検査の
歴史を学んでみよう。

　　知能検査の歴史
　写真は「セギン・フォーム・ボード」と呼ばれるものであり，木枠に
正確にはめ込みできるかということでは，視覚的な動作や手の動き，全
体像を見る力などを測っていた。
　20世紀に入ると，フランスのビネーが知能検査ビネー・サイモン式
（1905）という検査を作成した（図4-9）。この検査の内容は，言葉の用い方，
関連性，意味の把握など総合的な認知機能を調べるものであった。ビネー
は，知能検査を易しい問題から難しい問題という順序で並べ，注意・集
中・記憶・語彙・言葉の使い方，日常動作などを調べた。つまり，ビネーは，

知能というものを，単なる読みや動作などの独立した機能ではなく，いくつかの機能の束のような全体的なものとしてとらえていた。

ビネーがこのような知能検査を作成した理由は，1882年にフランスで義務教育法が施行された際に，知的な発達の遅れなどで特別支援学校に進む生徒を識別するためのものであった。検査が排除や線引きをするという機能もあったことは忘れてはいけないだろう。

その後，知能に関する説は，イギリスのスピアマンが，2因子説として知能を，「一般的な知能（g因子）」と「特異的な知能（s因子）」に分けられるとした。つまり，読み・書き，

図4-9　セギン・フォーム・ボード（最初期の知能検査）

記憶などの特定の能力はs因子であり，それらを統合し，共通するところがg因子という考え方である。

兵士の識別のための知能検査

その後，米国のオーティスがスタンフォード・ビネー知能検査を集団式に改良した。200万人の兵士に実施したオーティス集団式知能検査（1918）と呼ばれるもので，文字による検査（陸軍α式）と動作による検査（陸軍β式）がある。この時代は，知能検査が兵士の選別に使われた悲劇の時代でもあった（以上は，ホーガン，2010を参考にした）。

識別・選別から，協働アセスメントへ

知能検査は，知的障害の判定や特別支援教育を行う生徒の識別に用いられていたため，知能検査ときくと，IQの数値により線引きされたという辛い思いを持つ人も多かったのかもしれない。しかし，近年は「治療的アセスメント」（Therapeutic assessment）や「協働的アセスメント（Collaborative assessment）」という考え方が，心理アセスメントの世界では広まってきている。この概念の提唱者である米国のFinn（2007）は，従来の検査者中心の「情報収集型アセスメント」から「治療的アセスメ

ント」への転換を提唱している（図4-10）。知能検査を含む心理アセスメントとは，知的障害の有無を判定するだけでは十分ではなく，アセスメントが検査を受けた子どもにとってプラスとなるように，また，「検査者とクライアント」が「する・される」という関係ではなく，共に解決策や支援策を見つけていく「協働（collaborative）」によるアセスメントという考え方が主流となりつつある。

　本ケースでも，教育相談所の心理職が，KABC-Ⅱの他に，バウムテストとSCTを行っているが，解釈や深読みではなく，隼人君と検査者が「協働的アセスメント」を行い，検査者と被検査者が一緒に心の中を探っていき，それを確認していく作業を行っている。

　協働的アセスメントを行うためには，本ケースの騎西先生のように，まずは子どもと信頼関係（ラポール）を作ることが大切である。検査を受けた，結果を返すという縦の関係ではなく，共に課題や解決策を協働で見つけ，そっと背中を押すような意識を持つことが大事であろう。

　そして，心理検査・知能検査を受けることを勧める際には，事前に苦手なところを見つけるだけではなく，「自分の特徴を知ろう」「自分の得意なことを見つけ，生活に活かそう」ということを伝えておく。「自分を発見し好きになる」ための手段として，知能検査や心理アセスメントがあるといえよう。

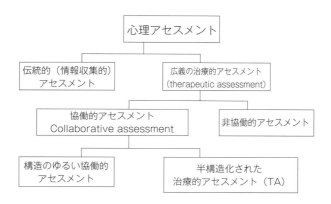

図4-10　治療的アセスメント（Therapeutic Assessment）（Finn, 1997, 2007）

フィードバックの重要性

知能検査や心理アセスメントを実施した後，その結果を，どのように子どもや保護者に説明し，実際の支援や指導に活用するかを検査者は考える必要がある。「IQ は〜です。だから，〜はできません」という伝え方では，検査を受けた子どもや保護者は，怒りや落胆を感じるであろう。そうではなく「あなたの IQ は〜ですが，その中でも得意な部分は〜です。ですから，〜のようにすればよりうまく行くでしょう。逆に苦手な部分は〜ですので，それを補うために〜するほうがよいでしょう」と説明されれば，今まで学校や生活でうまくいかなかった理由を理解でき，それに対してどのように対処すればよいかのヒントを子どもや保護者はもらえるであろう。

本ケースの支援

本ケースでは，隼人君は確かに全体的な IQ に相当する数値は低めであるものの，得意な認知特性として，視覚的な情報を全体的にとらえることができ，予測しながら進めることができる。そんな隼人君の得意技は将棋であり，仕事では，型枠大工がぴったりであった。このように，認知特性を明らかにすることは，仕事の向き不向きや，余暇活動にも活かされる。

逆に隼人君の苦手な分野は，聴覚的な記憶の保持である。そのため，指導を口頭で長々とやっても，隼人君は記憶することができず，混乱してしまう。読者も未知の言語でたくさん話をされたらイライラしてしまうであろうが，それと同じことが学校で日々繰り返されていたのかもしれない。そこで，隼人君の聴覚記憶の短さを教員同士でも共有して，指示をする時や話しかける時は，3 文程度の短さでの応答を繰り返すことにしたが，そのことで，隼人君も口頭での注意や指導を聞けるようになった。このように心理アセスメントは，教育的な働きかけ方や，職業支援にも使える。子どもにとって悪い心理アセスメントは単なる識別・情報収集であり，良い心理アセスメントは，得意なことを活かし，自尊心を高めることができ，協働的で支援につながるものであるといえるだろう。

◆ディスカッション

心理アセスメントは，何のために実施するのか？

特に司法領域の心理アセスメントの目的は裁判や矯正施設のためなのか？　それとも子どもの人生のためなのか？

非行や逸脱などの問題行動がある子どもへの支援は，支援する側・される側と分かれ一方的になりやすい。しかし，心理アセスメントは，本人の心の状況や，得意・不得意をアセスメントによって，子ども本人が「自分のことを分かってもらえた」と思ってもらうことが大切である。適切な心理アセスメントは，自分のことが理解してもらえて安心できるという情緒的サポートと，具体的な支援方法を伝える道具的サポートの両面がある。

心理アセスメントを行う支援者の姿勢として望まれるのは，「意欲を高める長所活用型のアセスメント」である。選別や識別ではなく，子どもや保護者にとって「意欲を高め，元気の出る」ものを目指したい。

心理検査や行動観察，生活歴・家族歴も含めた心理的アセスメントは，ケースの理解だけでなく，子ども本人や支援者間で情報共有され，チーム支援に結びつけるように計画すべきである。支援に活かすアセスメントとは，その子どもや家族が中心となり，困難に直面した時に，どのような行動や感情を持ちやすいか，どのような対処をすれば軽減できるかという，「支援の方程式」を子どもや支援者が協働して探し出すことといえるだろう。

文献

Finn, S. E.（2007）. *In our clients' shoes. Theory and techniques of therapeutic assessment*. Psychology Press.（野田昌道・中村紀子（訳）（2014）.『治療的アセスメントの理論と実践——クライエントの靴を履いて』金剛出版）

藤田和弘（監修）熊谷恵子・熊上崇・小林玄（編著）（2016）.『長所活用型指導で子どもが変わる・part5——KABC-Ⅱを活用した社会生活の支援』図書文化

ホーガン（著）繁枡ら（訳）（2010）.『心理テスト——理論と実践の架け橋』培風館

熊上崇（2015）.『発達障害のある触法少年の心理・発達アセスメント』明石書店

元名大生による放火・薬物投与ケース──自閉スペクトラム症（ASD）の人による触法事件の理解（1）

事件概要（2017.3.25毎日新聞記事などから筆者が再構成したものである。）

　　近年，自閉スペクトラム症（ASD）の診断が精神鑑定でなされるケースがある。2014年に起きた元名大生事件は，当時大学1年生の被告人（女性）が名古屋市で77歳の女性を放火して殺害したものである。その被告人は高校卒業まで仙台市に居たのだが，高校2年時に同級生2人に劇物の硫酸タリウムを飲ませた殺人未遂罪も一緒に裁判がなされた。

　　裁判員裁判で，名古屋地裁は求刑通り無期懲役の判決を言い渡した。

　　21回の公判を重ねた裁判員裁判は責任能力の有無が最大の争点になった。弁護側は事件時に心神喪失だったとして無罪を主張していた。元学生の精神鑑定は3人の医師が計4回行い，見解が分かれた。元学生に発達障害や双極性障害（躁鬱病）があったことに争いはないものの，障害の程度や事件への影響で検察側と弁護側の主張が対立した。

　　検察側は広汎性発達障害などがあったと認めつつ，事件に及ぼした影響は限定的と指摘した。「身勝手極まりなく犯罪性は根深い。更生は極めて困難」とした。

　　これに対し弁護側は「発達障害で人の死に興味が集中していたのに加え双極性障害（躁鬱病）の躁状態で善悪の判断も行動の制御もできなかった」と心神喪失を主張し，長期の治療，教育ができる環境での処遇を求めた。

　　なお，元学生は結審に当たり「この裁判で初めて被害者，家族，遺族の気持ちを知ることができた。今でも人を殺したい気持ちが湧

き上がってきて不安になることはあるが，克服したい」と述べていた。

この事件の判決要旨（2017.3.25『毎日新聞』）を見てみよう（下線は筆者）

▽動機（高齢者殺害事件）

　少年犯罪，とりわけ<u>殺人への憧れ</u>があった。19歳になって少年である期間が1年を切り若干の焦りを生む一方，警察に捕まり，将来の大学院進学が困難になることを思い，殺人を逡巡した末，犯行を決意した。

▽動機（タリウム事件）

　硫酸タリウムを他人に投与し，<u>中毒症状を見てみたい</u>という動機から各犯行に及んだ。

▽動機（放火未遂事件）

　<u>生活反応のある焼死体を見てみたい</u>という動機から，家屋全体を焼失させ，家人を確実に焼死させようと放火した。

【責任能力】

　他人の内面に対する想像力の欠如から共感性がなく，相手の表情や空気を読むことが苦手。社会的コミュニケーションや対人関係の持続的障害が見られる。

　<u>極めて限定された領域に固着した関心を抱く傾向にあることから，特定不能の広範性発達障害またはアスペルガー症候群に分類される発達障害を有している。</u>

　学校生活で多くの友人と交流ができていた。知能指数（IQ）は120ないし122と高く，<u>社会への適応ができていたことから，発達障害の程度は重度ではなかった。</u>

　各犯行時，いずれも発達障害や双極性障害（躁鬱病）などの精神障害の影響を一定程度受けつつ，その範囲と程度は限定的。最終的には自身の意思に基づいて犯行を決意し，実行した。よって完全責任能力はあった。

　ASDの触法事例と報道

　本件のような発達障害を有する触法事例が報道されるたびに，ASD

などの発達障害と触法行為との関連が話題となるが，感情的ではなく，これまでのASDと触法行為との研究成果を踏まえて冷静に議論することが必要である。

　また，ASDの人の中には，実験的・科学的関心を強く持ち，物理や化学の世界で成功した人も多い。向社会的な方向であればASDの特性・能力を発揮できるが，元名大生ケースのように毒物の投与や焼死体といった非社会的な関心を強く持ち，その実験をしてみたいと思った時が問題である。

　ASDの触法行為の発生機序（理論編p.47参照）には「対人接近時の過誤」「一次障害（興味関心の追求）」「二次障害（関連症状）」「実験確認」の類型がある（十一，2006）。本ケースの類型は，「実験確認」型であるといえるが，さらに生活歴をたどってみる必要があろう。

　元名大生ケース（「実験確認型」）の再検討
　被告人は，名古屋で放火事件を起こしているが，出身は仙台市である。サインとなる興味関心の追求行動は仙台市での学童期からあり，小学校6年生の時は，担任教師の給食にホウ酸を混入しようとしたことがあるという。また，高校時代には，同級生に対して毒物のタリウムを投与しているが，これは「中毒症状を見てみたい」という理科実験的な理由であった。結果として被害者の同級生は著しい視力低下や体調不良に苦しんでいる。

　このような行動から，両親も心配して仙台市の精神科医療を受診させたが，薬物への興味関心がますます高まり，名古屋大学の理学部化学科に合格し，名古屋に転居する際に，精神科医療につなぐことが困難であったという。両親は心配して名古屋の被告人を訪問したが，アパートには，多数の薬品があり，かなり心配していた。しかし具体的な支援につなぐには至らず，放火事件を起こしている。そして，放火事件も「生活反応のある焼死体を見てみたい」という理由であり，実験的要素が強かった。

　しかし，本ケースを「実験確認」「興味関心の追求」というASDの特性からのみ見るのは不十分である。「実験確認」「興味関心の追求」は行動であって，その背景には「早期発見・支援の課題」がある。本ケー

表4-6　元名大生事件　　ASD特性と行為の関連

興味関心の追求	殺人行為・焼死体への関心
関連症状	双極性障害の躁状態（弁護側鑑定）
実験確認	焼死体を見てみたい，タリウムの投与反応の確認
社会的コミュニケーションの障害	法廷での言動「まだ殺人に関心がある」
早期発見・支援の課題	小学校時代にも薬物投与反応，思春期以降も通院歴あり，ただし進学転居で引き継ぎなし

スでは小学校や高校での薬物投与事件があり，両親は問題点を把握していたものの，名古屋への転居にあたって医療的支援の移行・連絡調整が進まなかったという課題もある。

　また，ASDの触法事例の課題として，「社会的コミュニケーションの障害」のために，他者（この場合，被害者や裁判関係者）がどのように思うか推測できない「想像力の障害」がある。そのことが，法廷での一見すると「反省していない」と思われる言動としてあらわれることがある。

　反省の仕方

　本ケースでは，裁判においても聞かれるままに「今でも殺したい」などと述べている。これらの言動は裁判官や裁判員，市民から見ると「反省していない」「だから厳罰にするべきだ」と思われるであろう。

　しかし，ASDの触法行為を理解するうえで，「反省」に関する言動を理解することも重要である。

　ASDの人の場合は，その基本的な障害として，「他者の気持ちを想像することが困難」である。大脳辺縁系とりわけ海馬や扁桃体など，感情や恐怖に関する機能が定型発達者と異なるので「他者の感情を想像できない」ことは，もともと持っている特性であることに注意する必要がある。

　定型発達者であれば，裁判で「いま，殺人したい願望があるか」と聞かれると，質問の意図を推察して答えることができるが，社会性や想像力の障害があれば，聞かれるままに自己の考えを脚色なく答えてしまうことがある。法廷での言動は，このASDの対人性・社会性の障害を理解したうえで見ていく必要があろう。

元名大生ケースは，ASD の触法行為の発生機序のうち，「実験確認」型のものであるが，その背景には「早期発見・支援の問題」と，医療につながらなかったための「関連症状」(本ケースでは「双極性障害の躁状態」)，さらに「社会的コミュニケーションの障害」により法廷での反省していないと思われる言動などが，典型的に現れている事例であると考えられる。本ケースでは「実験確認」という行動面だけでなく，「早期発見・支援」「社会的コミュニケーションの障害による法廷での言動」「関連症状の有無」の視点から検討することが大切である。

　その観点から再犯予防は，早期発見・支援移行システムを整備することや，被告人が矯正施設から出所するときの ASD に対する社会的環境の整備が必要であり，刑事罰だけでは，十分ではない。

　以後，いくつかの ASD の触法事例を取り上げ，その発生機序別に分けて，事例の理解や課題について，説明する。

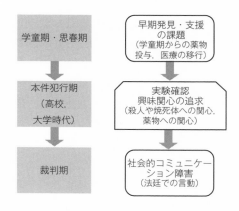

図4-11　元名大生事件の理解

文献

十一元三（2006）.「司法領域における広汎性発達障害の問題」『家庭裁判月報』，58，1-42.

福岡：少年院を仮退院した少年による殺人事件——刑事裁判で情状鑑定がなされたケース

事件概要

　　13歳から15歳まで少年院に在院していた少年であるが，家庭で引受がなされず，更生保護施設への帰住となった。しかし仮退院翌日に更生保護施設を抜け出し，福岡のショッピングモールで面識のない女性を刃物で刺して殺害された事件である。

　　何の落ち度もなく殺害された被害者の無念ははかりしれず，遺族の悲しみも極限であろう。起こした結果は重大であり，被害者の命を奪った責任は重い。被害者の方々が厳罰を求める気持ちももっともである。被害者の方には心よりご冥福をお祈りしたい。

　本少年については，鹿児島家裁の決定は検察官送致で，刑事裁判となった。新聞報道（西日本新聞2020年12月25日）によると，本少年は鹿児島県の過疎地の出身で，祖父母には可愛がられていたが，幼少期に発達障害と診断され，他者との意思疎通が苦手で，叱られるとかんしゃくを起こして手が付けられず，小学校では包丁を振り回したりしていたという。

　一方で，小学校3年頃「何もしていないのに怒られる，学校に行きたくない」と不登校になり，保護者は学校教育に問題があると受け止めていたという。

　そして，小学校高学年からは，児童自立支援施設や少年院など数カ所の施設で過ごしてきたとのことで，家庭でも施設でも，「特性に合った教育や支援が受けられないまま，暴力で存在感を示すことを身につけた」とのことで，児童自立支援施設でも暴力があり，鍵のかかった部屋に入っていたという。

児童自立支援施設での「強制的措置」

　児童自立支援施設で鍵のかかる部屋に子どもを入れるには、「強制的措置」として、家庭裁判所の審判が必要である。全国で強制的措置のできる児童自立支援施設はごくわずかであり、まれなケースである（令和元年司法統計では全国で24件）。相当に指導・支援が困難なケースであったことがうかがわれる。

　さらに、同記事によると児童自立支援施設内で暴力事件を起こして少年院送致になっていた。少年院から仮退院にあたっては、5年ぶりに母の元で生活できるよう調整がなされていたが、直前で方針が変更され、福岡の更生保護施設の入所が決まっていたという。

地方裁判所における裁判員裁判

　本ケースは検察官送致となって福岡地方裁判所で裁判員裁判が行われた。少年は非行当時15歳、裁判時は17歳であった。判決は不定期刑上限の10-15年であった。裁判官は「謝罪の心持てるように願う」「あなたは変わらないといけない」と述べたという（毎日新聞2022年7月26日）。

情状鑑定

　本ケースでは、福岡地裁の刑事裁判で情状鑑定（心理鑑定）が行われたので、これについて見てみよう。

　鑑定人は、子どもの虐待の専門家の西澤教授（山梨県立大学）である。心理鑑定によると、少年は幼少期からの親によるネグレクト、性的虐待、同胞からの虐待など、重度の虐待的環境であったという。このような環境下で、小学校3年から他児への暴力が頻発して精神科入院、小4で学校教育の範囲を超えていると言われ、小5で兄との喧嘩で包丁を持ち出すなどし、そこから児童自立支援施設に入所したが、前述の通り児童自立支援施設内での事件により、中1で少年院に入所したという。12-13歳で少年院への入所は非常にまれなケースであり、中3の15歳まで2年近い少年院生活を送っている。これも非常にめずらしく長期間であり、少年の問題性はかなり重度であったと推察される。

そして，少年院仮退院の際に，身元引受人がおらず更生保護施設に入所している。少年事件で身元引受人がいないのは困難ケースである。身元引受人がいないということは，少年からすると誰も引き取ってくれないという疎外感が高まる。

　結局，更生保護施設を1日で抜け出して本件に至り，何の面識もない被害者の方への殺害行為に及んでいる。

　少年の考え方や認知の傾向がどのようなものであったのだろうか。

子どもへの虐待と精神的影響

　心理鑑定では，少年は幼児期から重度の虐待にさらされていた。このような子どもはどのような精神的問題を持つようになるのだろうか。

　奥山眞紀子，西澤哲，森田展彰（2012）「虐待を受けた子どものケア・治療」（診断と治療社）によると，子どもへの虐待が子どもの精神的問題に及ぼす影響として，「発達 性トラウマ障害（DTD）」が起きることが挙げられる。

　発達性トラウマ障害の主たる特徴は自己調節の障害であり，自己の感情や行動をコントロールすることが困難になる。

　なお，発達性トラウマ障害とは，医学的な診断基準ではなく，被虐待児の特性を表現したもので，症状として，極端な感情状態（恐怖，怒り，恥辱など）を調節したり，耐えることができないこと，注意および行動の調節障害，危険を顧みない（risk-taking），行動・スリルを求める（thrill seeking）があること，自己及び関係性の調節障害として，自責感，無力感，自己無価値感，無能感など否定的な自己感の継続，大人や子どもとの親密な関係で極端な不信感や反抗が継続，共感的興奮（empathic arousal）の調節能力の問題が挙げられている。

　虐待的環境にある子どもは，無力感，絶望感，不安感，低い自己評価がある。これは「被害者の相」である。そこから，自分が腕力や行動力を得るようになると，刹那的・衝動的に行動し，非行・犯罪はかれらにパワーを与えるという「加害者の相」に転換する。ただし，「加害者の相」であっても，残る感情は怒りや，低い自己評価であり，それを補償するために，自己過大評価や特権意識，万能感，反社会的価値観を合理化す

る認知のゆがみを生じるとする。そして，逮捕や司法手続きにより，やはり自分は無力であるという「被害者の相」に戻ると指摘している。

　長年非行少年と寮舎で生活を共にしてきた精神科医の富田（2012）は，被虐待児の非行少年は発達と共に，自己治癒の試みとして，自己主張，エンパワメント，自傷，解離，ファンタジーへの逃避などを行う。その結果，自立に至る場合もあるが，情緒障害や非行に至る場合もある，としている。そのため，富田は被虐待経験のある非行少年には，以下のような設定が必要と述べている。

1　生活の安定

　何より大切なのは生活の安定である。米国の虐待研究者のハーマンは，虐待からの回復の第一段階は安全の確立であり，ぐっすり眠ること，食事，安全を守るためのきめこまかい配慮が必要（声かけ，メンバー構成，学習，作業とレクリエーション，休日の時間配分，日記指導）を行い，安全確保の後，カウンセリングなどを行うとしている。

2　職員との信頼関係の構築

　生活型施設で，大切な人との関係を保つことは，回復の手段として真っ先に挙げられる。職員に甘えることができる，体制が必要である。富田によると，被虐待児は，人に対する信頼が損なわれており，安全基地としての同室者小集団の中で，安心して生活できる施設であることが重要と述べている。

3　境界の設定

　非行児に対しては，枠組みの明確化，トラブルに即介入，言い分を聞き，共感を示しながら，自分の起こした事件とつながっていることを伝えることが必要である。例えば，仲間同士のトラブルで暴力を振るいそうになった時は，即時介入し，行動化の意味は共感するが，行動化そのものは許さない，というスタンスが必要であり，そうした暴力での解決が本件の時にもあったことを本人にも理解させることになる。

4　自己評価の向上

スポーツ，学習など，自己評価の向上が必要である。数学や国語などの学習ができるようになることも大きな自信になる。少年の場合，高校再受験も考えていたようであるので，たとえば通信制高校の受講なども考えられる。

5　子ども同士の向社会的な共同体を作らせる

大人（指導者）との1対1だけの関係による指導では，少年の問題を改善することは難しい。職員の細心の注意のもと，お互い励まし合う集団として，仲間の中でトラブルがあったときに暴力や腕力によらずに解決したり，協力して取り組むという治療共同体の考え方が必要とされる。

6　忍耐と持続

被虐待児の非行少年に対しては，首尾一貫性と恒常性が必要である。かれらの指導・支援は，一直線にすすまず，繰り返し失敗がある。しかしこうしたもめごと，誤解，不信も，これも乗り越えるという経験をさせることが重要である。

7　カウンセリングなど働きかけ

以上のような，生活の安定，子ども同士の関係，指導者との信頼感ができてからカウンセリング，加害者プログラム，被害者の心情理解などを行うことができる。これらの働きかけの手順は，米国の虐待研究者のハーマンや，パトナムの被虐待児への治療的働きかけの手順とほぼ同じであると富田は述べ，少年院や児童自立支援施設でも，このようなメカニズムが働いているとしている。

家族への指導・支援の必要性

少年の行動や心理の形成には，家族間の虐待的環境，暴力を容認する文化の影響が大きいため，少年だけへの働きかけ，支援だけでは不十分である。特に母や長兄，次兄への身体的，精神的虐待防止やアルコール依存の問題への働きかけも必要といえる。

虐待問題に精通する精神科医の笠原（前掲書p.190）は，虐待傾向のある親の理解と対応として，うつ病，双極性障害，アルコール（物質依存）の問題を指摘するとともに，虐待の世代間伝達により，子どもに暴力で言うことをきかせるという支配的観念があると述べている。これは本少年に見られる問題でもある。

精神障害者の暴力行為の研究者である蔭山正子は，『精神障がい者の家族への暴力というSOS』（2016）明石書店の中で，精神障害者の暴力の発生メカニズムとして，障害そのものの症状だけではなく，認知機能障害（例：子どもが自分の指示に従わないことを，自分をバカにされていると認知するなど），自身の苦悩・ストレス，家族とのコミュニケーションがうまくいかず，暴力によりコントロールしようとすることとしている。具体的な，家族への支援法としては，米国最大の非行や被虐待児のグループ施設である「ボーイズタウン」での治療プログラム「コモンセンス・ペアレンティング」（野口，2012）の考え方も参考になる。これは子どもの問題行動を減らし，望ましい行動を身につける学習プログラムであり，わかりやすいコミュニケーション，効果的な褒め方，自分自身をコントロールする，問題解決技法などを学習するプログラムである。本件の処分決定にあたっては，こうした親へのプログラムや，少年に対する怒りのコントロールや，被害者への心理理解教育なども必要と思われる。

もちろん被害者および遺族の方々への思いは筆舌に尽くしがたいであろう。被害者遺族の方々への心理的社会的経済的支援はさらなる拡充が必要だ。そのうえで，被害者の方々の思いを理解させるためにも，少年への再度の矯正教育も検討されるべきではなかったかと筆者は考えている。

17歳以下の少年の刑事裁判移送についての問題点

第1に，15〜17歳程度の少年が刑事裁判（裁判員裁判）を受ける時の状況である。家裁の審判では裁判官や調査官らが少年に語りかけ，思いを引き出すような質問をするが，刑事裁判では，どうしても一問一答，聞かれたことに答えるという形式であることや，少年自身に語彙や言語表現の問題もあることも多く，心情を分かりやすく伝えるというこ

とができにくい。家裁であれば調査官が代弁的に話すことがある。筆者も少年事件の裁判員裁判の心理鑑定人を経験したことがあるが，鑑定人として意識していたのは，少年がなぜこのような行為や考えに至ったのか，代弁する気持ちで伝えるというアドボカシーの視点であった。刑事裁判では，少年に語彙や表現力の問題もあり，誤解を招くことは多々あり，それが遺族や裁判員に「反省不十分」と見なされることが多いことは理解しておきたい。

　第2に，今回，保護処分ではなく刑事罰（不定期刑）を選択した理由として，判決は「社会的許容性」を挙げた。すなわち，あまりにも事案が重大であるし，被害者にとっては何の落ち度もないわけだから，たとえ生育歴が被虐待的環境であろうと，保護処分を選択する「社会的許容性」がない，ということのようだ。しかし「社会的許容性」とは何なのだろうか？

　もちろん被害者や遺族にとっては許容できないことであろうが，社会が許容できないとは何なのだろうか？　ただでさえ，少年事件について世間の目は厳しく，少年が何か重大事件を起こせば，生育歴や環境に目を向けることなく社会は少年にも罰を与えよという風潮がある。

　しかし，本少年のように幼少期から親からの重度の虐待があるが，これは少年の選べた人生なのだろうか，このような環境下であれば誰しも善悪の判断力や，暴力肯定の価値観，暴力で物事を解決する傾向などが形成される可能性があるのである。当時15歳の少年に対して，彼の歪んだ価値観に至った背景を知り，それを矯正する機会を与える許容性は社会にないのだろうか。

　第3に，刑事罰が有効なのか，刑事罰が少年に反省を促し，被害者の気持ちを分かることができるのだろうか？　という点である。報道によると，裁判官は少年に刑務所の中で自分と向き合い被害者の思いを考えよという説諭を行ったというのであるが，刑事罰が反省を促すことはなく，むしろ少年の被害者意識や無力感，反社会的意識を高めセルフスティグマを持つことは海外の研究からも明らかになっている。

　被害者と向き合うためには，自分が守られているという安心できる環境のもとでまず自己の心情を知ること，自己の犯罪に至る経過を分析す

ること，自分の気持ちに気づいてからでないと，他者の気持ちを考えることも難しい。

また，本少年の場合は，親族の面会や引き取りも期待できないのであり，非常に心理的に孤立しやすく，やけになりやすいのであり，こうした場合に，どのような対処をするのか，シュミレーションしておくことは退所後の生活のためにも必要である。

少年刑務所も教育的配慮は一定程度あるとはいえ，基本的には刑務作業であり，教育に注ぐ時間は十分ではない。今回のケースでは，13歳から15歳まで少年院に入所していたとのことであり，この間の様子が報道等では明らかではないが，心理鑑定によると，トラウマ治療までは行えていなかったとのことである。

少年が真摯に被害者や遺族と向き合うためにも，トラウマに焦点をあてた自己分析と，退所後のシュミレーションが求められる，それは刑事罰よりも矯正教育による方が効果があると思われるのである。

もちろん被害者及び遺族の方々の悲痛な思いは筆舌に尽くしがたい。被害者遺族の方々が重い刑罰を願う気持ちは当然だろう。また，裁判員も，少年の生育歴だけでなく，被害者や遺族の方々の思いも尊重せざるを得ない面もあろう。しかし，刑事罰で，少年は謝罪の心を持ち，変わることができるのであろうか，筆者は矯正教育でないと，難しいと考えている。

ディスカッション

福岡の15歳少年によるショッピングモールでの殺人事件について，心理鑑定の結果，被虐待経験の影響が大きいことが分かった。一方で，被害者や遺族の悲しみや辛さは想像を絶するものがある。ただし，少年法の理念である健全育成も踏まえて，あなたは，このような少年の処遇について，どのように考えるか。

文献

蔭山正子『精神障がい者の家族への暴力というSOS』（2016）明石書店
笠原麻里「虐待傾向のある親の理解と対応」（奥山眞紀子，西澤哲，森田展彰
（2012）『虐待を受けた子どものケア・治療』（診断と治療社）pp.190-199）

森田展彰「アルコール・薬物の問題」(奥山眞紀子，西澤哲，森田展彰（2012）
　　『虐待を受けた子どものケア・治療』（診断と治療社）pp.151-164)

西澤哲「子ども虐待と精神的問題」「トラウマを中心として」(奥山眞紀子，
　　西澤哲，森田展彰（2012）『虐待を受けた子どものケア・治療』（診断と治
　　療社）pp.2-17，pp.24-52)

野口啓示『むずかしい子を育てるコモンセンス・ペアレンティング・ワークブッ
　　ク』（2012）明石書店

奥山眞紀子，西澤哲，森田展彰（2012）『虐待を受けた子どものケア・治療』，
　　診断と治療社

富田拓「行為の問題」(奥山眞紀子，西澤哲，森田展彰（2012）『虐待を受け
　　た子どものケア・治療』（診断と治療社）pp.120-133)

鉄道マニアの少年の窃盗ケース──父母がASD傾向の自閉スペクトラム症（ASD）の人による触法事件の理解（2）

事件概要（筆者による事例報告論文（熊上, 2009）をもとに再構成したものである。）

　少年は中学3年生男子の立川良秀（仮名）君。事件の内容は，鉄道の部品を盗み，それを鉄道マニアの店に売却して換金し，そのお金で，自分の趣味である鉄道写真撮影用のレンズを購入し，家庭裁判所に送致された。一見すると「鉄道マニア」が欲求を抑えられなかったケースである。

生活状況

　立川君は，中学校では規則を従順に守る一方，ささいな校則違反で級友を厳しく注意することがあり，次第に仲間はずれになって不登校になった。以後，学校関係者や級友への恨みが募り，ストレスが強まっていた。

　不登校の期間，鉄道写真に興味関心を持ち，（これは父親と同じ趣味であった），多くの時間を鉄道写真の撮影に費やしていた。

　家庭裁判所に父と出頭した少年は，礼儀正しい態度で制服姿でボタンをすべて留め，事件について隠さず細部まで応答していた。

　一方，父は「寛大なご処分をお願いします」と前後の脈略なく紋切り型の発話をしていた。

　少年は家庭裁判所の調査官に，中卒後の進路については「鉄道の学校」に進学し，卒業後は，（被害を受けた）「鉄道会社に就職したい」と述べていた。窃盗の被害者の会社に就職したいとは定型発達者の視点では考えにくいが，本少年は他者の視点を想像することが苦手であり，そのまま自己の希望を述べていた。

また，父も少年の言動を笑顔で見守り「本人の夢ですから」と言い，少年の進路希望が世間とずれていることを認識していなかった。

　さらに父親は，少年が盗品を売って購入したレンズについて嬉しそうに型番や機能を説明していると，嬉しそうに見守っていた。

　そこで，家庭裁判所調査官が「盗品を売って得たお金で得たレンズを使用したままだと，家庭裁判所として反省が不十分だと見なされます」と伝えると，父母と少年は「なぜですか」と反発した。しかし，家庭裁判所調査官から「不利な判断をされる可能性もあります」と伝えると，父母は「盗品を売って得たお金で購入したレンズは処分します。代わりに同じレンズを買い与えます」と述べていた。このように，父母も盗品売買についての社会的文脈の理解困難であることがうかがわれた。そこで，父母や少年の言動を叱ったり諭すのではなく，盗品を処分することの社会的な意味を明確に説明し，場合によっては不利な取り扱いも受けることを合理的に説明した。

　また本件については，被害鉄道会社への謝罪も「鉄道会社から何も言われていません」と何もしていなかったが，家庭裁判所調査官が「謝罪や弁償の姿勢も処分決定の参考資料」になることを伝えると，父母もようやく「謝罪や弁償の仕方が分からない，教えてほしい」と協力的体制になった。このように，少年や父母のASD傾向の特性を理解したうえで，提案することで父母や少年との協働体制も作ることができた。

　本ケースでは，調査官が謝罪場面のロールプレイや被害鉄道会社との調整を行ったことで，きちんと謝罪などの手続きを進めることができ，自己の行為の社会的意味も理解することができた。なお，家庭裁判所に呼ばれたり，謝罪に出向いたこともあろうが，少年はその後，鉄道への興味がぱったりなくなり，陸上競技（やりなげ）に打ち込むようになった。その理由をきくと「もう悪いことをしないため」と話し，興味関心の方向ががらりと変わっていた。

　なお，少年事件では，しばしば親にもASD傾向があることがみられる。これをブロード・フェノタイプというが，その可能性を考慮に入れないと，

表4-8　鉄道部品を盗んだケースの理解（筆者作成）

興味関心の追求	鉄道写真，レンズへの興味関心
関連症状	学校での疎外から鉄道へ没入
実験確認	なし
対人コミュニケーション	盗品の社会的意味，謝罪の仕方が分からない
早期発見・支援の課題	親子とも ASD傾向（ブロード・フェノタイプ） 謝罪場面のコーディネート

父親も「常識がない」などと誤った評価をしてしまうことになる。ブロード・フェノタイプの保護者の場合，子どもの ASD傾向も気づかないことも多い。

　このように，ASD傾向の少年・保護者に対しては，触法行為の社会的な意味について教え，のぞましい行動の仕方を具体的に示すことが支援となる。また，本ケースのように ASD傾向のある子どもが学校でのいじめや不登校など，二次障害も併発しやすく，それが興味関心に没入しやすいというメカニズムも視野に入れることが重要となる。

文献

熊上崇（2009）．「アスペルガー障害を有する触法少年の司法場面における行動特徴」『児童青年精神医学とその近接領域』，50, 16-27.

映画『僕と魔法のことばたち』

2016年アメリカ　ロジャー・ロス・ウィリアムス監督

　自閉症の青年オーウェン・サスカインドとその家族の実録映画である。主人公の幼少期から学童期，大学を出てグループホームで自立し，好きな映画館で仕事をするまでが描かれている。

　この映画には，親の苦悩，兄の苦悩，そしてオーウェン自身のこととして，学校でいじめを受けたり，恋人ができて楽しかったり，その恋人と別れることになったり，好きなディズニー映画を見る会を立ち上げて，仲間を増やしたり，セラピストとの交流，グループホームでの生活などが細かく描かれている。

　ASD の若者が，適切なサポートを受けたり，限局された興味関心（オーウェンの場合はディズニー映画）を活用して，仲間作りをして自己肯定感を高めたり，その興味関心を映画館での仕事に結びつけるなど，より良い支援があれば，さまざまな困難があっても楽しく地域コミュニティで生活できる。

　そして ASD の人でも，定型発達の人と同様に，仲間が欲しい，恋人が欲しい，仕事をしたいという気持ちに変わりはない。映画の最後にオーウェンがフランスの自閉症の大会でスピーチをするが，その中で「自分は誇り高い自閉症の男です」と宣言するところがすばらしい。

　ASD に限らず，発達面や精神面での障害のある人の支援を考える際に，余暇や趣味の充実，社会参加や就労，グループホームなどで地域で自立生活を送っていくにあたり，社会から仲間から必要とされているという自尊心や，愛されているという安心感が必要である。見守り，支え，促し，はげますことの大切さを教えてくれる映画である。

いじめを受けた中学生による校内での窃盗ケース──自閉スペクトラム症（ASD）の人による触法事件の理解（3）

事件概要（筆者による事例報告論文（熊上，2009）をもとに再構成したものである。）

　中学を卒業してまもなくの15歳の男子少年。小学校の時は演劇の主役をするなど活動的であった。中学では歴史への関心が高く，熱心に取り組む一方，服装にこだわりがあり（ボタンが嫌，ファスナー好き，同じTシャツを着続ける），そのことでいじめにあい，中学校では孤立感を深めていた。

　歴史への関心から休日は，母と一緒に博物館や資料館を訪問したり，歴史グッズを収集していたが，学校に持ってきて叱られることがあった。

　本少年が起こした事件は，卒業した中学校に当時の制服を着て昼間堂々と正門から入り，教室内の財布やゲーム機を盗んで，家庭裁判所に送致された。

　本件を起こした動機・態様が以下のように特徴的である。

　少年によると，卒業した中学の制服を着て学校内に入った理由は「校則で制服着用が決まっているから」であった。また教室内で盗みをした理由は「中学での持ち物検査を強化させるため」であった。詳しく聞くと，「自分が中学の時に歴史グッズを持ってきて怒られたのに，他の生徒は携帯電話やゲームを持ってきても見つからない。盗みが起きれば校内の持ち物検査が強化される」というものであった。つまり，物欲や個人的恨みではなく，自分自身が中学校で持ち物検査を受けて怒られたことが契機になっていた。

　本少年の知能は，IQが115で，WISCの下位検査を見ると，数唱が高く，類似，理解，記号が高かった。中学教諭によるASSQ（ASD

のスクリーニング質問紙）は38点と高得点であり，「自分だけの知識世界を持っている」「特定の分野の知識を備えているが丸暗記」「言葉を額面どおりに受け取る」「いろんなことを話すがその時の場面や相手の感情を理解しない」ことが指摘され，総じておとなしく目立たないが，いじめの対象になっていたという。

　家庭裁判所調査官の面接時も，少年はうつむいて元気がなく，表情が乏しく，学校や生活で孤立していたことがうかがわれた。ただし，歴史の話になると熱心に楽しそうに話をしてくれて，この少年にとって必要なのは，話を聞いてくれて本人の特性や関心を認めてくれる人ではないか，と思われた。今は母親がその役割を担っているが，母親以外にも，本人を認めて聞いてあげる存在が必要と思われたのである。

　家庭裁判所調査官の試験観察に付された少年は，当初は家に閉じこもり，歴史やマンガに没頭して，母親も疲労感が高まっていたので，家庭裁判所調査官は，少年に，学生ボランティア（家庭裁判所の「少年友の会」所属）をつけることにした。学生たちは，少年の好きな歴史の話などを興味深く傾聴したり，一緒にボランティア活動に参加してくれた。すると少年の表情や言動も明るくなり，自尊心が向上して，最終的には公立高校に合格して高校生活を送ることができた。発達障害支援センターの協力も得て，高校には母と少年から自分の特徴を知らせ，高校での支援体制を整えてもらうこととなった。

　このケースでは，ASD の少年は，その特性からいじめの対象などになりやすく，二次被害として学校などへの恨み感情も持つことがあり，それが触法事例につながることもあることが示されている。このようなASD の少年は，孤立しがちであり，話を聞いてくれたり認めてくれる他者を必要としている。少年の立ち直りや支えには，専門家の関与だけでなく，同世代の若者同士（少しお兄さん・お姉さん年代が最初は良い）の交流は大切である。家庭裁判所の「少年友の会」の学生ボランティアは，ビッグブラザー・ビッグシスタープログラムのように，若者同士のつながりを通じて自己肯定感や自尊心を高めることは，家庭裁判所創設

表4-9　ケース8の理解

興味関心の追求	昭和の歴史への興味関心
関連症状	学校での疎外から歴史へ没入
実験確認	なし
対人コミュニケーション	制服を着て堂々と正門から入り，盗みをする
早期発見・支援の課題	学校からの疎外による孤独感 学生ボランティアの活用との交流により，自尊心の高まり

時の理念にもかなっているといえよう。

　これまで，ASDの少年の事例をいくつか提示してきた。ポイントは以下の7つである。

　1．学校などで二次障害，いじめ被害を受けやすく不適応感を抱きやすい

　2．ASDの人の触法行為の類型と発生機序の理解

　3．法廷などでの振る舞いについて障害特性が反映しやすい

　4．定型発達者向けのやり方（反省の在り方など）は時に混乱を招く

　5．転居・進学と就職などの移行時の情報共有

　6．自尊心，自己肯定感，所属感を高める支援を行う

　7．好きなこと，得意なことを活かす

　司法領域における心理職はこれらを念頭において個別だけでなくチームによる支援を計画する。

発達障害者支援法と司法的問題

　2016年5月に改正された発達障害者支援法では，学校や自治体だけでなく，司法機関も合理的配慮を行うよう明文化されている。

　同法12条の2では「刑事事件もしくは少年の保護事件，民事事件，家事事件（中略）に関する手続きの当事者その他の関係人になった場合において，発達障害者がその権利を円滑に行使できるようにするため個々の発達障害者の特性に応じた意思疎通の手段の確保のための配慮その他の適切な配慮をするものとする」としている。

　この発達障害者支援法にもとづき，司法領域においても，ASDなど

の発達障害のある被告人などと関わる時には，ASD の人へ合理的配慮を行い，少年や被告人の言動の背景やメカニズムを代弁して，裁判に関わる人々になぜこのような言動をするのかについて理解を促していくことが望ましい。

　これまでいくつか ASD の触法事例のケースを見てきた。

　元名大生事件（ケース5）では，大学生になってからではなく，小学校時代から給食にホウ酸を混入したり，高校では同級生へタリウムを投与し，ASD に関する診断があったものの，仙台から名古屋への転居により情報共有や支援が途切れてしまっていた。

　理論編で紹介した新幹線内殺傷事件では，学童期に ASD の診断を受けて高校卒業までは支援を受けて安定していたが，就職後の支援がうまくいかず，二次障害が高じて社会への恨みが高まり，犯行に結びついている。

　朝霞事件（ケース6）では，幼少期は ASD の診断はなく，裁判での精神鑑定ではじめて診断を受けており，早期発見・支援がなされていればと思えた事案である。

　また，重大事件ではないが，ケース7・8は，いずれも幼少期や学童期に ASD は診断されないまま，社会的コミュニケーションの障害から学校でのいじめ被害に遭い，そこから二次障害により不適応感や学校への恨みが派生し，限局された興味関心による触法行為に至っている。

名古屋：中3同級生殺害事件

　15歳の中学3年生が同級生を殺害した事件について，名古屋家庭裁判所保護処分（第1種少年院送致），相当長期の処遇勧告（5年程度）とした。被害者は，特に少年と利害関係があるわけではなかった。少年は中学校での成績や進路の不安，家族への不快感，そして修学旅行で持参禁止のスマートフォンを先生に没収されたことで，「強い疎外感や絶望感」を持ち，楽しそうな被害生徒と自分を比べ怒りが沸いたとのことである。本少年には精神鑑定が行われ，ASD の診断がなされている。

　ケース8の少年と同様に，ASD を有する触法事例には，こうした独

自のロジックへのこだわりが見られることがある。「こだわり」の対象が具体的事物や数値，知識だけでなく，「……しなければならない」という強固なロジックになることもある。こうした特性を指導にあたっても踏まえておく必要があろう。

　少年院では ASD の特性も理解したうえで指導を行っていくことになるが，鑑定結果やアセスメント結果が，いずれは少年本人や保護者，支援者らと共有されることが望まれる。

　本ケースでは，亡くなられた被害生徒さんやご遺族の心情ははかりしれない。ご冥福をお祈りするとともに，被害者遺族への心理的社会的サポートが望まれる。

　このように，ASD を有する事例では，

　1．発生機序を理解すること

　2．早期発見・関係機関と連携し，支援につなぐこと

　3．背景にあるいじめ被害や社会的疎外状況がストレス要因となり，
　　触法行為のきっかけとなること

以上を理解した上で支援を行うことが求められる。

ヘックマン・クルーガー論争

　さまざまな困難を持つ子どもに対して，いつから支援をはじめたほうが良いのか？　あるいはいつ始めても遅すぎることはないのか？という論争である。

　ヘックマンはノーベル経済学賞の受賞者であり，「スキルはスキルの上に養われる」と，幼少期からの介入や支援を推奨している（ヘックマン，2015）。

　小学生の勉強でも，九九でつまずいてしまうと，その後の算数が理解できず，そのまま勉強嫌い，ひいては学校嫌いになってしまうこともある。

　乳幼児期への支援も重要であり，乳幼児期の不十分な養育が，その後の精神状況や学習にも影響を及ぼすため，乳幼児の親への支援，子どもへの支援を手厚くすれば子どもたちが成長した時に，犯罪の減少や年収の増加にもつながってくる（ペリー・スクール実験）。このように乳幼児期から手厚く支援することが，その後の成長につながっていくというモデルを「階段滝モデル（cascade model）」という。

　一方のクルーガーの理論は，「遅すぎることはない（not too late）」という立場である。本書でも，ケース３の補導委託の事例や，ケース４の中学校での校内暴力のケースで KABC-Ⅱ などのアセスメントをもとに支援した事例は，思春期・青年期の介入でも遅すぎることはないことが示されている。

　クルーガーの理論は「日焼けモデル（suntan model）」と言われ，支援や介入は何度も継続することによって効果が上がるのであって，人生の初期だけでなく，成長過程でその時に応じた支援や介入をするモデルとなっており，思春期・青年期以降にやり直そうという人にとって励みになる理論である。

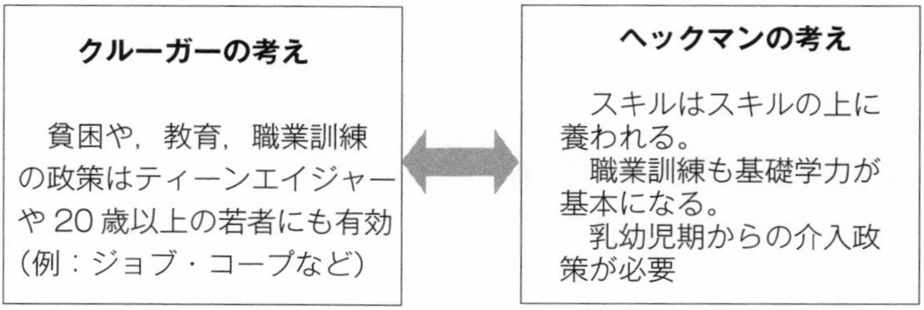

クルーガーの考え		ヘックマンの考え
貧困や，教育，職業訓練の政策はティーンエイジャーや 20 歳以上の若者にも有効（例：ジョブ・コープなど）		スキルはスキルの上に養われる。 職業訓練も基礎学力が基本になる。 乳幼児期からの介入政策が必要

図4-13　阿部（2014）を参考に筆者が作成

　幼少期からの支援を重視するヘックマンの考え，遅すぎることはないというクルーガーの考え，司法心理・福祉に携わる専門職にとっては，「どちらも大切」であろう。周産期や乳幼児期の手厚い支援は予防的効果がある。また，思春期以降に非行や犯罪などの行動があっても諦めずに支援を行う姿勢が共に求められる。

文献

ヘックマン（2015）．『幼児教育の経済学』東洋経済新報社
阿部彩（2014）．『子どもの貧困Ⅱ——解決策を考える』岩波書店

神戸児童連続殺傷事件　4つの手記から考える——少年Aの手記，母親の手記，被害者遺族の手記，担当裁判官の手記　少年の精神鑑定とは，被害者学とは

兵庫県神戸市

事件概要（1997年に起きた神戸連続殺傷事件は，当時中学2年生の男子少年が，2人を殺害，3人に傷害を負わせた事件である。）

　本事件は，犯行の形態が，被害者の首を切断して学校の正門に置いたり，ハンマーで頭を段ったりと異常なものであったこと，新聞社に「酒鬼薔薇聖斗」と名乗る犯行声明文を送り，その中には文学的作品のようなものも含まれていたため，社会的反響が大きかったものである。

　また，被害者である土師淳くん，山下彩花さんの遺族の本も出版され，それまで犯罪被害者は少年事件や刑事事件の手続きに参加できず，その実情や心情が見えづらかったことも明らかになり，少年非行や刑事裁判における被害者参加制度の創設のきっかけにもなっている。

　神戸連続児童殺傷事件について，さまざまな本が出版されているが，司法犯罪心理学の観点からは，当事者の手記が重要である。本ケースでは，少年A本人，Aの母親，担当裁判官，被害者遺族がそれぞれ手記を出版しており，同じケースを，それぞれの視点から見ることができる。

　本編では，まず司法心理アセスメントの視点から，Aの生育歴・家族が記載されている母親および本人の手記を分析する。また精神鑑定の在り方や家庭裁判所での審判の様子を担当裁判官の手記から分析する。そして，今なお悲痛な思いをしているであろう被害者遺族の手記を紹介し，加害者，被害者の双方から事例を見ていく重要性を論じることとする。

少年Aの母の手記から

　母親の手記である『少年A　この子を生んで……（文藝春秋)』からAの生育歴と家族歴を概観してみよう。

- 1982年7月7日，3200g，49cm，自然分娩で出生。母親は母乳を与え，父も育児に協力していた。
- 1歳1ヶ月の時にはじめて立つ，1歳2ヶ月で話をはじめる。
- 1歳6ヶ月のときに頭をサイドボードにぶつけて大量出血し，その後高熱を出していた。ただし，脳の損傷については，中学の時にMRIを撮ったが異常なしであった。
- 3〜4歳の時，父は子煩悩でAと手作りおもちゃで遊んでいた。Aは人見知りが激しく，性格は内向的だった。
- 幼稚園の音楽会，母が「緊張するなら周りの人間を野菜と思ったらいいからね」(筆者注：字義通りに聞く場合，そのまま受け止めやすい)と言っていた。
- 祖母の死を機に蛙やナメクジの解剖をした。小6の時に，図工の時間に，粘土を赤に塗ってカミソリを刺して，脳と説明していた。その前にNHKで脳の番組を見ていた。
- 翌年，遊び友達であった被害者の土師淳君を殴る。
- 万引きで補導される。温度計を万引きし，猫に温度計の水銀を飲ませて解剖していた。
- これらの行動のあとには，家族で謝罪に出向いたり，父が懇々と説諭していた。
- 読書感想文でフセイン（当時のイラク大統領）の解説を書く。
- Aは泣きながら帰宅し「先生は，ぼくをおかしいとおもっているんや」と泣きじゃくっていた。先生が「Aはちょっとおかしいから，一緒に遊ばないように」と注意していた。そこで，夫は，「おまえは万引きしたりするから中学校の先生に目をつけられているんや。挽回するのは大変だぞ。厳しい目で見られていることを忘れんようにせなあかんで」と諭した。
- 中2の時，花嫁姿の母を絵に描いてプレゼント(写真を見て描き写す)

- 中2の時，猫の死体が床下に。11月にホラービデオを万引き。警察に補導された。
- 中2の2月10日，3月16日に通り魔事件を起こし山下彩花さんが死亡。「愛するバモイドオキ神へ　今日人間の壊れやすさを確かめるために「聖なる実験」をしました。僕は金づちかナイフかどちらで実験するか迷いました」「（金づちの）死因は頭蓋骨の陥没で，（ナイフで腹部を刺した）お腹を刺した方は回復しているそうです。人間は壊れやすいのか壊れにくいのか，分からなくなりました」
- その後も友達を殴る事件を起こした。母は，Ａをしばらく学校を休ませることにして，学校を訪問。先生がＡに説諭すると，Ａは「人の命なんか蟻やゴキブリの命と同じや」と話した。
- 5月から母とＡは児童相談所に通所。6月5日，9日，11日，16日，24日の6回通所。
- 「13日の金曜日」，ヒトラーの本などを好んでいた。新聞社への犯行声明で「聖なる実験」「3つの野菜を壊します」などと記載した。作文「懲役13年」はニーチェの言葉を引用していた（筆者注；実際は「FBI心理分析官」という本の孫引き）。
- 家庭裁判所の審判では，裁判官に「何か言うことはありませんか」と言われて「取り調べ期間が長くて疲れました」「親の姿を見て感じることはありますか？」と聞かれて「何も感じません，僕は疲れた。審判はもっと短くならないのですか」と無表情で答えた。
- 少年院に母が面会に行くと，「帰れ」「会わないと言ったのに何で来たんだ」と怒鳴りにらむ。泣くのでハンカチを渡すと，バーンと激しく払いのけた。15分間「帰れ」とＡは怒鳴っていた。
- その後の母との面会では，Ａは泣いて謝り，ハンカチを受け取って涙を拭いていた。しかし，命については「人間に限らず，生き物はいつか皆死ぬんや。人の命かて蟻やゴキブリの命と同じや」というので，母が必死に話すと「母さん，それ間違っているよ。命の大切さなんて，僕は分からへんわ」と言っていた

以上の記載は，母親の手記によるものである。

この手記から明らかになるのは，両親なりに，Aをかわいがって育てていたが，解剖や脳の構造に興味を抱いたり万引きや奇妙な行動をするAに困って児童相談所に通ったり，学校から疎外されていたAに説諭する姿である。ただしAの母親も土師淳君の両親の手記によると，淳君の葬儀の時に，淳君の母親に「難儀なことやなあ，子どもの顔くらい見たりいな」などと言ったり，同じく告別式の数日後に「警察は何人いるの？　二人？　三人？」などと聞いてきたという記載がある。Aの母親も，他者から想像力の障害や対人性の困難があることもうかがわれる。ただし，父母による虐待の記載は見受けられなかった。

神戸事件の精神鑑定

本事件では，当時神戸大学の中井久夫教授が鑑定人をしている。このことは，本事件を担当した井垣裁判官の著書『少年裁判官ノオト』(2006)にも書いてあり，鑑定書では少年Aについて，性的な衝動性・攻撃性と，親からの虐待などが指摘されている。

　～担当裁判官の手記から～
　井垣元裁判官の手記『少年裁判官ノオト』によると，中井教授の鑑定書は180頁に及ぶもので，その大半は鑑定人と少年Aの面談の記録であり，鑑定人の面接は12回であった。
　鑑定主文は１と２に分かれており，鑑定主文１は以下のとおりであった（以下抜粋）。
「未分化な性衝動と攻撃性との結合により持続的かつ強固なサディズムが成立」「非行時ならびに現在，離人症状，解離傾性が存在……しかし一連の非行は解離された人格によって実行されたものではない」「直観像素質者であって……低い自己価値感情と乏しい共感能力の合理化。知性化としての『他我の否定』すなわち虚無的独我論も……」「本件非行は長期にわたり……漸増的に重篤化する非行歴の連続線上にあって，その極限的到達点を構成するものである」

　鑑定主文２は精神医学的観点からのもので，「家庭における親密体験

の乏しさを背景に，弟いじめと体罰との悪循環のもとで『虐待者にして被虐待者』としての幼児期を送り，『争う意思』すなわち攻撃性を中心に据えた，未熟，硬直的にして歪んだ社会的自己を発達させ……」
「思春期発来前後のある時点で，動物の嗜虐的殺害が性的興奮と結合し……」

　以上のように書いてあった。井垣元裁判官は「これを読んですっと理解できる人はいるまい」と述べている。また，井垣元裁判官の著書によると，鑑定人が家庭裁判所の審判で両親に一時間以上にわたって懇切丁寧に説明したが，母親の手記では「わかりづらかった」という（井垣，p48）。

　鑑定書では，「性的興奮と嗜虐的殺害が結合」として本件非行を解説している。この「性的衝動と攻撃性」について，少年Ａが2015年に発表した著書『絶歌』（太田出版）によると，鑑定人がいきなり「君はマスターベーションする時に，何を思い浮かべるの？」と聞いてきて，少年Ａは驚き，すべてを見通されていると感じたと書いている。
　（筆者注：司法面接では，オープンクエスチョンから始めるのが基本であり，いきなり性的衝動について質問するのは，誘導のおそれがある。）
　いずれにしても，鑑定の内容は裁判官や母親が読んでも理解するのが難しく，母親が虐待者として描かれていた点は課題であるように思われる。
　筆者は鑑定書そのものを読んだわけではなく，井垣元裁判官の著書と少年Ａの母親の手記から間接的にしか知り得ないが，鑑定での性的衝動と攻撃性説には疑問もある。性的衝動については，Ａが淳君を殺害したときには見受けられないし，彩花ちゃん事件では少年Ａは「聖なる実験」と称して，ハンマーかナイフが人間はどちらが壊れやすいのか実験するとしており，性的衝動は現れていない。自慰行為と動物虐待が結びついていた時期があったにしても，本件犯行時およびその後には自慰行為など行われていないのだから，性的衝動と事件を結びつけることは，腑に落ちない面もある。
　また，Ａの被虐待体験についても，母親の手記や，少年Ａが最近出

版した『絶歌』（2015）でも記載されていない。

　むしろ，Aは両親からかわいがられて育った様子が母親の手記や本人の手記から記載されている。それよりも印象的なエピソードは，Aが幼少期より百人一首を一晩で覚えたり，母親のウエディングドレス姿の写真を写実的に描いてプレゼントしたり，「緊張したら人を野菜と思えば良いからね」という母親のアドバイスを字義通りに受け止めたこと，脳の構造に興味を示して図工で脳の工作を作るなどのエピソードである。

　さらにAは事件の時に中学校の制服を着ていたり，顔見知りである淳君への犯行など，比較的すぐに身元がばれる行動をとっていることも，自己の行動が他者からどう思われるかという想像力の障害も見て取れる。

　他方，Aは学校ではいじめを受けたり，Aと遊ばないようにという教師の言葉で泣く様子も母の手記に記載されている。このようなことを総合すると，Aは発達障害のうちASDであるとまでは言えないが，ASDの特性である限局された興味関心の追求や，対人コミュニケーションの障害，二次障害として学校でのいじめや教員からの疎外などがあり，不安定な精神状態が「実験確認行動」として現れるという，ASD触法事例のケース５〜８の枠組みで理解（図4-10 と図4-16）でき，支援策を構築することができるのではないかと筆者は考えている（なお，ここで筆者が述べたいのは，Aの発達障害の有無ではなく，Aの行動の理解や支援の方策を考える枠組みとしての議論である）。

少年Aによる手記『絶歌』

　井垣裁判官は著書の中でAに対し，「10年後でもかまわない，自らの言葉で綴った手記を発表してほしい」と書いてある。そして，Aは事件から18年後，32歳の時に『絶歌』を出版した。そこには，Aの生い立ち，家族への思い，少年院退所後の生活遍歴，出版への思いが記されていた。

　『絶歌』が出版された時の反響は非難の声が大きかった。特に被害者遺族が出版に対して否定的なコメントを出したこと，本当に反省しているのか，印税が欲しいだけなのでは，とも言われていた。一方で，犯罪心理学の見地からは『絶歌』は

表4-10　神戸連続児童殺傷事件, 少年Aの理解

興味関心の追求	殺人行為, 人体, 脳への関心
関連症状	学校での疎外「Aと遊ぶな」と言われる
実験確認	ハンマーかナイフか, どちらが殺人ができるかの「聖なる実験」
対人コミュニケーション	審判廷での言動「もう疲れました」など
早期発見・支援の課題	児童相談所, 学校での破壊行為への対応

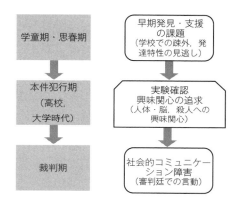

図4-14　神戸連続児童殺傷事件の理解
A及び母の手記から筆者が構成

(1)　Aがなぜ事件を起こすに至ったのか,

(2)　精神鑑定を受けた時の印象や心情,

(3)　6年5ヶ月過ごした少年院を退所するにあたり, 保護観察官や地域の篤志家との関わり,

(4)　その後の職業生活や心情が, 犯行をした人の手で, 事細かに書かれた貴重な記録でもある。

『絶歌』を読む

(1)　文体

『絶歌』は全般的に文学的な彩りがある文体である。Aによると, 少年院在院中に読書療法として, 次から次へと本を与えられ, それを読み

あさった。本はヘルマン・ヘッセの『車輪の下』，ユゴー『レ・ミゼラブル』，ドストエフスキー『罪と罰』，島崎藤村『破戒』，夏目漱石『三四郎』，坂口安吾『白痴』，三島由紀夫『金閣寺』などであった。特にＡが好きだったのは僧が放火した物語『金閣寺』であった。また，村上春樹の著作も好きだとのことで，『絶歌』にも村上春樹の作品を彷彿とさせる文章がある。

(2)　犯行へのきっかけ・経緯

　Ａは小学校５年の時の祖母の死がきっかけであったと書いている(p.35)。その年の冬から猫を殺してバラバラに切断することを繰り返すが，次第に耐性が生じて猫では興奮できなくなり，中学生になると「人間を壊してみたい」「その時どんな感触がするのか，この手で確かめてみたい」(p.69)と，実験・確認的な欲求が高まっていた。また，ジェフリー・ダーマーなど海外の連続殺人犯にも興味を持ち，『週刊マーダーケースブック』などを読み，人を殺す方法を考えるようになったという。ここでは，限局した興味関心の対象が，殺人になっていたことがうかがえる。

　そして，中学卒業も間近の1997年３月16日には，山下彩花ちゃんをハンマーで殴って死亡させ，もう１人をナイフで刺して重傷を負わせているが，前述のＡの母の手記でもこれを「聖なる実験」「人間は壊れやすいのか壊れにくいのか分からなくなった」と記載していて，実験的要素の強い犯行形態となっている。さらに，1997年５月24日には土師淳君を殺害して遺体を切断して学校に置いたという事件を起こしているが，Ａによると，殺害後には「ブレインスキャン」という仮想殺人のゲーム映画を３回見たといい，また，猟奇的殺人事件の本や映画『プレデター２』も見ていたとのことで，こうした殺人を題材としたゲームや本，映画の影響を強く受け，これを一部模倣したこともうかがわれる。ちなみに，当時話題となった「懲役13年」という新聞社への犯行声明と共に送られた文章は，Ａのオリジナルではなく，殺人事件の本や映画『プレデター２』の中の言葉を並べて作ったものであるという。

(3) 父母への思い

　精神鑑定書では母親の不適切養育が強調されているが一方で，A は父母について以下のように記載している。

　父については，電気技師で手先が器用であり，A のために滑り台を作ってくれたり，A が鼻炎の時は鼻をマッサージしてくれた思い出があり父が好きだったと書いている。また，少年院仮退院後に民間サポートチームのはからいで山奥のコテージで家族で過ごした際に，父は「今までいちばん幸せだったのは，おまえ（A）が生まれたときや，あの日のことは一生わすれへん，はじめての子どもで生まれた瞬間，父さん嬉しくて泣いた」と言い，A が「ほんま，ごめん，僕が父さんの息子で」というと，父がその時はじめて嗚咽して泣く姿を見て，父の愛情を感じたと記載している（p.110）。

　このシーンは家庭裁判所や鑑別所で見る親子の姿と同じで，どんな事件を起こしても，親が子どもを思う気持ちを子どもが理解した時に，心の距離が縮まるが，A もそうした体験をしたようだ。

　母については，A が子どもの時に母に「兄弟 3 人のうちで誰が一番好き？」と聞くと，母は決まって「あんた（A）に決まっとうやん」と答えてくれた嬉しさを述懐している（p.150）。精神鑑定で母の養育を非難されたと感じた A は我慢できなかったといい，「母親のことを考えない日は一日もない，僕は今でも母親のことが大好きだ」と記している（p.152）。

　母親の言動については，後述の山下彩花ちゃんの母親の手記からも，やや対人面や社会面の障害が見受けられ，ASD 傾向もうかがわれるが，母親の手記および A の『絶歌』からは，A は父母から愛されて育ったのに，殺人などに興味を抱いて実行に移してしまった自分自身を責める姿が描かれている。

(4) きょうだいへの思い

　A は 3 人兄弟で，1 つ下，2 つ下の 2 人の弟がいる。幼少期，A は弟たちをよくいじめていた。事件を起こして少年院に入ってからの面会（p263）で，A は弟達と 3 年ぶりに会い，面会終了時に A が 2 人に「僕のために辛い思いをさせて，すいませんでした」と謝ると，次男が泣き

崩れ，三男が「Aを恨んでいない，俺はAが兄貴で良かったと思っている」といい，面会終了後，Aはトイレに駆け込んで2人の弟の名を呼んで泣きじゃくったという。そして三男からの手紙に「何があっても俺の大事な兄貴」と書いてあったという。

このエピソードも，家庭裁判所や少年院などで，非行をした少年が家族や兄弟と離れて面会があった時にしばしば見られるやりとりであり，Aは父母や兄弟と離れてみて，ようやく父母や兄弟の愛情や心配に気づき，それなのに興味関心の赴くままに事件を起こしてしまったという「家族への贖罪感情」を抱くようになっている。

(5)　少年院退所後の保護観察官との関わり

『絶歌』の資料的価値の一つは，少年院退所後の保護観察官の9ヶ月間の関わりが記録化されていることである。

Aは2004年，21歳の時に6年5ヶ月の少年院生活を終えて仮退院し，9ヶ月間の保護観察に付されている。退所の日に3人の保護観察官が出迎えし，以後1ヶ月間は都内のビジネスホテルに保護観察官とともに宿泊し，その間，都内の名所などさまざまな社会見学もさせてくれたり電車の乗り方も教わったといい，できる限りのこともしてくれたという。

その後，更生保護施設に入所して，引っ越しのアルバイトや清掃業務をしたが，まもなくAが神戸連続殺傷事件の加害者であることがばれそうになり，再度，保護観察官らとウィークリーマンションに移ったあと，別の更生保護施設に移り，保護観察官が見つけた廃品回収の仕事について，そこで2人組の中高年の男性と一緒に働いた経緯が記載されている。

これを見ると，保護観察官らも，昼夜問わずにAとともに居場所が知られぬように気をつけながら，住む場所や働く場所を確保していたようである。

その後，2004年5月から12月ごろまでの7ヶ月間，保護観察官の手配により，里親として郊外に住む篤志家のYさん夫婦宅にAは住むことになる。

Yさんは Aを地域の集まりで「息子です」と紹介したり，夜の外出

に一緒についてきてくれるように頼んでいた。その様子にAは，殺人をした自分を信用してくれたのだとYさんへの信頼が高まっていた。Aは安心できる居場所を見つけたことから，ハローワークで求職活動をしたり，行きつけの喫茶店のマスターとの交友を深めるなど，社会の人々と交わっていった。この変化は篤志家Yさんの力もあるが，それをコーディネートした保護観察官の力が大きいであろう。

　2005年1月に，9ヶ月間の保護観察が終了する時に，保護観察官が息子の服を持ってきて「良かったら着てみてほしい，気に入らなかったら捨ててもいいから」と言った。Aは保護観察官が，自分をひとりの人間として向かい合ってくれたと述べていた。この保護観察官の振る舞いも，人間的で，非行や犯罪をした人への思いがあふれていたものであった。

(6)　職業的自立

　保護観察が終了したAはYさん宅を出てアパートを借り，プレス工となった。当時の月収が16〜17万円，家賃が3万円で，1ヶ月に10万円を貯金していたというのだから，倹約していたのだろう。カップラーメンと冷凍食品を食べ，休日は朝にジョギングをするなど，決まったスケジュールに従う生活をしていた。

　2005年12月には寮付きの建設会社に移り，2年間肉体労働をしていた。その間，ペーパークラフトに興味を持ち，休みの日は当時人気のあったTVチャンピオンという番組のペーパークラフト王選手権で優勝した人の店にも行っていたという。2009年6月には会社を解雇され（経営上の理由と思われる），そこから職場を転々として日雇い労働に従事するなかで，Aは少年院で習得した溶接技術を用いて求職活動をすることにした（p.247）。

　それまでAは，少年院で習得した溶接だけは嫌だったというが，やむを得ず簡易宿泊所に泊まりながら溶接工の求人に応募した。身を助けたのは少年院で得た資格や技術だった。

　Aは機械部品会社の溶接工となり，少年院で取得した3種類（「半自動アーク溶接」「TIG溶接」「被覆アーク溶接」）を用いた。技術も上がり，半年後には職場の先輩が保証人となってくれてアパートを借りて，その

ころには生活が落ち着いて読書などに励むようになったという。

しかし，3年3ヶ月続いた溶接の仕事であるが，2012年の冬に，職場の先輩宅に食事に呼ばれ，そこで幸せな家庭を垣間見ると「自分は人の命を奪った人間，自分はけだもの，同じ場所では生きられない」と追い詰められた気持ちになり，結局この職場も辞めてしまったという。このエピソードも，加害者が客観的に自己の行為を振り返られるようになった時に，過度の自責の念を強く引き起こされるという加害者の心理的変化が現れているようにも思われる。

その後，Aがどのような生活をしているのかは『絶歌』からは分からないが，Aは少年院退所後に，保護観察官や篤志家のサポートを受けながら徐々に社会生活に適応し，保護観察など公の支援が終わってからは，職や住まいを転々としながらも，ホームレス状態などに陥ることはなく，少年院で習得した技術を使って就職していた。

むしろAを苦しめているのは，自分が殺人をしたこと，幸せな場所には居られないという自責の念，贖罪の意識である。重大事件を起こして社会復帰した人が，どのような心情で過ごしているのかを知る貴重な記録ともいえる。

(7) 加害者のフラッシュバック

Aの付添人弁護士を含む民間サポートチームでは，Aと被害者遺族の伝達役をしていた。Aは被害者の命日になると，遺族への手紙の準備にとりかかり，その際に自分のした行為がフラッシュバックし，悪夢を見ることもあるという。

この「加害者のフラッシュバック」が描かれていることも『絶歌』の貴重な記録である。

フラッシュバックやPTSDについては，通常は，災害被災者や犯罪被害者に適用されるものであり，被災者や被害者にとって，その時のことは忘れようとしても忘れられず，不眠や不安の感情があふれ，日常生活にも支障を来す状態となり，精神医学的・心理的サポートが必要となる。これは当然のことであるが，犯罪の「加害者」にもそのような現象が起きるのは，おそらく『絶歌』にもあるとおり，自己の犯行を客観的

に振り返ることができるようになったり，遺族の気持ちを考えることができるようになってから，逆に自己の行為の重大さに自ら気づき，フラッシュバックが起きるとも考えられる。

こうした加害者のフラッシュバックは自業自得と思われるかもしれないが，「加害者支援」の立場からは，このフラッシュバックも受け止め，支える必要があるだろう。

Aは自己の犯行を振り返りながら「なぜ人を殺すのか」と問われたら，その答えは分からないが，フラッシュバック体験から「結果的に自分自身が苦しむことになる」そして，被害者やその遺族から「何でもない光景を奪ってしまった」という後悔の念に苦しみ，そのために，Aは自分の気持ちを表すために，本を書きたいと思うようになり，パソコンを購入して『絶歌』を書き始めたと記載している。つまり，本を書くことは，Aにとって加害者フラッシュバックの自己治療的な意味合いを持つものだったのかもしれない。

(8) 出版への思い・謝罪

Aは『絶歌』の出版が，遺族から非難されることは十分に予想できていたようである。『絶歌』の末尾（p.288）には「出版のおわび」として「二人の生命を奪っておいて『生きたい』というのは身勝手ですが，本を書くことで『生きる道』ができた」と述べていて，「本当に申し訳ありませんでした」という言葉で本を締めくくっている。

いささか逆説的であるが，殺人をした人が本を書くことで生きる道を見つけ，そのことで遺族を傷つけることを予想し謝罪するという構図になっている。あまりにも矛盾に満ちた内容であるが，その矛盾・逆説こそが，このような重大犯罪をした人の心情ともいえるのであろう。

案の定，出版後は非難が高まり，書店で取り扱われなかったり，図書館で本が置かれなかったりした。ただ，この『絶歌』がAにとって生きる道であり自己治療であったこと，重大事件を起こした人の家庭や生い立ち，犯行への端緒，矯正施設退所後の心情やサポートの実際，支援者が持つ心構えなどが豊富に描かれた書物としての価値は十分にあるものと考えられる。

被害者遺族の手記から

　これまでＡの手記をとりあげたが，司法犯罪心理学では，加害者だけでなく，同時に被害者や遺族の経験や心情にも思いをはせることがもちろん必要である。

　神戸連続児童殺傷事件は，少年の重大事件の処遇という問題提起の他に，これまで裁判に被害者が関与できなかったために，被害者や遺族がどのような心情でいるかを世に知らしめ，その後の刑事裁判や少年審判への被害者参加の道を開いた。

　そして，犯罪被害者遺族の本を読むと，子どもを殺害された事例では，その子どもを妊娠中の苦労や，その子の生まれたときの様子，赤ん坊や幼児期に困難がありながら苦労して育ててきた様子が書いてあり，「被害者」という枠組みではなく，ひとりのかけがえのない子どもや家族を失ったという事の大きさを改めて感じさせる。少年非行や刑事裁判などに関わる者や心理職もぜひ読むべき書物だろう。

　　山下彩花ちゃんの母親の手記『彩花へ　「生きる力」をありがとう』
　　山下京子，河出文庫
　　山下彩花ちゃんは少年Ａとは面識がなかった。

　生まれる前から両親待望の女児であり，母親の手記には，妊娠中の超音波のモニターの胎児の動きを見ての感動がまず描かれている。母親にとっては待望の第二子であり嬉しかったが，その後のひどいつわりや嘔吐があり，辛さに声を上げて泣いていた様子，妊娠中に出血して胎盤の一部が出てしまい，救急車で運ばれ絶対安静になったこと，それらの妊娠中の出来事から「生き抜いて」と思っていたという。このような大変な妊娠や出産をしたことや，乳児期や幼児期の思い出をしっかりと聞くことも，被害者遺族の支援をするうえで大切である。

　事件当日，彩花ちゃんは，母親とピアノの連弾で「猫ふんじゃった」を繰り返し，何度も「一緒に弾こう」といって演奏を繰り返した後，母親は買い物に行き，彩花ちゃんは家に残った。これが母と子の最後であった。その後，彩花ちゃんは偶然に学校の近くでＡに手洗いの場所を聞か

れて学校を道案内し，学校正門まで連れて行った途端，少年Aにハンマーで頭部を激しく殴られた。

　母の手記によると，家に帰ると彩花ちゃんがけがをして倒れていると近所の人から言われて見に行き，一緒に救急車で救命センターに向かった。医師に彩花ちゃんのレントゲン写真を見せられたが，瀬戸物を落としたように頭蓋骨が粉々になっているのが見え，医師が「こんなひどいケースは見たことがない」「ハンマーか金属バットか鉄パイプで殴られた傷です。バットなら思い切りスイングしたと思います」と言われたという。

　病院のICUでは，彩花ちゃんの頭部や顔が膨れてきて，看護師がピンクのバンダナを頭に巻いてくれたが，顔は腫れたままであり，母親が話しかけると意識のない彩花ちゃんの目から涙がツーッと伝い落ちた。母親は彩花ちゃんの好きな『ドラえもん』『日本むかし話』のビデオを流したりしていた。一時期，自発呼吸も見られ，彩花ちゃんの寝顔が楽しく夢を見ている柔らかい表情になっていたという。

　このような彩花ちゃんの「生きる力」を見て，母親は覚悟を決めると，彩花ちゃんが目元や口元に笑い皺ができて，信じがたい笑顔になり，彩花ちゃんはその3時間後に息を引き取ったのであった。

　事件は，少年が被害者の女児をハンマーで殴って殺害したというものであるが，実際の家族たちの苦悩や心情は，はかりしれないものであることが分かる。

　さらに，彩花ちゃんの母の手記では，Aの父母と会ったときの様子や，Aへの思いも記されている。

　彩花ちゃんの母親は，Aの父母に彩花ちゃんの幼い頃の写真を見せた。するとAの父母も泣き，彩花ちゃんの両親も泣き，4人で泣いていたという。その時，彩花ちゃんの母親は「不思議なことに，私たちは相手を罵倒する気持ちになりませんでした。憎んでも憎みきれないはずの相手であるにもかかわらず（中略）憔悴しきっているAの父親の痛ましい姿を見ていると，こちらがすっかり辛くなり，帰りのタクシーの中で夫と『なんか悲しいね，無性に悲しいね』と話し，望んでいたAの両親との対面の後には冬の曇った寒空のような気持ちだけが残った」と記されている。

また加害者であるＡに対しては「あなたの行為を決して許すことはできません」(p.194)，「母であるがゆえに，娘がされたことと同じ事をしてやりたいという，どうしようもない怒りと悔しさと憎しみがある」，一方で「これもまた母であるがゆえに，どんなに時間がかかってもあなたを更正させてやりたい」「一見，相反する感情が私の心の中に同居していて，その割合の比率は日々同じではないまま，不思議なバランスを保っています，もし私があなたの母であるなら……真っ先に，思い切り抱きしめて，共に泣きたい，言葉はなくとも，一緒に苦しみたい」「罪を自覚し（中略）心の底からわき出る（中略）みじんのよどみもない澄みきった涙を，亡くなった二人の霊前で苦しんだ被害者の方々の前で流すことこそ，本当の更正と信じます。それまで共に苦しみ，共に闘おう，あなたは私の大切な息子なのだから」と結んでいる。

　壮絶な体験をした被害者の母親は，加害者に対しても同じ親としての視線を向けている，このような「加害者と被害者という立場を超えた，自分でも説明のつかない感情」（p.196）があるのだという。

　被害者遺族の心情は，憎しみや怒りだけでなく，なんとも表現しがたい，寂しさややるせなさ，愛情などが渦巻いている様子が見て取れる。

土師淳君の父親の手記『淳』土師守著，新潮文庫

　淳君は，彩花ちゃんとは異なり，Ａと顔見知りで一緒に遊んでいたし，母親同士も顔見知りであった。淳君はＡより３年年下であり，ミドリ亀が好きで，Ａのところにミドリ亀があったのでよく訪問していた。淳君にはＡに抵抗した痕跡はなかった。なお，Ａは小学校６年の時に，当時小学校３年生の淳君を殴るなどの行為があった。

　本書には，子どもを殺された遺族の悲しみや心情だけでなく，メディアの心ない取材や一般市民からの嫌がらせなども記載されており，犯罪被害だけでない困難に直面した様子が描かれている。

　淳君が1997年５月24日に行方不明となり，３日間にわたり父母は学校の先生や地域の方々と探し回ったが見つからず，淳君には知的障害があり，相当な焦りを持っていた。３日後の５月27日に警察署で「首から上が見つかりました」(p.81)と言われた父親は，警察署のガレージで青

いビニールシートをかけられ，顔だけの土気色の淳君の身元確認をした。明らかに淳君なのにつくりもののような様子を見て，「誰が何の目的で，純真な淳をこんな酷い目にあわせたのか」と激しい怒りと強い悲しみが押し寄せ，変わり果てた淳君の顔をなでながら，涙があふれて止めようがなかったと記している。

　葬儀では，淳君でも読めるようにと家族でひらがなで手紙を書いて棺に入れたが，淳君の母はまだ淳君に触れてはいなかった。火葬場で最後に母親が淳君の顔を泣きながら優しく触り続けたが，お骨が出てくると，父親も声を上げて泣いたという。

　このように遺体との対面や別れだけでも強い怒りや悲しみがあるのに，一般市民から「次は母親の番だ」「父親へ，早く自首しなさい」などと手紙が来たり，メディアが押し寄せる二次被害もあった。

　さらに，淳君の両親にとって辛かったのは，当時の家庭裁判所の審判では，被害者参加の制度がなく，「せめてAの供述調書や，精神鑑定書を読みたい」との希望も叶わず，唯一救われたのは，担当した家庭裁判所調査官の面接であり，家庭裁判所調査官に対して，審判への不満や，Aおよびその両親への疑問を述べることができ，裁判官に伝えてほしいと言えたことであったという。

　こうした状況から，土師守さんは，被害者遺族の裁判への参加（被害者の意見陳述，裁判での質問などの制度）を求めて，全国犯罪被害者の会「あすの会」岡村勲弁護士とも活動した。岡村勲弁護士は，依頼人から逆恨みされて妻を殺害された経験があり，裁判への被害者参加制度の創設や犯罪被害者保護法の整備に尽力していた。土師守さんも，その後，国会参考人として犯罪被害者や遺族の裁判参加や，兵庫県犯罪被害者センター設立に関わり，支援者だけでなく，犯罪被害者遺族が関わることで，犯罪被害者の声が届き，その心のケアの必要性を社会に知らしめたといえる。

　2000年11月には犯罪被害者保護法が成立し，少年審判や刑事裁判でも，被害者が意見陳述をする機会が増えている。こうした裁判への参加は，犯罪被害者や遺族が意見を裁判所に述べることができるというメリットがあるが，他方で，反省の態度を見せない被告人の態度などから二次

的なショックを受けることもあると言われている。犯罪被害者支援センターでは，そうした犯罪被害者や遺族への裁判への同行支援も行っており，辛い気持ちを聞くだけでなく，裁判参加する時の支援も重要となっている。

　犯罪被害者や遺族の心理を知るにあたっては，「喪の作業」や「カレンダー効果」について知っておく必要があろう。

　「喪の作業」

　「喪の作業」は，親しい人を亡くしたりした場合の，心の経年変化のことで，「否認」「怒り」「抑うつ」「受容」の４段階とされている。「否認」とは亡くなったことが信じられないと否認する感情であり，その次には，なぜ亡くならなければいけなかったのか，という怒り，そして抑うつ状態のあとに，ようやく亡くなったことを受け止める「受容」に至るとされている。しかし，犯罪被害者遺族や，災害・事故などで突然亡くなった場合などには，この「喪の作業」通りには進まず，「否認」「怒り」あるいは「抑うつ」状態が数年・数十年続くこともある。

　筆者が，家庭裁判所調査官として交通事件を担当していた時に，交通事故被害者遺族のお話を伺ったことがある。桜の季節に交通事件で子どもを失った遺族は，桜の季節が来るたびに，生々しくそのときの感情がよみがえり，同年代の子どもを見たりすると悲しく，子どもが事故で亡くなったことを受け入れることは困難だと話してくれた。このように事件・事故の季節などが来るたびに辛い気持ちがよみがえることをカレンダー効果という。

　被害者支援や被害者への聴取にあたって留意すべきポイントは

　1　事件の前後だけでなく，被害者や遺族の生育歴・生活史，家族史も丁寧に聞き，事件を生活史に位置づけること

　2　被害者や遺族にとって大切なのは，被害の事実だけでなく「被害事実の人生における意味」を知って欲しいこと

　3　「喪の作業」「カレンダー効果」などの心理を念頭におくこと

　4　情緒的サポートだけでなく，道具的サポート（裁判への同行，経済的支援への情報的援助など）も同時に行うこと

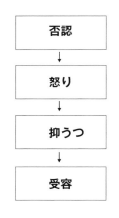

大切なもの，人などを失ったとき，立ち直りには，順序がある。

不慮の事故などの場合は数年，数十年かかることもある。

サポートする人は，これを念頭に置く必要がある。

図4-15　喪の作業（grief work）

があげられる。

　情緒的サポートは，被害者や遺族の気持ちに寄り添うことであり，「時間が解決しますよ」「他の子どもが生き残って良かった」などの安易な励ましは，逆に被害者や遺族を傷つける（二次被害）となることに留意し，どの段階にあるにせよ，あるがままの心情を受け止めることである。道具的サポートは裁判への同行支援や，同じ被害者遺族の会などセルフヘルプグループへの参加，メディアへの対応支援，家族・きょうだい支援，支援金制度などの情報提供などが求められる。

　神戸連続児童殺傷事件に関する４つの手記から
　神戸連続児童殺傷事件については，社会の耳目を集めた事件であり，少年法の改正議論や被害者参加制度の創設，少年院からの出所後の生活支援，精神鑑定の在り方など，さまざまな問題を提起しているため，本書では紙幅をさいて４つの手記を紹介・分析した。
　４つの手記から見えるのは，加害者側と被害者側の視点，そして支援者側（保護観察官や地域の人々）の視点をクロスさせることである。

被害者遺族の手記からは，悲痛な思いがこみあげてくる。愛する我が子が変わり果てた姿で見つかったこと，その後の審判でも意見を述べることができず参加できなかったことなど，心理職・福祉職としてこの終わることのない悲しみに寄り添うにはどうすれば良いかという重い問いが突きつけられる。

　一方で，加害者側の少年や保護者も，被害者遺族とは質は異なるが，さまざまな困難や苦しみを抱えている。Aは自分は幸せに生きていくことはできないと感じながら，今日もどこかで生活しているであろう。そしてAの両親も深い悲しみの中にいまだいるであろう。

　司法に関わる心理・福祉職は，こうした被害者と加害者の双方の苦しみや悲しみの狭間で，自らも迷いながらどちらの人生にも関わり，支援することが望まれている。

文献

少年Aの父母（1999）．『少年A　この子を生んで……』文藝春秋
井垣康宏（2006）．少年裁判官ノオト　日本評論社
元少年A（2015）．絶歌　太田出版
山下京子（1998）．『彩花へ――「生きる力」をありがとう』河出書房新社
土師守（1998）．『淳』新潮社

ケース編

第4章　少年・刑事事件編

明石市の政策2　犯罪被害者支援制度と更生支援制度

　明石市長の泉房穂氏は，弁護士時代に犯罪被害者に対して心理的あるいは経済的な支援が何もないことに気づいたという。また，神戸連続児童殺傷事件の被害者遺族の土師守さんとも知り合ったこともあり，犯罪被害者支援の政策を行っている。

　具体的には犯罪被害者・遺族に，家賃補助，転居費用の補助，育児支援，介護支援，家事のヘルパー派遣，弁護士による法律相談，心理師の心のケアなどを提供している。これは孤立無援になりがちな犯罪被害者にとって生活面・心理面で必要なサポートとなる。

　また，全国初の損害賠償立替制度もある。犯罪被害者が民事訴訟で加害者に対して賠償金支払い判決が出ても履行されないことが多い。そこで，市が被害者遺族から損害賠償請求権を譲り受け，300万円を上限に立替し，市が加害者に求償するという仕組みである。さらに，2018年の条例改正で未解決事件の被害者を支援する「真相究明支援」を全国で初導入している。

　泉市長は被害者支援の目的について「被害者や遺族のためだけではない。いつ誰もが犯罪被害者になるかもしれない。その時に，被害者を市民・社会全体で支え合う，市民のセーフティネットづくり」と述べていることは注目される。

文献
泉房穂（2019）．『子どものまちのつくり方──明石市の挑戦』明石書店

家庭内暴力により少年院送致された少年のケース──地域生活定着支援とは

事件概要（医療少年院から退所時に自立支援寮で暮らし，そこから地域に戻った事例（架空事例））

　前章では，少年Ａの手記を通じて，少年院を退所したあと，Ａが保護観察官の支援を得ながら自立生活をしていく過程を追った。

　司法犯罪心理学では，触法行為の理解だけでなく，矯正施設から出所後の加害者が地域社会に戻る際への支援も重要なテーマである。そこで，本ケースでは，家庭内で父親を殺害したケースを見て，少年院などの矯正施設を退所したあと，どのように地域で生活していくかを見て行くことにする。

　　和田昇平（仮名・18歳）は，父親の和田多平（50歳），母親の佐和子（56歳）とＡ県で3人暮らしであった。昇平は小学校入学前に知的障害およびASDとの診断を受け，小学校は特別支援学級に，中学校から地域の特別支援学校に入っていた。

　　家庭では，父親の多平は，アルコール依存症の傾向があり，酒を飲んで妻子にあたることが多かった。佐和子は，夫を怖がり，また昇平の養育にも消極的で，なにごとも特別支援学校の先生に任せることが多かった。

　　中学校卒業後，昇平は特別支援学校の高等部に進学したが，酒を飲んでは当たり散らす父親に反抗するようになり，時々父親だけでなく母親に対しても，思うようにならないと暴力を振るうようになった。また，昇平は電車やバスへの関心が高く，休みの日は鉄道を見に行ったり，バスに乗ることが多く，電車のことを話せる友達もいた。

　　高校3年の時，家で楽しみにしていた電車ゲームをしていたとこ

ろ，父親が酒を飲んで絡んできたことから，昇平はパニックを起こし，何度も父親を殴って結果として父親は死亡した。昇平は家庭裁判所で審判を受け，知的障害とASDの支援を行うことができる医療少年院（現在の少年法では第3種少年院）への入所が決定した。

医療少年院では，児童精神科の医師や熱心な教官たちの指導もあり，昇平自身ももともとは勉強することに前向きであったため，所内のルールも守り，リーダー役を任されたり，資格もいくつか取得していた。ただし，心配なのは，母親の佐和子が少年院に面会に来ないことであった。

医療少年院に入所後1年ほどたち，少年院の教官や新たに配置された社会福祉士が何度も母親の佐和子のもとに電話などで連絡したが，佐和子は面会に来なかった。ようやく佐和子が医療少年院を訪れたが，昇平との話は弾まない。そして，少年院の教官と社会福祉士に「昇平は，家には引き取れません。まだ昇平のことが怖いのです」と打ちあけた。他に引き取ってくれる親族もないが，少年院は家庭裁判所の決定により2年程度の収容期間となっているため，退院後の帰住先の調整を社会福祉士が教官と共に行いつつ，引き続き，佐和子への働きかけを継続することとした。

少年院は仮退院した人の社会内処遇を担当する保護観察所と連絡調整を行った。保護観察官も昇平や佐和子と何度も合って調整したが，自宅引き取りは困難であった。そこで，障害のある少年院や刑務所の出所者が地域に戻るための中間的な受け皿となっている，群馬県にある「国立のぞみの園」に受け入れを打診した。

「国立のぞみの園」

「国立のぞみの園」は，知的障害の人々が暮らすコロニーであり，現在も多くの知的障害の人々が農作業などをしながら生活し，一部はグループホームなどで地域で支援を受けながら生活している。また，自立支援寮という少年院や刑務所を退所した知的障害や発達障害，認知症などの精神障害がある人も受け入れている。

昇平は，この「国立のぞみの園」の自立支援寮で，1年半にわた

り生活した。個室が与えられ、日課は、職員の指導のもと、清掃やお金の管理などの練習、椎茸栽培や清掃作業などで地域生活への移行に向けて生活に励んでいた。土日は自由に行動できるため、障害者年金を受給し、そのお金は将来の自立、アパート家賃のために貯めながら、残ったお小遣いで映画を見たり、電車・バスを見に行ったりして過ごしていた。

　1年半後、22歳になった昇平は、アパートで暮らすこととなり、A県の地域生活定着支援センターの支援を求めた。地域生活定着支援センターの職員の須賀川美奈子（50歳）は、何度か昇平と面談し、昇平がグループホームで暮らしたいこと、仕事は清掃関係または農作業を望んでいると聞いた。須賀川は、もともと知的障害やASDの生活支援が専門であり、地域のグループホームなどとも人脈があったことから、昇平に合っていそうなグループホームに入所を打診したところ、受け入れてもらえることになった。

　昇平は、母親との同居は叶わなかったが、故郷のA県に戻れることを喜び、グループホームでも、穏やかに農作業や時々清掃作業で働きながら暮らしていた。地域生活定着支援センターの須賀川は、半年間のフォローアップを行ったあと、なにかあれば相談してほしいと、昇平とグループホームの管理者に伝えた。昇平も、頼れる相談相手が地域にいることで、安心してグループホームでの暮らしをすることができるようになった。

（架空の事例です）

障害のある人と触法事例

　刑務所には多くの知的障害や認知症の人が服役しており、一種の福祉施設となっていることを社会に広く知らしめたのは、理論編でも述べた元国会議員で一時期服役していた山本譲司氏の著作『獄窓記』である。山本氏は、知的障害の人々の工場に配属されて彼らのサポート業務を行うが、この経験を通じて、知的障害や認知症などの人々が、社会的に疎外されて、結果として罪を犯して刑務所に何度も入っている現状を明らかにした。

また，家族にアルコール依存症などの不安定要因があったり，子ども
の側にも ASD などの発達障害があり，適切な相談相手もいない場合に，
時として家庭内の暴力事件や死亡事件に発展することがある。このよう
なケースでは子どもだけが責任を負うのは酷である場合が多く，ほとん
どのケースでは，家族の依存症（アルコール・ギャンブルなど）やネグレ
クトが組み合わさっており，少年だけが悪いとは言い切れないことも多
い。しかしながら，家庭内に犠牲者が出てしまった場合，社会復帰の際
に，家族が引き取りを拒否するケースが多いのもまた現実である。

　しかしながら，刑務所や少年院では，いつまでも入所させておくこと
はできず，期限が来れば出所せざるを得ない。家族や親族の引き受けが
なければ，路頭に迷うことになってしまう。その場合，更生保護施設な
どに一度入所して，数週間の間に求職活動や家探しをして，アパートを
契約し，社会に戻っていくが，知的障害や発達障害，認知症などがある
場合は，それも難しい。そこで，少年院や刑務所を退所するときのサポー
トが必要となってくる。

地域生活定着促進事業

　地域生活定着支援センターは，矯正施設と地域生活をつなぐため，法
務省の施策として 2007 年にできた制度である。その目的は，高齢また
は障害などにより自立が困難な人に対して，退所後すぐに福祉サービス
につなげ，地域生活への移行・定着を支援することである。

　現在，各都道府県に一つずつ「地域生活定着支援センター」が置かれ
ているが，多くはその地域で中核的な社会福祉法人であり，知的障害
や認知障害の支援やグループホームの運営，サポートなどのノウハウを
持っている。また地域生活定着支援センターの職員も，知的障害や認知
症などの生活支援や福祉サービスへの連携が経験豊富である。

　この制度発足の端緒となったのは，長崎県の社会福祉法人である南高
愛隣会が矯正施設からの退所者の居宅支援，医療的・福祉的支援を行っ
たことであり，これが地域生活定着支援のモデル事業となって，全国に
波及したものである。

卒業式のない支援

筆者がある地域生活定着支援センターの所長にインタビューをした時，「福祉的支援は『卒業式がない』」と述べていた。裁判所や学校などのケースでは，時期が来ればケースとの関わりは終わるが，地域生活定着支援はずっと続く。そうなると，地域コミュニティに根ざした社会福祉法人や障害の専門家が，触法ケースの地域生活定着支援に関わることは理にかなっているといえよう。ただし，地域生活定着支援センターは自治体の福祉行政，保護観察所などの更生保護機関，福祉や医療のコーディネーターとしての役割を果たすが，ケースを永続的に持つのではなく，地域資源のコーディネート業務を行うことが長く支援を続けるためのポイントであるという。

地域生活定着支援センターの法制化が課題

地域生活定着支援センターは，障害のある矯正施設からの出所者にとって重要な機関であるが，本事業の制度面の課題として，1年ごとの単年度の受託事業となっていることがある。実際には各都道府県で同じ事業者が継続して地域生活定着支援事業を受託しているが，10年後，20年後も継続している保証がないので，雇用も不安定になりがちである。

そのためには，社会福祉協議会のように，法律で設置を義務づけるようにする必要があろう。現在の地域生活定着支援制度は厚生労働省の事業であり，厚労省の予算や政策次第で継続するかどうかが決まることになる。しかし，地域生活定着支援センターは，国・社会としてなくてはならない機関であるから，早急に法制化すべきであると筆者は考える。

「国立のぞみの園」

本ケースでは（架空事例であるが）昇平は家庭への帰住ができず，群馬県の「国立のぞみの園」に1年半入所したことになっている。そこで，以下に「国立のぞみの園」について紹介しよう。

「国立のぞみの園」は，1971年に全国から重度の知的障害の人々を終生保護するコロニーとして設立され，2003年に独立行政法人となり，知

的障害の人々の「自立支援」「調査研究」「全国の支援者への養成・研修」を行うセンター的機能を有している。

　筆者が訪問したときは，広大な敷地内には，いくつもの集合住宅棟やグラウンドなどが整備され，園内には診療所などの医療施設，図書館など資料センターがあり，臨床心理士などのスタッフも配置され，エスポワールという発達障害家族のための集まりもある。また，日中活動支援として，園内で椎茸栽培を行っており，百貨店や焼き肉店にも出荷されるほど品質が良いものである。

　地域移行支援は，高崎市などの市街地にいくつかの地域生活体験ホームがあり，段階的に宿泊体験を行う中で，多くの入所者が出身地に帰住している。高齢の知的障害者でも，ケアホームなどでできるだけ地域での生活を目指している。このように，元々は重度の知的障害者のケアや自立支援，地域定着支援を行っていた施設であるが，少年院や刑務所などに知的障害等があるものの，必要な福祉的手続きを受けられずにきた人々について，その帰住先の調整が困難なケースがあり，こうした人々を一時受け入れ，必要な福祉的手続きや地域生活への移行を行うための「中間的施設」として「自活訓練ホーム」が設立され，全国の支援モデルとなっている。

「自活訓練ホーム」

　「自活訓練ホーム」の定員は7名ほどで，入所できる期間は最大2年となっている。ずっと居られるわけではなく，地域生活に向けて支援者とともにさまざまな経験をしていく中間的施設である。少年院や刑務所，保護観察所から要請があった時も，現在居る入居者とのマッチングなども考えて，受け入れの可否を決めている。

　入所から退所，地域生活への流れとしては，少年院や刑務所などからの打診を受け，帰住先がない，または金銭困窮などの事情があることや，2年以内に居住地への生活の場が確保されていることを確認のうえ，入居する。その後，グループホームやアパートなど地域生活ができるように生活しながら訓練を行い，地域への生活に結びつけていく。時々，リピーターとしてショートステイを利用して戻ってくる場合もある。

受入先としては，一番多いのが医療少年院である。筆者がインタビューしたところ受け入れに当たり，大切なのは，入居者本人の「納得感」「見通し感」とのことである。特に刑務所では仮釈放にあたって，先の見通しや納得がないままにこうした自活訓練ホームに入所しても，生活に積極的になれないケースもあるという。

　「自活訓練ホーム」では，一日のスケジュールが決められており，7時30分から朝食，その後，朝のミーティングや学習・作業，昼食のあとは，午後は農芸，作業体験などを行う。日中の学習プログラムでは「社会生活プログラム」を使っている。これは，筑波大学の奥野英子名誉教授が作成したプログラムで「健康管理，食生活，時間管理，金銭管理，掃除，買い物」などの基本的な生活から，「働く，外出，社会参加」，さらに自分の権利を活かすための「障害者福祉制度，地域サービス，権利擁護」などについても学ぶことができる。他に日中作業としては，椎茸栽培や外での除草，清掃作業に従事したり，チラシ折りなどの軽作業，農作物の栽培，園内の花壇整備などを行う中で，働くことの意義や方法を学んでいる。他にも，心理プログラムとして，ホーム内での生活場面で，「気持ちの伝え方」などのソーシャルスキル・トレーニング，就労場面でのマナー習得など，手厚い地域生活復帰に向けた支援体制が整っている。

　夕食後は毎日ミーティングがある。週末は自由で，町に出かけたりでき，余暇活動の支援も行っている。ただし，入居者の中には「もっと自由かと思った」という人もいるそうである。

　また，金銭管理については，基本的には本人の自由であるが，障害年金などを受給した際に，将来の地域生活に向けて家財道具や家賃のために貯金の指導をしている。金銭管理は各人の個性や特性に応じており，1ヶ月まとめて渡す場合もあれば，日払いの場合もある。また，施設内は，飲酒は禁止であるが，喫煙については，喫煙所で行えば良く，地域生活に戻ることを前提に生活が行われている。

　途中で，逃げ出したくなってしまう人もいるそうだが，その時も無理に連れ戻したりはせず，何気なく追いかけて，ご本人が困っている時に「どうしたの」と優しく声をかけて，まずはホームの生活が安心できることを感じてもらうように工夫しているとのことであった。

障害のある人の矯正施設退所後の支援——3つの事業所の取り組みから

障害のある矯正施設退所者を受け入れ，居住面の保障・障害福祉サポート，就労支援を通じて，再犯防止だけにとどまらず，障害を持つ人のより良い人生への支援を行っていることで著名な3つの事業所を訪問したので，紹介したい。

南高愛隣会（長崎県雲仙市）

南高愛隣会は「生きる誇りへの挑戦」が法人全体のテーマであり，知的・精神障害者の地域生活支援で著名な法人である。当初は，知的・精神障害のある人の入所施設を運営していたが，施設利用者に「何がしたい」と創立者の田島理事長が聞いたとき「家に帰りたい」というのを聞き，施設を辞め，グループホームやアパートでの地域での暮らしを支援する方向に転換した（田島，2018）。

平成18年に山本譲司氏の著作『獄窓記』が出版されことを受け，田島良昭理事長が「刑務所の中に障害者がいるのか」と衝撃を受けた。その後，佐賀県の麓刑務所（女子刑務所）では，障害者手帳はないが知的障害の方への支援を始めるようになった（田島，2021）。平成21年に更生保護施設の「雲仙・虹」をスタートし，入居者に障害者年金の受給がなされた。また地域生活定着支援センターを法人内に設立し，矯正施設退所者を地域にどのようにつないでいくかの実践を行った。ここから，全国に地域生活定着支援センターが広まっていた。

矯正施設から退所した人は，更生保護施設や「雲仙・虹」で暮らし，日中活動としては，「work うんぜん」「コロニーエンタープライズ」などの法人が運営する A，B型事業所で仕事をしている。「work うんぜん」「対馬地鶏の飼育」「アスパラ栽培（ビニールハウスでの栽培）」「和牛の肥育」を行っている。

「雲仙・虹」は更生保護施設で，運営資金は国であり，国が衣食住を保証する。

日中活動で，工賃を貯めて一人暮らしできるように支援していく。工

賃を配る時には「努力賞」を渡すようにしているという。

　職員は，利用者の良いところを探す。利用者20名のうち，１回につき４−５名を表彰している。「あいさつができた」「熱心に取り組んだ」などの賞を渡す。

　これまで表彰を受けたことがない人が大半（特に入口支援の利用者）なので，表彰状を居室に飾っている人もいるという。

日中活動

　日中活動の中で，「犯罪防止学習」も行っている。

　テキスト『暮らしのルールブック』（南高愛隣会，2018）を利用して，毎週２時間くらい行っている。またテキストだけではなく，刑務所見学（特に入口支援の利用者に対して），消防署の見学なども行っている。なお，テキスト『暮らしのルールブック』は，長崎刑務所での知的障害のある受刑者への講座にも使われている。長崎刑務所では南高愛隣会職員が出向いて２週間に１度，３時間のコースを実施している。

　『暮らしのルールブック』を作ったきっかけは，グループホームでカラーコピー機を設置した際に，お札をコピーして使ってしまったメンバーがいて，こうしたことが犯罪になることを伝える必要が生じたことであった。

　ただし，「犯罪防止学習」は，犯罪をするな，ということではなく，「いのち」を大切にすることをテーマにしているという。

　ただ，ルールを守る，意識するだけではない。動物（牛の赤ちゃんの世話など）を通じて，「いのち」を学ぶ。地鶏の飼育も，「ひよこ」から行っている。こうした「いのち」を育むこと，「いのち」を大切さを感じることを大事にしているとのことである。

退所後の「フォローアップ」

　いつまでも南高愛隣会の「雲仙・虹」にいるわけではなく，期間がくれば出身地などに戻ることになる。退所後の「フォローアップ」を南高愛隣会では大切にしていた。

　フォローアップは，手紙のやりとりだけではない，「糸を切らさない」

ことが大事であるという。そこで何かあれば，「出かけていって支援する」「遊びに来てもらう」ことにしている。

　法人で「餅つき大会」「BBQ」をする時には，退所した利用者に参加を呼びかけているという。そうすると，おしゃれをしてネクタイをしめて「社会でがんばっている」と報告してくれる人がいる。そうした人を褒める。「手紙」「おたより」だけでは，一方通行になってしまうという。「糸を切らさない」ためには，「第2の心のふるさと」になることが大切であるという。盆や正月など，ひとりぼっちになってしまうから，泊まりに来ても良い。退所者からは「今はA型就労事業所に行っています」「一般就労しています」と電話が来ると，ホッとするという。

更生保護施設「雲仙・虹」

　筆者が「雲仙・虹」の施設内を見学させていただいた際，多くの利用者の写真が飾られていた。バーベキューや餅つきなどの行事の他，「旅立ちの式」すなわち2年間の生活を終えて地域生活へ旅立つ際の写真で，修了者が不安そうな，しかし前向きな表情が印象的だった。

　矯正施設退所者が刑務所から「雲仙・虹」へ違和感なくスムーズに移行するために，刑務所にいる間に，「1泊実習体験」を構想中とのことである。今までは，刑務所退所予定者が「雲仙・虹」の体験はできるが「日帰り」であった。しかし，実際の生活は，夜間が重要で，皆でお茶を飲んで話したりするのが大事である。その生活体験をしてもらいたいと考えているという。このように，南高愛隣会ではただ居宅と就労を提供するのではなく，命への尊厳と，退所後の息の長いつながりを作ることで，触法行為をした人への支援というよりは，障害のある人への生涯支援を行っていると筆者には感じられた。

入口支援について

　「あいりん」という自立訓練事業所を設立し，以前の集団生活寮（昭和53年築）を転用している（同法人は，脱施設化で地域でのグループホームやアパート暮らしを推進しているため，集団生活寮が空いていた）。この建物は4人部屋で50人が入居できる。この集団寮から，「自律訓練棟」と

いう5人が入居できるグループホームをどんどん作って地域に住むようにしていき，10棟のグループホームを建てた。職員が住宅に泊まり込んで，グループホームを制度化していった。

　検察官が保護観察付きの執行猶予などを求刑することもあり，保護観察との協働で，意識付けを高めているという。

「コロニー・エンタープライズ」所長，サービス管理責任者　橋本彰文さんへのインタビュー

　コロニー・エンタープライズは，雲仙の地場産業である素麺作り，ラーメンやちゃんぽんなどの製品を作っている。もともとは，日中に仕事をしたいという利用者の希望に沿い，昭和62年に南高愛隣会が能力開発センターを作り，そこで得た技術を活かせる法人として「コロニー・エンタープライズ」を設立し，その中の「福祉工場」であった。

　麺作りは，一般就労できないが，働きたい気持ちがある「Sさん」がいたことがきっかけであり，田島理事長が，「会社を作ればいいじゃない」と言って設立した。働く前に職業訓練も必要ということで，能力開発センターも設立した。田島理事長は，「我々が一般企業をまね似るのではなく，一般企業がコロニー・エンタープライズをまねるようにする」と何度も言っていたという。雲仙は古来より噴火や地震が多く，湧き水の多い土地で素麺作りが盛んであったのである。

　「手延べ素麺」の作成は，朝4時から開始している。社員は25人で，朝5時から雲仙市や国見町の各グループホームから送迎バスで出勤してくる。素麺作りは，温度管理，湿度管理などが重要であり，毎日材料の様子を見ながら作成している。週休2日，社員の配置は，社員の障害特性に応じて得意な所に配置する。また社員同士ウマが合うかも重要とのことであった。

　製麺は，たくさんの工程があり，さまざまな障害特性の人が参加できる。力仕事ができる人，手延べ作業ができる人，箱詰めや検品をする人など様々な工程をそれぞれの特性を活かして行っている。このように製麺は工程が多いので，特性にあった仕事があれば長続きする。このため離職率が低く，一日の労働時間は7～8時間で，時給は853円である。平均

の月給は14万円である。平均年齢はA型が38歳である。

　国内産の高級の小麦を使っているが，毎日生地の状態が，天候や温度湿度によって違ってくる。手延べした面を棒にかける「かけ場」は迅速に行う必要があるが，社員は15秒で終えることができるという。

　社員に役職（係長）もある。社員の中から「係長」を任命して，「役職手当」を支給している。昇給は社員目標となっている。

　国家資格「製麺技能士」も5人が取得した。温度や湿度管理などの難しい問題もあるが，社員がチャレンジしたところ，社員がトップの成績だった。製麺は今は機械で伸ばすのが主流だが，ここでは「手延べ」をしていて，地元の専門家からも褒められるレベルである。伝統技能の継承も担っている。

　「努力賞」の表彰を頻繁にしている他，年間のMVPを選出したり，社員旅行もする。ボーナスも夏と冬に出している。

　事業所所長としては，A型事業所の使命は，「利益を上げて，社員の給料を上げ，より良い生活ができること」と考えている。そのために営業にも力を入れており，営業職を採用した。またパッケージデザインも地元のデザイナーを入れて，パッケージ印刷も地元の技術の高い会社である「昭和堂印刷」に依頼している。

　B型事業所では，できた麺を取り込んだり，加工，箱付めなどの仕事が主である。更生保護施設の「雲仙・虹」から日中活動として，触法行為をした人も来ている。ただし，触法行為をした人だからといって社員であり区別はしていないとのことである。2年後に「雲仙・虹」を退所しても，この製麺工場の仕事が気に入って残る人もいる。

　「雲仙・虹」にいた70代の聴覚障害の男性だが，「雲仙・虹」の利用が終わった後も，麺の加工やパッケージのシール貼り，発送用の箱おりの仕事をしている。仕事が丁寧で手先が器用である。この社員には，工賃をまとめて渡すのではなく，毎日1,000円づつ渡している。この社員にとってそれが気持ちが安定するようである。

　時々「雲仙・虹」の利用者で，盗癖の人，収集癖のある人もいて，なんでもボックスにいれてしまうこともある。こうしたケースでは，「ケース会議」が重要であり，定着支援センター，「雲仙・虹」「コロニー・エ

ンタープライズ」で，社員の経歴や特性，工場でどのような仕事ができ
るか，キーパーソンはだれか，キーパーソンに相談できるか，精神的負
荷がかかる状態はどのような状況か（例えば，人がたくさんいると作業し
にくいなど），盗みなどに至るトリガーは何か，どういう状況で安定で
きるか，などのアセスメント結果をケース会議で共有している。

　当所では，最高級の地元産小麦（チャン麦），福岡産のラーメン用小
麦（らー麦）を使い，スープは定評のある会社に依頼している。良い材料，
良い作業で良い製品を作り，消費者からフィードバックをもらって，「美
味しさ」を追及したいという。

　コロニー・エンタープライズの所長は「私たちは素晴らしいことをやっ
ている。社員はもちろん，グループホームの支援員さん，世話人さんに
も感謝している。一体となって，社員に『仕事に誇り』を持てるように
していきたい」と話していた。

　このように障害や触法行為などの生きづらさがあっても，社員として
誇りが持て，特性に応じた仕事があること，それをサポートする環境が
あることによって，地域での生活ができる，この実践に学ぶところが大
きいと感じられた。

埼玉福興（埼玉県熊谷市）

　熊谷市妻沼にある「埼玉福興」は，農福（農業と福祉）連携，ソーシャ
ルファーム，矯正施設退所者の受け入れでも著名である。創立者の新井
（2017），法務省再犯防止白書（2021）にもその取り組みが紹介されている。
筆者が訪問し，新井利昌氏にご案内していただい。利根川沿いの広大な
土地に，オリーブ林，じゃがいも畑，栽培ハウスなどが点在していた。
ハウスの中で，深谷葱の「自動種まき機」で「種まき」をしていた。こ
の土地の名産の「深谷葱」であるが，埼玉復興では近隣の農家300軒分
の「苗作り」をしている。農業は苗作りが重要で，手がかかるので，こ
の部分を埼玉福興で完全受注生産し，地域の葱の農家を支え，なくては
ならない役割となっている。

　その工程であるが，葱の「種」を苗床に注文された数だけ入れて，温
室で育てて，苗を出荷するのに2ヶ月，水やりや温度・光の管理などを

している。

　障害のある人，触法行為をした人などが，チームになって仕事をしていた。時々ストレスがたまると機械の部品を抜いてしまったりする人もいたそうだが，触法行為というよりも障害特性であり，コミュニケーションの問題としてとらえている。

　この農業班のリーダーの青年は，医療少年院を出てから，少年院側からの働きかけで埼玉福興に来たＡさんである。「令和４年度再犯防止推進白書」にも描かれているが，元気よく日焼けした姿で仕事をしている姿が印象的であった。

　精神障害のある人や，保護観察中の少年も一緒に働いています。保護観察中の少年は，他県から来ており，環境を変えてがんばっているとのことであった。

　農業も多くの工程があるため，先日訪問した南高愛隣会と同様に，その障害特性に応じた作業を割り当てていた。B型の方は，単純だが根気のいる作業を黙々とこなし，特例子会社の人は，難しいところを担当するなど，それぞれ役割分担を差配することが支援スタッフの重要な業務となる。

　ある人は，重い精神障害があったが，ここに来て少しづつ動けるようになり，今日はジャガイモの植え付けをしていたとのことで，農業そのものに治療的効果があるという「グリーンケア」の観点で行っているという。

　米作り（田植え，稲刈り，足踏み脱穀）もしていて，妻沼小学校の生徒たちと，埼玉福興や「はたらくラボ」の皆さんで一緒に田植えなどを行い，収穫した米で作ったおにぎりを校庭で食べ，育てた野菜を食べているそうだ。

　このように障害のある人と子どもたち，地域の人たちが一緒に農作物を育て，食べることで，地域で顔なじみになり，挨拶をしたりする関係が生まれる。障害を持つ人が主体となり，その特性を活かして地域の人たちと良い交流をしながら生活をしていく，とのことであった。

　農業班のリーダーであるＡさんにお話を聞いた。日に焼けて腕が筋肉質，多弁であり，社長や親方と呼ばれるサービス管理責任者との会話

が笑顔で途切れない様子が印象的であった。

　10数年前に医療少年院を退所する際に，少年院の職員が埼玉福興の新井社長に連絡してきた。最初は受け入れるかとまどったが，少年院の職員がＡさんを連れて来た。面接をしてその表情や意欲から受け入れを決めたという。

　Ａさんの障害特性としては，知的・発達障害があり，そのことはＡさん自身も理解している。手先は不器用で細かい作業をするのは難しいが，トラクターの運転はできる。また，話すことやリーダーシップをとるのが得意であり，接客の講習会にも行って，販売会で野菜を売ったりしていた。親方が発注表を見て，Ａさんが作業の内容や，パレットやトラックの配分も考えてサービス管理者の親方と決めているという。このＡさんの農業班は何でもバリバリやるので「バリバリチーム」と呼ばれているそうだ。

　生活リズムは6時に起床して朝食を食べ，8時半から16時まで仕事である。その後残業をしたりして18時から片道2キロ歩いて帰る。

　現在は2人部屋の寮で，先日はＡさんは同居人の病院に付添に行った。病院でも顔なじみである。

　余暇については，Ａさんは，23歳の時，障害者サッカーチームに入り，土日に活動をした。ちょうど保護観察の満了になる頃だった。選手をやめた後も，コーチ・世話人として若い仲間を引率に行っているという。

　近隣の農家は，この地区は高齢者が多く，畑の担い手や作業の担い手がいない。そこで，埼玉福興で受託して地域の農地の草刈り，畑の巡回，交差点の草刈り，側溝の清掃をやっている。地域を草ボウボウにしないようにしており，その作業マップもＡさんが考えている。このようにＡさんは地域でも欠かせない人となっている。小学校の畑もボランティアで耕しているのでＡさんも小学校でも知られている。

　さらにＡさんのことは，地域の農家スーパーでも病院でも知っていて，「もう悪いことはできない」と笑いながら話していた。

　埼玉福興での取り組み
　Ａさんのような触法行為をして矯正施設を退所した人や，地域の精神・

知的・発達障害のある人々が一緒に働いているが，各自の障害特性を活かした作業があり，Ａさんのように会話が得意な人は，マナー講座などで販売したり重機の運転なども任されていた。

　また，住居での生活や，余暇活動も充実していたり，地域コミュニティ活動にも積極的に参加し，地域で知られる存在となり，職場だけでなく地域でＡさんが受け入れられている。

　このように，南高愛隣会の報告と同様に，居住，職業，障害特性への配慮，それと地域コミュニティでの関わりが，再犯予防という狭い枠組みではなく，より良い人生（good life）を送ることへの支援が具現化されていた。

多摩草むらの会　就労継続支援Ｂ型事業所「夢畑」

　精神障がい者の自立支援，就労支援，相談支援などを行っている法人として著名なNPO法人「多摩草むらの会」の就労継続支援B型事業所「夢畑」を訪問した。利用者（メンバーさんという）の中には，触法行為歴のある方もいるとのことであるが，特にそのことでの特別扱いはないという。

　「夢畑」は多摩の里山地区にあり，10時の朝礼でメンバーさんが集まり，その日の作業を「選ぶ」ことができる。作業内容は，「畑」「花」「菌床（しいたけ）」「出荷」「環境」で，それぞれの作業内容をスタッフが説明し，メンバーさんが希望する作業に手を挙げていた。

　メンバーさんは皆さん長靴，ジャージ姿であったが，スタッフも同じ格好で，名札などは付けていない。事業所所長によると「どちらがスタッフか分からない」とのことで，それが法人の理念でもあり，メンバーさんとスタッフがそれぞれパートナーであり，外の畑では近隣住民の方もいるので，名札などないことは大事かと感じられた。

　今回見学した「畑」は夏野菜の定植作業であった。完全無農薬で，堆肥は椎茸の菌床の残骸からも作っている。水も地下水を使っており，人気のある野菜とのことである。この日は，苗を植えるため穴を開ける作業などしていて，メンバーさんのペースでゆっくりと行っていた。畑は近所の農家から借りていて，にんじん，レタス，オクラなど40品目作っている。

完全無農薬栽培は，雑草むしりとの戦いでもあるとのことで，夏はその作業で大変だ。スクワットを繰り返すような作業だが，畑は毎日違う作業があり，「壁のない環境」で開放的で，好きなように歩くことができるので，そうした環境を好むメンバーさんがやることが多いそうである。

　また，畑の沿道にひまわりを植える準備をしていた。そうすると沿道が華やかになり，地域の人達にも喜ばれているそうだ。直売所もあり，地域の方々にも受け入れられている様子だった。

　「菌床」はきのこ栽培で，エアコンがあり働きやすい環境である。畑と違って壁があり薄暗い環境ですが，こうした環境を好む人もいる。このようにメンバーさんが特性に合わせて「選ぶことができる」のが良い。ちなみに朝採れた椎茸は香りも味も素晴らしく，力が出てくる椎茸であった！

　「出荷」作業は，収穫した野菜を洗い，計量し，ビニールで包んでシールを貼り，直売所やレストランなど出荷先に分ける作業であった。計量もあるので細かい作業もあるが，このような作業が好きなメンバーさんもいる。

　「花」は，フラワーアレンジメントなどを作っている。スタッフにアレンジメントが得意な方がいて，作成していた。唐辛子も，ただ唐辛子を売るだけでなく，敷地内の花をドライフラワーにして唐辛子と合わせると，すてきな唐辛子花束になる。こうした工夫で売れるそうで，売れるとメンバーさんも嬉しくなるそうだ。

　このようにいろいろな作業があるが，体調の都合や，何もしたくないというメンバーさんがいることもあり，そのような場合は，敷地内にある散歩道，ビオトープ，ストーブなどでゆっくりする。そのうちに，自ら草むしりをやったり環境整備をやることもあるそうで，「強制されない」「ほめられる」「いつきてもいい」という安心できる場を作っている。敷地内はクレソンも育っていたり，うさぎも飼っていて，「環境整備」ではうさぎのお世話もしている。うさぎは完全無農薬野菜を食べていて元気そうですが，動物のお世話をするのも生きる力になるとのことであった。

　この「夢畑」は，365日オープンしており，スタッフはもちろん交代勤務であるが，週末や正月もメンバーさんが来ることができる。

「夢畑」で筆者が感じたことは，メンバーさんの好みや特性にあった作業が「選択」できること。「選ぶことができる」というのは人として尊重されていることだ。「何もしない」という選択肢もあり，メンバーさんのペースで生活できることもまた尊重されていることだと感じた。365日来ることができるという安心感もあり，地域にも受け入れられ，徹底的なメンバーさん視点にたった事業所だと感じた。

帰りに多摩センター駅近くのココリアのレストランフロアにある「畑deキッチン」へ。こちらも草むらの会が運営するレストランだがたくさんのお客さんがいた。こちらのレストランも就労継続支援B型事業所だが，夢畑で採れた椎茸，野菜を使った料理は瑞々しく力に溢れた美味であった。

3 カ所の視察結果から

南高愛隣会，埼玉福興，多摩草むらの会を訪問して感じたことは，発達障害や知的障害，精神障害のある触法行為歴のある人々への支援として，地域コミュニティで受け入れられることの大切さである。矯正施設を退所して，住居や医療・福祉，就労への支援体制の構築はもちろん必要であるが，その目標が「この場所にいてもいい」「この場所で認められる」「自分で選択・決定できる」「居場所があり，居心地がよい」という安心できる環境づくりが大切であることが実感できた。地域の一員，メンバーとなりつつ，さまざまな支援を受けることは，触法行為の有無に限らず，さまざまな障害を持つ人への支援の根幹であろう。

再犯防止ではなく，福祉的支援につなぐこと

地域生活定着支援の目的は再犯防止ではない。再犯防止は結果であって，第一の目的は，「福祉が必要な人を福祉につなぐこと」ということである。

司法ソーシャルワークの「入口支援」と「出口支援」

地域生活定着支援センターや「国立のぞみの園」での支援は，少年院や刑務所を退所した時に，司法ケースからの「出口」から社会につなぐ

ことである。このような出所時，退所時の社会的支援を「出口支援」と呼んでいる。理論編でも紹介した2006年の「下関駅放火事件」では，知的障害がある74歳の男性が，刑務所から出所してまもなくの時期に，居所や食べ物，お金もないために刑務所に戻ろうとして事件に及んだものである。この事件は，支援がないままに社会に出される刑務所出所者を福祉サービスにつなげる中間的支援施設の必要性を世に訴えたものとなった。

「入口支援」

「入口」とは，触法行為を行い，警察段階，検察段階，あるいは裁判所段階など捕まって司法機関に係属する段階である。知的障害や発達障害，認知症などの障害が見つかった場合に，早く福祉サービスにつなげる。

「入口支援」とは警察や検察，裁判の段階で，ASDなどの発達障害がしっかりと診断され，それに対して，矯正施設や社会内でどのような医療的・福祉的サービスが必要かを，裁判前あるいは裁判に至る過程で明らかにすることにより，刑罰ではなく，どのように地域の福祉サービスや居宅支援につなげられるかの計画をたて，連絡調整することである。

「入口支援」の具体例

「入口支援」に取り組んでいる代表的な団体として，弁護士や社会福祉士などで構成される「東京TS（トラブル・シューター）ネットワーク」がある。知的障害などを持つ人が触法行為などで逮捕されたり裁判になった時に，弁護活動の一環として「更生支援コーディネート」を行い「更生支援コーディネーター」を派遣する。「更生支援コーディネーター」は，被告人や関係者と面会をしたり更生支援計画（水藤，2016）を作って裁判で証言する。その中で被告人の障害の程度や症状からどのような福祉サービスにつなげられるかの調整を行う。これらの報告をもとに，被告人に必要な支援を裁判所で判断できれば，障害を持つ被疑者・被告人が福祉サービスにつながることになるであろう。

このように，触法行為をした人には，「入口支援」と「出口支援」の両方が必要である。

心理アセスメントの情報共有

　地域生活への定着支援にあたり，触法行為をした人の障害の程度，知能，生育歴，生活状況などの心理アセスメント情報が，裁判所や少年院・刑務所などの矯正施設，さらには地域生活定着支援センターや地域の医療・福祉機関との情報の引き継ぎや共有が重要となる。

　しかし，筆者の研究（熊上，2017；熊上，2019）では，心理アセスメント情報の共有は必ずしもうまくいっていない（理論編97ページ参照）。家庭裁判所調査官の社会調査結果や，少年鑑別所での知能検査などの鑑別結果，少年院や刑務所での心理技官による記録などが，地域定着支援センターや地域の医療・福祉機関にうまくつながらず，矯正施設を退所した人が障害者手帳を取得しようとしても時間がかかり，その間に生活が不安定になってしまう事例が報告されている。

　司法領域の心理アセスメント情報が本人をまじえたケース会議などで共有され，支援に活かされるような法的・制度的な整備も望まれる。

　福岡事件に見られるように，被害を受けた方，遺族の方々にとっては大変な辛い思いをされたことであり，被害者や遺族への心理的・社会的支援は長く続くことが求められる。一方で，触法行為を起こした人は，刑事裁判を受けて矯正施設に入所するが，いつかは社会・地域生活に復帰するのであり，矯正施設退所後の支援を行わないと，再び疎外感を募らせたりすることになろう。では，発達障害のあるどのような矯正施設退所者に対しては，どのような支援が必要なのか。

　筆者らは，2022年9月の犯罪心理学会で，「障害のある矯正施設退所者の出所後の地域移行支援の在り方を考える」と題するシンポジウムを開催した（鈴木・日向・野口・丹羽・熊上，2022）。

　このシンポジウムで発表された支援実践で，ある矯正施設を退所したCさんのエピソードを紹介しよう。

　Cさんは，出所するにあたって，身元引受人がなく，帰る家もなく，精神障害も抱えていた。そこで，刑務所の福祉専門官の調整により，まずは住むところが第一である（ハウジング・ファースト）との観点から居宅支援を行う法人がアパート探しを手伝った。

いくつかのアパートを居住支援者が提案したところ，Cさんは「選んでも良いのですか？」と驚き，嬉しそうであったという。

触法行為をしていた人は，支援を受ける過程で自分で選択するという機会が少ない。触法行為をした人への支援は，一方的な提供になりがちで，支援する側・される側というパターナリズムになりやすく，そうすると信頼関係が成立しにくくなる。通常私たちもアパート探しをする時は，いくつかの物件を見て回り選択するであろう。いくつか選択ができるという場面を作ることは，矯正施設を退所した人にとって，一人の人間として扱われているという感覚が得られたように思われる。このような信頼関係ができたことにより，Cさんも煩雑な生活保護や障害福祉の自治体への申請を支援スタッフと共に行うことができた。

そして，この支援経過を通じて，支援スタッフもCさんは「矯正施設を退所した障害のある人」から「障害のある支援を必要としている人」へ変化していったという。

矯正施設退所直後の支援

矯正施設を退所した発達障害を有する人にとって，施設退所を退所して1～2週間が重要となる。その期間に必要なことは1，居宅，2，金銭面（生活保護等），3，医療・福祉の手続き（障害者手帳の取得，障害者年金の手続き等）である。

矯正施設を退所した人は，家庭の引き取りを拒否されていたり，頼れる親族等がなく，住む家がない場合も多い。理論編で紹介した2006年の下関駅放火事件では，当時70代で知的障害のある男性が，刑務所を退所するが居住する家もなく，警察や市役所に行っても若干の交通費だけを渡されたのみであり，男性は放火すれば刑務所に戻れるという理由で犯行に及んでいる。

この事件を契機に，障害のある人が矯正施設を退所した際の支援体制が必要との議論が起き，2009年から厚労省の施策として「地域生活定着支援センター」ができた。この制度は，保護観察所が特別な調整が必要と判断したケースを指定し，各都道府県に設置された地域生活定着支援センターが，支援体制のコーディネートを行っている。この支援は「卒

業式のない支援」であり，障害福祉として，息の長い支援が求められている（熊上，2017）。

矯正施設退所者が安心して地域で生活するために

発達障害のある矯正施設退所者にとって，矯正施設から退所するということは，「卒業式のない支援」のはじまりである。伊豆丸（2014）によるとかれらは「法，制度の間に転落し，いわば社会的に排除されてしまった存在」であり，筆者の家庭裁判所からの経験からも，かれらは幼少期から家庭や社会，学校からも疎外され，発達障害や知的障害などの困難もあり，心理的に苦しい思いをしてきた人々が多い。こうした人々が，支援を受けられないまま触法行為に及んだとしても，本人だけの責任に帰することはできない。かれらを社会全体で支えていくための環境作りが求められている。

そのためにも，発達障害を有する矯正施設退所者へは，地域における福祉的支援を受ける制度やその権利があることを十分に説明・周知する制度の構築が望まれる。そして，矯正施設からの退所時期を見据えて，「本人参加型のチーム支援会議」の実施により，退所の準備期に福祉や医療，生活保護の相談会や就労体験実習なども矯正施設退所中から行えるようにして，地域での支援者との信頼関係を早くから築いて，矯正施設と地域生活の垣根を低くして，支援を受けながら地域での再出発を安心してできるようにすることが求められよう。

◆ディスカッション

1　司法領域のアセスメント結果を，裁判所や矯正施設と，出口である地域生活定着支援センターで共有することが望ましいとされているが，それはなぜだろうか？

2　犯罪をした人を地域で支える取り組みを，自治体や政府の予算をかけて行うことは妥当であろうか？

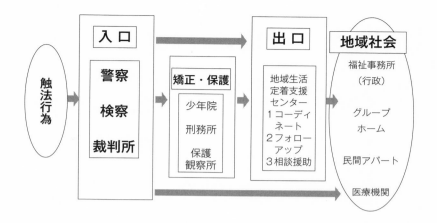

図4-16　入口支援と出口支援

文献

新井利昌（2017）．『農福一体のソーシャルファーム～埼玉福興の取り組みから～』創森社

伊豆丸剛史（2014）刑事司法と福祉の連携に関する現状と課題について－長崎県地域生活定着支援センターセンターの "実践" から見えてきたもの－，犯罪社会学研究，39，24-36.

熊上崇（2017）．「矯正施設から退所した障害を持つ人への地域生活定着支援」『立教大学コミュニティ福祉研究所紀要』，5，19-36.

熊上崇（2019）．「司法領域の心理アセスメントとフィードバック——日本犯罪心理学会会員へのアンケート調査から」『犯罪心理学研究』，56特別号，76-77.

水藤昌彦（監修）東京TSネット（編集）（2016）．『更生支援計画をつくる——罪に問われた障害のある人への支援』現代人文社

再犯防止推進白書（2021）法務省，p243

社会福祉法人南高愛隣会，共生社会を創る愛の基金編（2021）「暮らしのルールブック」の使い方，共に学ぼう，楽しく生きていくために守ること，エンパワメント研究所

鈴木美乃里，日向洋平，野口晃菜，丹羽康治，熊上崇（2022）障害のある矯正施設退所者の出所後の地域移行支援を考える——精神疾患のあるＡさん

を中心とした司法・福祉・医療の連携実践から，犯罪心理学研究，60，特別号，185-192.

奥野英子・野中猛（編著）（2009）．『地域生活を支援する社会生活力プログラム・マニュアル——精神障害のある人のために』中央法規出版

山本譲司（2003）．『獄窓記』ポプラ社

田島良昭（2018）．『一隅を照らす蝋燭に——障がい者が"ふつうに暮らす"を叶えるために』中央法規出版

コラム●6●

明石市の更生支援政策

　明石市では，2017年からは更生支援の専従班を作り，更生支援ネットワーク会議の立ち上げ，市，検察庁，警察，矯正施設，保護観察所，弁護士会，福祉関係者，医師会，商工会など 37 の機関・団体で運営「あかし更生支援フォーラム」を開催している。犯罪被害者だけでなく，加害者も「おかえりなさい」が言える町を目指しており，2018年12月には全国初の「更生支援・再犯防止条例」も制定している。

　更生支援政策の背景には，泉市長が弁護士時代に，明らかに知的障害がある受刑者が，福祉的支援がないままに少額の窃盗などを生活のために繰り返し，刑務所に繰り返し入ってしまう実情をみた経験があるのだという。

　神戸の連続児童殺傷事件を見ても分かるように，触法行為・犯罪行為は，被害者遺族の悲しみ・苦しみ，加害者の親の悲しみ，そして加害者自身の生きづらさなどが，クロスしてさまざまに現れている。簡単に解決策を示すことはできず，いつまでも悲しみを背負いながら各自が生きているのであろう。その中で，司法領域の心理・福祉職としてどんな支援ができるのだろうか。明石市の触法行為をした人にも「おかえりなさいが言える町」は，悲しみをともに背負って生きていくということなのかもしれない。

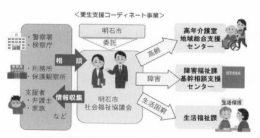

図4-17　更生支援コーディネート事業（明石市ホームページより）

第5章 家事・民事事件編

　これまで，少年非行や高齢者・障害を持つ人の触法行為のケースを通じて，その支援について学んできた。ここから先は「家事・民事事件編」として，家庭内の紛争（離婚，面会交流，養育費）や，児童虐待，後見制度について取り上げる。

　理論編でも述べたとおり，海外の司法心理アセスメントのテキストでは，少年事件や刑事事件などの犯罪に関する分野だけでなく，家事事件や民事事件についても取り上げられている。

　実際に，ケース数は，家事事件や民事事件のほうが多い。また，犯罪行為の背景には，面会交流や養育費のトラブルなどの家庭内紛争が見られることが多々ある。

　さらに，家庭内の紛争は，子どもの不登校や大人のメンタルヘルスの不調，自殺問題，職場不適応などとも直結しており，司法分野だけでなく，学校教育分野や産業分野の心理職・福祉職にとっても知っておくべき内容といえる。

・・・ ケース10

別居している子どもに会いたい，歌手岩崎宏美さんのケース——
親権と面会交流とは

　別居親と子どもが会うことを「面会交流」という。親が別居または離婚していたとしても，子どもにとっては，父母どちらも親であることには変わりがない。DVや暴力など子どもの福祉に反する状態があるとき以外は，面会交流は子どもが両親から愛されている，関心を持たれているという心の支えになるであろう。

　歌手の岩崎宏美さんのケースをもとに，子どもとの面会交流について

学んでいこう。

　岩崎宏美さんは田中洋平さん（仮名）と1988年に結婚した。商社マンの田中さんは，岩崎さんに家庭に入ることを望み，彼女は歌手を休業して2人の子どもの育児と家事に励んでいた。

　しかし結婚生活は長く続かず，1995年に離婚となった。2人の子どもの親権は父親である田中さんが持つことになった。1996年に田中さんが千代子（仮名）さんと再婚すると，千代子さんと2人の子どもは養子縁組した。

　岩崎さんは子どもとの面会交流を求めて家庭裁判所で手続きをしようとしたが，田中さんからは「裁判を起こしている間には子どもたちには会わせられない」と言われ，結局，家庭裁判所には申し立てをしなかったという。

　最愛の子どもたちと会えなくなった岩崎さんは，心療内科に通うようになった。子どもたちが暮らすマンションの前を車で訪れては，灯りが消えるまでその場から動けない，そんな日が3日に1度はあったという。そして岩崎さんは自宅のカーテンを締め切って生活していた。その後，田中さん夫婦は2人の子どもを連れてメキシコに転勤し，岩崎さんは子どもたちの顔を見ることはほとんど叶わなくなってしまった。

　そんな岩崎さんを支えたのが，1998年に舞台「レ・ミゼラブル」で共演した現在の夫，今拓哉（44歳）さんだった。今さんとつきあい始めてから，子どもたち（23歳と21歳）と会うときも今さんも同席した。2008年秋，岩崎さんは初めて子どもを自分のコンサートに誘った。

　客席の2人の子どもの姿を見て，岩崎さんは「夢ってかなうものだ」と幸せをかみしめながら歌ったという。そして岩崎さんは2009年に今さんと再婚，そして2013年になって，子どもたちとの関係は大きく変わった。

　2人の子どもたちも20歳を過ぎ，ひとり暮らしをするようになり，自分で自分の生き方を決められるようになった。子どもたちはこれ

まで実の母親である岩崎さんにあまり会えず寂しかったが、子ども
たちは今では岩崎さんのもとを頻繁に訪れているようである。
（以上は2013年9月1日『女性セブン』記事より抜粋、要約したものである）

身分関係図（ジェノグラム）と生活歴・家庭史の作成

では、まず本ケースの岩崎さんの事例を一目で理解できるように、身
分関係図（ジェノグラム）を作成してみる（図5-1）。養子縁組は、養親と
養子を二重線で結び、その年月日を記載する。

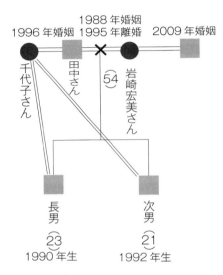

図5-1　身分関係図（ケース10）

ケース10を読んでの疑問点

この記事は週刊誌のものだが、読んでみていくつかの疑問点が浮かび
上がってくる。

疑問1：離婚に際して親権者が元夫の田中さんになったが、それはどの
　　　　ような話し合いによって決まったのか？　その時に、子どもと
　　　　の面会交流について、話し合われなかったのか？

疑問2：岩崎さんが子どもたちと会えるように「裁判所で手続きをし

ようとした」と書いてあるが，どのような「裁判」なのだろうか？　また，田中さんは岩崎さんに，「裁判を起こしている間は，子どもたちと会わせられない」と話していたが，裁判中だと子どもたちと会えないのであろうか？

疑問3：そもそも，子どもと別居親との面会交流は，誰のための制度なのか。別居親（このケースでは岩崎さん）の権利なのか，あるいは田中さんが決めることなのか，もしくは，子どもたちの権利なのだろうか？

民法上の規定（親権と面会交流）

　まず，法律では，親権や面会交流がどのように規定されているかを見ておこう。親権や面会交流は民法第4編の家族法に規定されている。

　民法819条では，「父母が協議上の離婚をするときは，その一方を親権者と定めなければならない」と規定されている。ここで注意しなければいけないのは，親権者を決めるにあたっては，「小さい子どもは母親」「経済力のあるほうが親権者になる」などのルールはなく，互いの協議によって話し合いで決めるということである。

　この岩崎さんのケースでは，どのような協議がなされていたのであろうか？　記事では詳しく記載されていないが，父である田中さんの言うままに親権者が決められたのであろう。しかし，離婚の際に，話し合いで親権者が決まらないのであれば，家庭裁判所の調停で，第三者である調停委員を交えて決めることもできる（次頁民法766条②参照）。しかし，岩崎さんは，そのような民法の規定や調停の仕組みを知らなかった可能性がある。

　疑問2で，子どもたちが千代子さんと養子縁組した後で，岩崎さんが子どもたちと会えるように「裁判所に手続きをしようとした」とあるが，どのような「裁判」なのだろうか？　また，田中さんは，「裁判を起こしている間は，子どもたちと会わせられない」と話していたが，本当にそうなのだろうか？　裁判中でも子どもたちと会うことはできるのだろうか？

　まず「裁判」の根拠となる，面会交流の取り決めに関する民法の条文

を見てみよう。

> 766条①父母が協議上の離婚をするときは，子の監護をすべき者，父
> 又は母と子との面会及びその他の交流，子の監護に要する費用の分担
> その他の子の監護について必要な事項は，その協議で定める。この場
> 合においては，子の利益を最も優先して考慮しなければならない。
> ②前項の協議が調わないとき，または協議をすることができないとき
> は，家庭裁判所が同項の事項を定める。（下線部は筆者）

このように，岩崎さんは，面会交流について田中さんと協議ができな
いのであれば，家庭裁判所に申し立てをすることができる。

「裁判」というと，訴える，訴えられるという戦いのイメージがあるが，
家庭裁判所では，家庭や子どもに関することを扱うため，まずは裁判で
はなく，「調停」を行い，なごやかな雰囲気の中で，双方の言い分を聞いて，
合意を探ることになる。これを「調停前置主義」という。家庭裁判所の
調停委員会は裁判官と男女１名ずつの調停委員から成っており，公平に
双方の言い分を聞いたり，子どもの監護状況などの事実の調査が必要な
場合は，家庭裁判所の調査官による調査が行われ，その結果に基づいて
調整を進めるが，合意とならない場合は家庭裁判所の「審判」となって，
裁判官が決定を言い渡すという手続きになっている。不服があれば，高
等裁判所に抗告することができる。

よって，本ケースでは，田中さんが「裁判所に手続きをするならば，
子どもたちを会わせることはできない」というのは，明らかに間違った
情報である。

しかし，岩崎さんは法律の専門家ではないし，情緒的なサポートをす
る人はいたかもしれないが，法律的な情報や手続きについて伝える情報
的・道具的サポートができる人がいなかったのかもしれない。いずれに
しても，岩崎さんは，子どもとの面会交流について，親権者の田中さん
と協議ができないのであれば，家庭裁判所に「子の監護に関する処分」
の申し立てを行い，調停で自分の言い分を述べることができるのである。

そして，家庭裁判所では，岩崎さんと子どもたちの面会交流をどのよ

うに行うか，具体的な頻度・場所を決めていくことになる。

　話し合いが不調に終わった場合，766条の①の規定のとおり，「子の利益を最も優先して考慮しなければならない」とあるから，場合によっては，子どもの意見を聞いたり，子どもの状況を家庭裁判所が調査したうえで，子どもにとっての利益を最大限に考慮して，面会交流を行うのか否か，行うのであればどのような頻度や形式で行うかを決定することになる。

　ちなみに，家庭裁判所の審判は判決と同じ効力があるので，従わなければならないし，従わない場合は，申し立てによって，一日あたりいくら支払うなどの間接強制の決定が出ることもある。家庭裁判所だからといって従わないということは，基本的にはできない。

親の離婚による青年期前期の心の健康への長期的影響

　ところで，親が離婚した子どもは，どのような精神状態にあるのだろうか？　そして，子どもたちが長期にわたり親の離婚という体験から成長する過程とはどのようなものであろうか？　参考になる二つの研究を見てみよう。

　英国の Chase-Lansdale ら（1995）の研究では，1958年生まれで7〜16歳の時に両親が離婚した382人を長期にわたって追跡するコホート調査を行った。その結果は表5-1 のとおりである。両親が離婚していない子

表5-1　親の離婚による成人期前期の心の健康への長期的影響（Chase-Lansdale, Cherlin, and Kiernahn，1995）
・英国の児童全国発達研究 National Child Development Study
・1958年生まれ，7〜16歳で両親が離婚した 382名を長期的に追跡

	両親離婚群
うつ，不安，恐怖感情	対照群より危険度が 39％増加
心の健康度	両親が離婚した女性の 82％，男性の 94％はカットオフ値を下回る（うつ，不安，恐怖は正常の範囲内）

どもたちを対照群として比較したところ,「うつ, 不安, 恐怖感情」については, 両親が離婚している群は対照群よりも危険度が39%増加していた。つまり, 両親の離婚により, 子どもがうつ状態や不安, 恐怖感情を持ちやすい傾向はあるといえるだろう。

　一方で, 健康度について比較したところでは, 両親が離婚した女性の82%, 男性では94%が, 精神的な健康度が危惧されるレベルより下の値 (カットオフ値) を下回っていた。つまり, 両親が離婚している場合, 離婚していないグループよりはうつ状態や不安の傾向や危険は大きいとはいえるが, 全体的な健康度として見ると, 両親が離婚している群もカットオフ値を下回っていることから, 成人期初期への心の影響は穏やかであるといえる。

　Wallersteinら(1988)の研究は, 離婚家庭の子どもたち60組を18ヶ月後, 5年後, 10年後と長期追跡調査を行っている (表5-2)。離婚時の年齢を就学前と青年期に分けてみると, 就学前に両親が離婚した家庭の子どもは, 18ヶ月後は激しい動揺や退行, 深刻な分離不安が見られるが, 5年後になると再婚家庭の有無など現在の生活状況によって心理的状態が異なる。10年後になると離婚当時の記憶がおぼろげになり, 現在の家庭の質によって精神的健康の度合いが異なることが明らかになっている。つ

表5-2　両親の離婚が子どもに及ぼす影響 (Wallerstein, Corbin and Lewis, 1988)

・離婚家庭の子どもたち60組を18ヶ月後, 5年後, 10年後と長期追跡調査

離婚後の子どもの年齢	18ヶ月後	5年後	10年後
就学前	激しい動揺 退行 深刻な分離不安	再婚家庭など現在の生活状況によって異なる (半数は「和合ファンタジー」	記憶がおぼろげ 現在の家庭の質によって異なる
青年期	自分への無力感 親への怒り 落ち込み 社会的ひきこもり 学業成績低下	女子は立ち直り傾向あり 男子はまだ立ち直らない傾向あり	後遺症がある者もいる。ストレスの鮮明な記憶, 大人になってから離婚をするのではとの不安など

ただし, 離婚後の家庭状況・生活状況の安定度によって子どもの状態が異なる

まり就学前に両親が離婚した場合は，子ども期はさまざまな不安などの反応があるが，思春期以降はその時の生活や家庭状況によるものであり，いつまでも離婚時の状況を引きずっているわけではないことが分かる。

　次に，青年期に両親が離婚した家庭の子どもについてみると，18ヶ月後は自分への無力感や親への怒り，落ち込み，社会的引きこもり，学業成績低下など，目に見える形で広範にさまざまな心理的な健康度の低下が見られる。5年後は女子は立ち直り傾向があるが，男子はまだ立ち直りに至らない場合もある。10年後は，記憶やストレスは鮮明であり，大人になってから離婚するのではないかという不安がある場合が報告されている。

　両親の離婚の時期が就学前にせよ，青年期にせよ，離婚直後から1年半程度は，動揺が激しいが，5年，10年と経過するにつれて，自分の結婚生活への不安はあるものの，全体的にはその時の生活状況に心理的健康度が左右されるという結果である。

　以上2つの研究から，両親が離婚した子どもへのサポートはさまざまなものが考えられるが，親との面会交流という観点から見ると，子どもが定期的に別居親と会うことにより，「自分は別居親から見捨てられているわけではない」「別居親から愛されている」「自分のせいで親が離婚したわけではない」と思うことができれば，その後の精神的健康に良い影響を及ぼすと考えられる。

　逆に，面会交流が行われなかったり，面会交流に関する紛争が激しくなると，子どもは「自分のせいで親が争っている」「別居親は自分を見捨てた」「別居親は自分のことを愛していない」という気持ちになることも予想され，その後の精神的健康に悪い影響を及ぼすことも考えられる。

　子どもにとって，別れても親であることには変わりがないが，特に幼い子どもは両親が離婚すると，「僕のせいで親が離婚したのでは」と自分を責める傾向がある。映画『クレイマー・クレイマー』でも，子どもが精神的に不安定になり父親に反抗してベットルームに行き，あとで様子を見に行った父親に「僕のせいでママは出ていった」と涙する場面がある。それを見て，父親は子どもの気持ちを知ることになり，「決して，

君のせいではないよ。お父さんとお母さんの間のことだよ」と話し，子どもがようやく落ちつくシーンがある。離婚家庭の子どもが自責の念を抱き，うつ状態や社会的引きこもり，学業不振などの症状が出る可能性もあるといえる。但し，ＤＶや虐待がある時はその限りではない。

面会交流は誰のため？

疑問３：そもそも，子どもと別居親との面会交流は，誰のための制度なのか。別居親（このケースでは岩崎さん）の権利なのか，あるいは千代子さんや田中さんのためなのか，もしくは，子どもたちの権利なのだろうか？

　面会交流とは誰のためのものなのか。民法766条では，「子の利益を最も優先して考慮しなければならない」と親ではなく子ども自身のための面会交流であることが明記されている。
　一方で，当事者の親は，なかなかそのように考えられない場合もある。本ケースでは，田中さんが千代子さんと再婚し，千代子さんが子どもたちと養子縁組をすると，子どもたちを岩崎さんに面会させないように振る舞う場面が記事に記載されている。
　これを見ると，田中さんは，子どもや岩崎さんの気持ちを考えない悪者のように考えられるかもしれない。しかし，田中さんや千代子さんの気持ちになってみたらどうだろうか？

　◆ディスカッション
　岩崎さんの事例に登場する人々の気持ちを推測して書いてみる。そして，その人達にどのようなサポート（情緒的サポート，道具的サポート）をすれば良いのか，考えて記入してみよう（表5-3）。
　まず，田中さんの気持ちを考えてみると，再婚相手の千代子さんのことを第一に考えているかもしれない。千代子さんが子どもたちと良い関係を作ろうと努力している時に，岩崎さんと子どもたちの面会交流がなされれば，千代子さんの努力が無になってしまう，そんな気持ちが面会交流を拒む背景になっていたのかもしれない。

表5-3　面会交流　当事者の心理

岩崎さんの事例では，田中さん，千代子さん，子どもたち，岩崎さんの気持ちはどのようなものか？　それをどのようにサポートするか？　記入してみよう。

	各人の気持ち	サポート方法
田中さん （子どもたちの父親）		
千代子さん （子どもたちの養母， 田中さんの再婚相手）		
子どもたち		
岩崎さん		

　そこで，田中さんに対するサポートとしては，面会交流が子どもの権利であること，法的にも明記されていることを伝えたうえで，田中さんが千代子さんや子どもたちのためにがんばっていることを評価する情緒的サポートを行うことにより，子どもの面会交流に対して前向きな態度に変化するであろう。

　次に千代子さんの気持ちになって考えてみる。千代子さんは，子どもたちと養子縁組して，養親となり，子どもたちとより良い関係を作りたいと思っている。そこに子どもたちの実母である岩崎さんとの面会交流が実現したら，自分と子どもたちの関係が崩れてしまうのではないかと心配しているのかもしれない。これが千代子さんの心情であろう。

　そこで，千代子さんに対するサポートとしては，まずは情緒的・評価的サポートを行い「母親としてどんなことに気を配ってきましたか」と聞いたり，「今まで，子どもたちのためによく母親としてがんばってきましたね」と，千代子さんの努力をねぎらいたい。

　そのうえで，いまの家庭でしっかりとした養親子関係ができるのであれば，子どもにとっては，安心できる家庭であることを伝える。そのうえで，子どもたちが実母に会いたいと思うのは自然な気持ちであり，それを拒否することで，子どもが自責の念を抱いたり，不安定になる可能

性もある。面会交流により，子どもの精神的健康度にも良い影響があることを伝えることになろう。

　子どもたちの気持ちになってみよう。おそらく，実母である岩崎さんに会いたい，という気持ちと，「実母に会いたいと言ったら，千代子さんに悪く思われるのではないか」という二人の母親の間で戸惑ってしまっていることが予想される。

　このように，同居親と別居親，どちらにも愛情があり，どちらかを選べないような状態を，「忠誠葛藤」と呼んでいる。子どもにとっては，養母も実母も，大切な母親であり，どちらからも嫌われたくないが，子どもの生活の場には養母がおり，まずは同居している養母の心情に配慮してしまうのが，子どもたちの心理状態であろう。

　心理職や福祉職などの支援者は，このような別居親がいる子どもの心理や忠誠葛藤について十分に理解し，そのうえで，子どもたちにとって「養母を気遣うのも自然な気持ちだし，実母に会いたいのも自然な気持ち」と代弁してあげることが大切である。

　そして，面会交流は子どもの権利であるが，内容や頻度を決めることは，子どもの責任ではなく，親同士，大人の責任であることを伝えたい。なぜならば面会交流の協議がうまくいかずに同居親や別居親が不安定になると，子どもは自分の責任として背負ってしまいがちになるからである。

　そのうえで，子どもが別居親と面会交流する時は，自然で楽しい時間を持てるように快く送り出せるように支援することが必要であろう。

　なお，面会交流にあたって「配慮すべきこと」は最高裁判所のホームページの動画にも紹介されている（https://www.youtube.com/watch?v=5C_O4Ly95Jc）。

　面会交流の際に，元配偶者の悪口を子どもに言う，子どもに金品をあげる，約束以外のことをする，などの行為は，面会交流の継続の妨げになり，子どもにとっては，別居親と同居親の双方に気遣いさせる原因ともなる。面会交流はいつもと同じような生活の延長として設定するのが望ましく，非日常的な宿泊や物品などで気を引くようなことはあってはならず，子どもが気兼ねなく会いたいと思ってもらえるようにすることが大切である。

面会交流は，何よりも子どもが主体であり，子どものために実施され
なければいけない。しかし，紛争度が高いとうまく協議ができない場合
が多いのもまた事実である。協議にあたっては，子どもの権利や成長が
第一であることを再度確認し，面会が子どもの日常の延長となり，双方
の親，家庭で安心でき，愛されているという実感が持てるようにしてい
くことが求められよう。

面会交流における子どもの意思の尊重

　一方で，諸外国では，DVや子どもへの虐待ケースでも家庭裁判所
が面会が命じることが憂慮されている。これは離別後アビューズ（Post
separation abuse）と言われており，DVや子どもへの虐待が，同居中よ
りも激しくなることがしばしば報告されている。しかし，面会に応じ
ないと裁判所から処分を受ける可能性もあるため，同居親は子どもに面
会に行くように促さざるを得ない。イギリスでは，子どもが母へ「なぜ
私を連れて行ったの？　私は行きたくなかったって言ったじゃない」と，
子は面会交流から戻ると，怒り，攻撃，反抗的，暴言をする事例を報告
している（イギリス司法省報告，2020a）。

　このように共同親権下では，しばしば子どもの意見や意思よりも，別
居親の権利が重視されるために，子どもが犠牲になったり心身の不調に
陥ることがある。このようなことを防ぐためにはどのような配慮をすれ
ば良いのだろうか。

　イギリス司法省文献レビュー（2020）では子どもの権利条約12条の，
子どもの意見表明権，自己決定権があることを前提に，子どもは，自ら
が関係する事柄での法的手続きで，子どもの意見を述べる権利が年齢と
その理解程度に照らして考慮されるとし，幼児でも年齢に応じた環境設
定やツールにより参加，意見表明は可能であるという。そして，子ども
の声を聞くことは，子どもの権利，子どもの自尊心，エンパワーメント，
自己コントロールの感覚，逆境への対処力となると述べ，子どもの意見
として，

- 「私たちは（別居親のもとに）行きたければ行けばいい，行きたくな

ければ行かなければいい，選択がしたい，選択肢が欲しい」
- 「コンタクトセンター（面会交流センター）が，父との面会交流を安全でないと判断してくれて僕は楽になった。職員がただ意見を聴くだけでなく，実際に聞いてくれたことを尊重してくれて安心できた」
- 「会いたくない，と言ったら，それでいい」と言ってくれた。

という声を紹介し，子どもの選択を裁判所が尊重してくれれば，子どもが安心できると論じている。

熊上（2023）は，面会交流について，子どものアンケート調査結果を報告している。全国の15歳から29歳までの青年で，面会交流をしていた群299人と，面会交流をしていなかった群250人を対象とした調査である。以下にその子どもたちの声をいくつか紹介しよう。

家庭裁判所で定められた面会交流をしていたケースでは，

「少し緊張します」（16歳）

「母に引き取られた。年に1回父に会うが，会っている時は楽しい。でも，なぜ学費は払ってくれないのに服や玩具は買ってくれるのだろう？　何が好きで新しい家庭のことを話すのだろう？　私は，両親ともに好きでいたい。でも無理そうだ。母親も父親もこの件に関しては好きになれない。」（21歳）

「自分の親なのになんでこんな面倒くさいことしないといけないのだろうって思った」（25歳）といった声があった。

父母間の協議により面会交流をしていたケースについては

「小さいころは会えて嬉しかった。一緒にいれて楽しかった」（18歳）

「会えた時嬉しくて帰りたくなかった。毎週末がとても楽しみだった」（18歳）

「夫婦の仲は悪かったが，親としてはかわりなかったので会えて嬉しかったし，相手も会えて嬉しそうだったので会うのは楽しみだった」（29歳）

といった「嬉しさ・楽しさ」があるケースがあった。

一方で

「緊張した」（17歳）

「複雑だった」（19歳）

「会いたくない。気持ち悪い」（22歳）

「一緒に過ごす時間が少なくなると気を使ってしまうようになった」（22歳）

「気まずかった」（23歳，28歳）

「なぜひとつっつも連絡を寄越してこなかったのか。なぜ養育費を払わないのか。実際に会っても何も言えなかった。思っていた人間と違った。全然良い人間ではなかった」（23歳）

「大好きでもなかったから一緒におる時間が苦痛」（25歳）

「会いたくはなかったので義務的に感じて辛かった。離婚した方の親への恐怖心が抜けなかったが，残った方の親にも会いたくないとは言えなかった」（27歳）

といった「緊張感」「苦痛」「辛さ」を感じていたケースもあった。

このように，面会交流をしていたケースでは，別居親と会えて嬉しいという子どももいれば，「苦痛」「緊張した」という子どももいて様々であった。

面会交流をしていないケースについて，その事情を尋ねたところ，

「虐待受けてたから」（18歳）

「精神的にやられていたので会いたくなかったため」（20歳）

「過去に暴力を受けていたので，離婚した時にもう二度と会いたくないと思ったから」（22歳）

「父親が子供に暴力を振るっていた為」（24歳）

「父親に借金があり，それを母親が支払っている為，今後も父親と関わるとそれ以上の借金が増えるかもしれないと考えた為」（25歳）

「すぐにキレて物に当たったり人に当たったりするのを見ていて，恐怖心があったので会いたくなかった」（25歳）

「幼い頃から，別居親の暴言や酒癖などが悪く祖父母の家に逃げた記憶があって，あまり良い親と思うことがなく恐怖感，悲しみがあった」（29歳）

以上のように，DVや子への暴力，アルコールの問題がある場合が多く，他にも「書きたくない」という拒否的な心情が多く見られていた。

第5章　家事・民事事件編

ケース編

257

面会交流をしていた・していなかったのいずれの群についても，子どもの意思を尊重されたかどうかについて尋ねたところ，

　子どもの意思を尊重された群では，

「私のことを優先に考えてくれていて嬉しかった」（16歳）

「安心」（17歳）

「嬉しかった」（18歳）

「意見が少しでも尊重されて気が楽になった」（18歳）

「もう会わなくていいことがとても嬉しかった」（20歳）

といった安心感が述べられていた。

　一方で，

　子どもの意思が尊重されなかった群では，

「かききれない　産まなきゃよかったのに」（23歳）

「大人だけのことじゃないし，子どもも考える力はあるからちゃんと尊重してほしい」（25歳）

「尊重されなかった　私たち兄弟の意見が尊重されなかったのは残念」（25歳）

「凄く会いたくてたまらなかった　自分の気持ちを解ってくれない親が凄く憎かった」（28歳）

といった，怒りや悲しみなど負の感情が述べられていた。面会交流の有無にかかわらず，子の意思を尊重して欲しいという声がほとんどであった。

　熊上・岡村（2023）は家庭裁判所の調停で調査官調査を受けた高校生の体験談を紹介している。この高校生は，別居親から無言電話や，突然の訪問で「ガラス割るぞ」と言われて連れ去られ，殺されるかもしれないという恐怖を感じていたところ，家庭裁判所の調査官に「答えたくないことは答えなくて良いです」と言われ，「父が怖いから会いたくない」「借金取りみたいに脅しに来るから嫌だ」と意見を述べたところ，調査官は「それは怖いよね」と言ってくれ，子どもとして意見を表明できて嬉しかったという経験が紹介されている。

　面会交流における子どもの意見聴取に関する研究は，海外でも行われている。

　Holt（2018）は，子どもの声を聞くことは，子どもの権利，子どもの

自尊心，エンパワーメント，自己コントロールの感覚，逆境への対処力となるとし，子どもの意見を聴取することが「子どもの重荷になる」という意見に対しては，子どもは決定権でなく，子どもの意思が聞かれること，尊重されることを求めていると，述べている。そして，実際にインタビューした子どもの意見として，「私たちは（面会交流に）行きたければ行けばいい，行きたくなければ行かなければいい，選択がしたい，選択肢が欲しい」という声を紹介し，子どもの選択を裁判所が尊重してくれれば，子どもが安心できると論じている（Holt, 2018）。

Morrison（2009）は，子どもは法手続へ参加することについて，必ずしも面会交流に関する決定権を持つことではなく，話を聞いてもらい，自分の意見を真剣に聞いてもらうこと，意思決定プロセスに参加することを望んでいるという。また，子どもたちは，自分たちの意見を考慮してもらうことでより安全になると感じ，別居親との子どもが望まない面会交流を「強制」することにより，子どもは有害な影響を感じているという。

Cashmore（2011）は，6歳から18歳までの47人の子ども対象のインタビューから，子どもたちは面会交流の取り決めについてより大きな発言権を持つことを同じように望んでいた。一方で，インタビューを受けた子どもたちの70％は，住居や面会交流の取り決めに関してどうしてほしいかを直接聞かれると「難しい立場」になると答えていた。その理由は，親が傷ついたり動揺したりするのではないかとの心配や，深刻な暴力や虐待にさらされている子どもの場合は，自分や同居親への影響を恐れているという。

Holt（2018）は，子どもは「決定権を求めてはいないが，子どもの意見が聴かれ，尊重されることを求めている」と述べているが，このことは，日本の子どもも海外の子どもも共通であろう。

未就学児や障害等の影響がある場合の子どもの意見表明支援については，栄留ら（2021）は，児童養護施設におけるイギリスでの実践から，幼児への意見聴取の際に，たとえば「魔法の杖があったとしたら，どんな魔法を叶えて欲しい？」などと聞いたり，「ここは○○ちゃんのための，部屋だよ」などとポスターで歓迎し，「○○ちゃんの願いを星座表（スター

チャート）に書いてね」などと，子どもが家庭の問題について意見を表明しやすくなるような工夫を報告している。未就学児であっても，子どもはさまざまなサインで意見を表明することができる実践もある。このように，面会交流に関する子どもの意見表明権の保障は，法的な措置の下に社会的養護の環境に置かれた子どもに対しても，意見表明を支援する工夫や，子どもの意見を尊重することも含まれる。そして法的な問題の渦中にいる子どもに対して自分の意見が述べることができるという制度に関する情報提供が，面会交流を扱う家庭裁判所や子どもの心理に関わる支援者に求められている。

　面会交流について協議するにあたり，家庭裁判所は，面会交流の実施を原則とするのではなく，子どもの意見を聴取したうえで，その意見を受けとめ，尊重することを原則とすることが望ましい。子どもの意見に反して面会交流の有無や頻度等を決定する際には，子どもにその事情や理由について子どもの精神発達を考慮したうえで説明する機会を設けることが必要である。そして，子どもの福祉について相当な利益となるという児童青年精神医学や心理学の専門家の知見を踏まえる運用とすることが，子どもの健やかな成長，発達のために必要ではないだろうか。

文献

Cashmore, J. (2011). Children's participation in family law decision-making: Theoretical approaches to understanding children's views. *Children and Youth Services Review*, 33(4), 515-520.

Chase-Lansdale, P.L., Cherlin, A.J. & Kiernahn, K.E. (1995). The long-term effects of parental divorce on the mental health of young adults: a developmental perspective. *Child Development*, 66, 1614-34.

Holt, S. (2018). A voice or a choice? Children's views on participating in decisions about post-separation contact with domestically abusive fathers. *Journal of social welfare and family law*, 40(4), 459-476.

熊上崇・岡村晴美（2023）．『面会交流と共同親権』明石書店

熊上崇（2023）．面会交流に関する子どもの心理と、子の意見表明に関する研究．子どもアドボカシー研究，1，60-74.

Morrison, F. (2009). After domestic abuse: Children's Perspectives on contact with fathers.

栄留里美（2021）.「アドボカシーとは何か，アドボケイトの活動事例」（栄留里美他『子どもアドボカシーと当事者参画のモヤモヤとこれから』p63-91, 明石書店）

UK Ministry of justice (2020). Domestic abuse and private law children cases, A literature review.
https://assets.publishing.service.gov.uk/government/uploads/system/uploads/attachment_data/file/895175/domestic-abuse-private-law-children-cases-literature-review.pdf

Wallerstein, J. S., Corbin, S. B. & Lewis, J. M. (1988). Children of devorce: a 10-year study, in E.M. Hetherington and J.D. Arasteh, *Impact of divorce, Single parenting and Stepparenting on children.*

（なお，参考となる Wallerstein らの訳書として，ウォーラーステイン，ルイス，ブレイクスリー（2001）.『それでも僕らは生きていく――離婚，親の愛を失った 25年間の軌跡』PHP研究所　がある）

映画『ジュリアン』

　2017年のフランス映画。舞台はフランスの家庭裁判所であり，DV家庭の面会交流を描いた映画である。

　冒頭から，家庭裁判所の調停場面，11歳の男子ジュリアンの陳述書が読み上げられる。そこにはハッキリと「父親とは会いたくない」と書いてあった。これをもとに母親は面会交流を制限することを希望するが，父親は隔週で泊付きの面会を希望。結果的に，裁判所の判断は父親の希望通り，共同親権で隔週泊付きの面会となる。

　子どもが必死に書いた「陳述書」は何だったのか？　結果的に，子どもは父親の矢面に立つ。

　そして，父親の本当の目的は子どもとの面会ではなく，子どもから母親の居場所を聞き出し，復縁を迫ることであった。父親は母親へのDVがあり，嫉妬妄想がある。父親は子どもとの面会時に執拗に母親の居場所を聞き，心理的に圧力をかけていた。

　映画監督は，映画撮影にあたってフランスの家庭裁判所に何度も通い，面会交流や親権，調停についてリサーチを重ねたといい，非常にリアル感のある映画である。

　日本は現在単独親権であるが，共同親権を導入し，子どもとの面会交流を「原則的」に行うべきという流れがある。しかし，この映画のようなDV案件では，子どもや元配偶者への暴力や虐待につながることがある。また多くの面会交流のトラブルの元は，配偶者間の感情のもつれの延長でもある。

　共同親権の導入や原則的な面会交流の実施について，筆者は慎重であるべきとの立場だが，どちらの立場に立つにしても，この映画から，DV案件の面会交流について議論ができればと思う。

　なお，面会交流を「原則的に行うかどうか」については，理論編（p.69）で積極論と消極論を紹介しているので参照されたい。

　実際に，2017年兵庫県伊丹市ではDV事案における面会交流で，別居親である父親が面会交流中の4歳の娘を殺して自分は自殺した心中事件も起きている。このケースは，養育費や面会交流に関す

る家庭裁判所の調停も行われていたが，母親は父親への恐怖心が強かったとのことである。

　筆者としては，子どもの健康や心理的安定を第一に考える視点からは，子どもや同居親が恐怖を覚えるような面会交流はすべきではないと考えている。

　いずれにしても，DV案件や虐待，面会交流に関心のある人にぜひ見て欲しい映画である。

別居親から子どもの養育費が送金されないケース──子育ては，親の責任か社会の責務か

　子どもを持つ夫婦が離婚した際に，子どもにかかる費用である養育費は，誰がどのように，負担（分担）すべきだろうか？　それは親が負担（分担）するのか，社会が負担すべきなのだろうか？　別居親が支払いしない場合，そのまま逃げ得は許されるのだろうか？

養育費の事例

　鶴川昭一（仮名・41歳）は平成9年に鶴川聡美と婚姻，平成10年8月に鶴川幸平，平成12年5月に幸美が出生した。

　しかし，次第に昭一は聡美に暴力を振るったり暴言を繰り返し，自宅を顧みず，ギャンブルに明け暮れて借金を背負い，自宅に生活費を入れなくなった。暴力に耐えかねた聡美は家を出て，病院の看護助手として働き，手取り月収は15万円，年収は額面上で220万円であった。

　その後，昭一と聡美は平成17年4月に協議離婚したが，親権者は聡美がなり，聡美は2人の子どもを懸命に育てていた。

　しかし，どうしても生活費が足りず，子どもの食費や学校での費用の支払いにも苦労するようになったため，昭一に電話連絡して，月5万円程度の養育費の支払いを頼んだが，昭一が電話で「金はない。なんだ今頃，おまえが育てるって言って出て行ったんだろう」と怒鳴り，聡美は恐怖がぶりかえし，昭一からの養育費支払いを諦めた。

　生活に困窮した聡美は福祉課を訪れてケースワーカーの藤沢俊充に相談した。

　ケースワーカーの藤沢俊充は面接で以下の情報を得た。

　聡美の実家は北海道で，聡美の両親がいる。いずれも定年退職して年金暮らしをしており経済的に余裕はない。また，聡美は若い頃

に両親とケンカして上京してきたという経緯があった。

　ケースワーカーから家庭裁判所へ養育費の調停の申し立てを助言された聡美は，昭一が居住する市の家庭裁判所に調停を申し立てた。

　調停当日，昭一は家庭裁判所の調停に来て，以下の事情を説明した。

　昭一は現在，飲食店の従業員として働いており，月収は手取り25万円，額面上の年収は450万円であった。しかし，家賃・光熱費等が月10万円，車のローンが月5万円あるために，養育費を支払う余裕がないという。

　あなたが担当の福祉職や心理職であったらどうする？

　まず，援助の基本的姿勢を確認しておこう。

　心理職やケースワーカーは当たり前のことであるが，相談に来た聡美をまず傷つけないことが大事である。もっと仕事をしたほうが良いなど，「自己責任」を追求することもあってはならないことである。

　それよりも，心理職や福祉職がなすべきことは，まずは聡美の心のうちをどんどん言ってもらい，聡美が「聞いてもらっている」という安心感，相談すれば聞いてもらえるという援助要請の感覚が持てるようにすることである。

　さらに，アセスメントとして身分関係図（ジェノグラム）や生活歴を作成するための質問を通じて，聡美のこれまでの家庭紛争の実情や心情を話してもらい，「今の苦しい状況を理解してもらえた」と感じてもらうことも重要である。

家庭裁判所での養育費の算定・決定の流れ

　心理職や福祉職としては，養育費に関する家庭裁判所の手続きも知っておき，情報的サポートとして，聡美のような相談者に情報提供をできるようにすることも大切である。

　家庭裁判所での手続きは，以下の手順である。

　1，監護親である申立人，非監護親である相手方から，それぞれ事情を聞く

　2，収入などの証拠を提出

3，算定表により算定し，双方に提示

4，双方納得すれば，調停成立。調停調書は判決と同じ効力を持つ。
（執行力）

5，双方納得しなければ，審判（民法766条）により，家裁が決定する。
決定は判決と同じ効力を持つ。

6，支払いがされない時（この状況が一番の問題）

（1）家庭裁判所の履行勧告

（2）家庭裁判所の間接強制

（3）強制執行による差し押さえ（給与などの差し押さえ，給与の2分
の1まで可能）

算定表は，養育費および婚姻費用分担表（別居時の家庭内の費用の分担）
は最高裁判所のホームページ（http://www.courts.go.jp/tokyo-f/saiban/
tetuzuki/youikuhi_santei_hyou/）に掲載されており，子どもの人数や年
齢によって異なる（図5-2）。

この算定表は，あくまでも目安であるが，多くのケースで利用されて
いる。

本ケースでは，算定表を見てみると，聡美（権利者）の年収が220万円，
昭一（義務者）の年収が450万円であるから，月4〜6万円となる。こ
の中で，双方の言い分も聞きながら，金額を決めていくことになる。

なお昭一は，家賃と車のローンがあるから支払えないという主張があっ
たが，車は自分の財産形成であることや，父母それぞれが経済事情に応
じて養育費を分担するという原則を昭一も何とか理解し，やや不満があ
るようではあったが，月5万円の養育費を毎月末に支払うという調停が
成立したのであった。

しかし，問題はその後である。

調停成立後の養育費支払い状況

3ヶ月間は昭一から毎月支払いがされていたが，4ヶ月目から支
払いが途絶えてしまった。困った聡美は家庭裁判所に履行勧告を申
し出た。

（表3）養育費・子2人表（第1子及び第2子0～14歳）

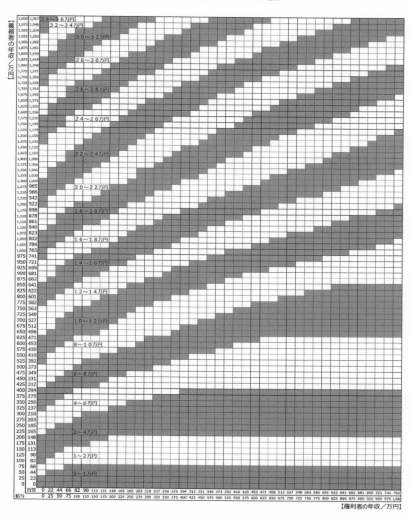

図5-2　養育費算定表（最高裁判所ホームページより）

履行勧告という手続きは，強制力はないものの，家庭裁判所の書記官や調査官が，義務者（この場合は養育費を支払うべき昭一）に対して，支払いを勧告したり，支払えない場合はその事情などを聞く手続きである。

　家庭裁判所調査官が，昭一に電話したところ，「もう支払いたくない。家賃と車のローンの支払いがあるし，そもそも聡美が自分で育てるって言って出て行ったんだ。調停では仕方ないから同意したけれど，本当は払いたくなかったんだ。俺もギリギリの生活なんだ」と激しい口調になり，支払うことを拒否した。

　家庭裁判所調査官が，権利者である聡美に昭一の話を伝えたところ，聡美は強制執行も考えたいが，手続きも新たに申し立てなければならず大変だし，今月の学校の費用もあるので，どうしようかと，困った様子であった。

　このように，養育費に関しては，金額を決める手続きだけでも大変なのであるが，その後，履行を確保することが難しい場合がある。とりわけ婚姻中や離婚時の紛争が激しい場合は，金額そのものよりも，相手に対する感情的な反発により，支払いが滞る場合が多い。

養育費の履行状況

　最高裁判所の統計によると平成25年度の履行勧告（主に養育費である）のうち，全部履行されたのは33％であり，一部履行（たとえば，3万円のうち1万円のみ支払い，あるいは今回のケースのように3ヶ月だけは支払い，その後支払いせず）が21％，養育費が継続的に支払われたケースは3割程度である。このように家庭裁判所で養育費について合意しても，支払いが順調でないケースが多い。

　養育費が不履行の場合の対応については，「しばらく様子を見る」が最も多く5973件であり，不履行ケースの3割ほどを占めている。また，権利者が養育費を支払わない（不履行の）理由としては，「履行能力なし」が40％，「履行意思なし」が38％であり，経済的に支払えない事情だけでなく，そもそも支払う意思がないという本ケースの昭一のような事例

が4割近くにのぼっていることが分かる（出典は下夷，2006）。

　また，養育費が不履行である場合は，強制執行の手続きを教示することになるが，強制執行にあたっては，調停調書，公正証書などの債務名義と呼ばれる書類が必要である。

　さらに，養育費の支払い義務者が会社を退職したり，名前や住所が変わっていれば，それを権利者が調べなければならず，負担は大きい。強制執行で給料を差し押さえると，差し押さえされた義務者がさらに感情的に反発し，本来子どもの養育で協力すべき親同士が，敵対的関係になりやすいことが，強制執行のマイナス面である。

協議離婚における養育費未払い

　家庭裁判所で養育費を決めたり，公正証書にした場合は判決と同じ効力があり強制執行もできるが，口頭や私的文書による協議で決めた場合は強制的な手段がない。現状の日本の制度では，家庭裁判所での履行確保制度も強制力に限界があり，子どもを現に育てている権利者にとって負担が重く，養育費を定期的に確保することが難しい。

そもそも養育費は誰のため？

　そもそも養育費は誰のためなのか？　という基本的な問いがある。

　本ケースでは，養育費を請求しているのは，子どもの母親の聡美である。では，養育費は聡美のためのものだろうか？　それとも，養育費は子ども自身のためのものなのだろうか？

　もしも養育費が聡美（監護親）のためと考えるのであれば，養育費の問題解決は，父母同士という当事者同士の調整，合意が基本となり，履行がされなければ，権利者の責任で取り立てを行い，その労力も権利者が負うということになり，あくまでも父母という当事者同士の民事上の問題になる。

　他方，養育費は子どものためであり，養育費の確保は国や社会の責務であると考えた場合はどうであろうか？

　これは，子どもは誰のものかという問いにどう答えるかにかかっている。

養育費は親の責任（私的扶養）か，国の責務（福祉国家）か

　もし，子どもが親のものであれば，養育費の負担や支払いも親同士の問題になる。しかし，子どもは社会で育てるもの，公共のものであるという考えに立てば，養育費が義務者から支払いされない場合，国や社会がその子どもを育てるために，養育費を負担するという考えになる。

　このように，養育費問題は，子どもとは親のものなのか，社会のものなのか，を考えるきっかけとなるのである。

　1994年に日本も批准した国連子どもの権利条約を見てみよう。

　同条約27条の4では，「締約国は，父母又は児童について金銭上の責任を有する他の者から，児童の扶養料を自国内および外国から，回収することを確保するための，すべて適当な措置をとる（以下略）」と記載されている。

　このように，国連子どもの権利条約では，国が養育費を回収することを確保するための，すべて適当な措置をとるとされている。ここで描かれている子ども観は，子どもは基本的には社会で育てるものであり，養育費を確保するための責務が国にあることを示している。日本は，この条約に対してすでに履行確保制度があると回答している。しかし前記で説明したとおり，日本の履行確保制度は，義務者が不払いの場合に権利者が多大な労力を使って強制執行などの法的手続きをしなければならず，それでも権利者が転居や転職をすれば養育費を確保することができないという極めて不十分で，権利者に対して厳しい状態にあるといえる。

　そこで，海外では，養育費の確保や徴収をどのように行っているか，紹介してみよう（以下，下夷，2008を参考とした）。

アメリカの養育費政策

　アメリカでは，TANF（Temporary Assistance for Needy Families）という受給期間制限（60ヶ月）のある給付金制度がある。この制度を利用して受給するには，就労の義務があり，2年以内に就労しないと給付は減額または停止となる。このように，就労への移行を目的とした給付制度として設計されている。

TANF制度を利用するには，養育費履行強制制度の利用を義務づけられている。つまり，TANFの給付を受けるためには，就労をしなければならず，同時に，「養育費履行強制制度」を利用する仕組みである。この制度はできるだけ国からの給付を抑えて，就労という自助努力を促しつつ，養育費を支払わない人から強制的に徴収する制度を作って，TANFの給付を減らそうとしている。単なる現金給付ではなく，給付を受けるために就労支援や養育費の徴収を組み合わせた制度といえる。

アメリカの養育費の徴収

　養育費の徴収プログラムは，Child Support Enforcement Programといい，1975年に始まった。徴収プログラムは4段階に分かれており，第一に，Location として，非監護親の居所の探索を行っている。全国民に割り振られている社会保障番号から居所が確定できたり，養育費の支払いがされないと運転免許やパスポートの発行が拒否されるなど，実効性のある制度となっている。そのため養育費が支払われないという情報は，運転免許やパスポートを扱う行政各所とも共有されている。

　次に，Paternity といって，法的父子関係の確定（認知）を行う。これは互いに子どもとの親子関係を確定するもので，争いがあればDNA鑑定などで親子関係を確定する。その次に Obligation（養育費命令の確定），そして Enforcement（養育費の徴収）を行う。社会保険番号や免許証，金融機関の情報と連動し，もれなく養育費を徴収しようとする仕組みである。

　それでも居所が判明せずに，養育費を支払わない場合では，たとえばインターネット上で，名前と，身長や体重，職業，目の色や髪の色などの身体的特徴，未払いの金額なども公開されることもある（図5-3）。

　こうなると，指名手配のような状態となり，養育費を支払わないのは非難されるべきだが，人権上問題となる。他にも宅配のピザのチラシなどに顔写真などが掲載されているものもあり，プライバシーの問題や，公権力の濫用，社会的懲罰，監視社会というネガティブな側面も見られる。このようにアメリカでは，とにかく養育費不払いを許さない，という姿勢が徹底しており，徴収率は70％程度と高い。

図5-3　ワシントン州社会保険サービス省ＨＰ（http://fortress.wa.gov/dshs/
dcs/MostWanted/Home/）

　アメリカの養育費徴収は，福祉的給付とリンクして，金融機関や各種
行政機関と情報を共有し，国の給付をなるべく少なくするために，不履
行者から確保し，責任を追及するという姿勢を打ち出している。養育費
確保の実効性という面と，プライバシーや公権力の濫用のバランスが今
後は求められているといえよう。

イギリスの養育費政策

　イギリスでは，ひとり親のためのニューディール政策（New Deal for
lone parents）が実施されている。この中身は，現金給付（Tax Credit）
と現物給付の組み合わせである。アメリカの制度と同じように，所得補
助の受給者に年１回の就労面接を義務づけており，欠席すると給付減額
などのペナルティがあるので，就労率の向上を見込んでいる。そのうえ
で，Tax Credit受給者は，養育費庁（Child support agency）の利用が義
務づけられており，養育費庁では，非監護親の追跡と徴収を行っている。
　またイギリスでは，子どもの非監護親との宿泊日数により，養育費

の減額を行い，共同監護を推進している。たとえば，年間52日から103日に非監護親との宿泊があれば，養育費は7分の1減額される。同様に，104〜155日では7分の2減額，156〜174日では7分の3減額，173日以上の宿泊では2分の1減額となる。制度を通じて，養育費の減額と非監護親との面会交流をセットにしているのは，興味深い政策である。

　単に，不払いの人を監視，徴収するだけでなく，予防的になるべく交流を保つことで親子や離婚した父母の連絡を促すことで，子どもが双方の親と良い関係を保てるような制度設計がなされている。

　ただし，前章でも述べたとおり，面会交流はDVや虐待，紛争性の高い事案では，子どもに危険が及ぶ場合もある。このイギリスの制度は，DVや虐待をする別居親が元配偶者や子どもに会うために制度を使うことになり，子どもの福祉に反する危険性もある。

スウェーデン・フランスの養育費政策

　アメリカやイギリスでは，ひとり親家庭が現金給付を受ける際に，養育費徴収制度の利用を義務づけており，どちらかといえば，養育費は親同士で負担し，不払いであれば取り立てるという私的扶養型である。

　一方，スウェーデンやフランスは，養育費の不払い分，不足分については，非監護親から徴収する前に，一時的に国が立て替え，後から国が支払いしない非監護親から徴収するという制度を採用している。これをスカンジナビア・モデルという。

　2016年6月1日の『朝日新聞』記事によると，フランスではひとり親家庭で非監護親から支払われる養育費が月104ユーロ（約1万2千円）以下であれば，足りない分は国が立て替えて，不足分は非監護親や勤務先に催促して徴収する。また，1ヶ月でも不払いがあれば利用でき，2年前からさかのぼって支払われるという。この制度以降は，養育費に関する紛争が減少しているとのことである。

　スウェーデンでは，養育費が支払いされない場合，社会保険事務所に申請すれば立て替え払いとして手当が支給され，子どもが18歳，学生であれば20歳まで延長される。そのうえで，社会保険事務所が非監護親から徴収し，応じない場合は国の機関が強制執行し，ほぼ100％徴収

しているとのことである（2016.3.7『朝日新聞』，下夷美幸東北大教授のインタビュー記事より）。

このように，養育費は子どもの権利であるという観点から，不払いや逃げ得を許さないという姿勢が浸透している。

養育費政策から考える子どもの支援

アメリカやイギリスでは，私的扶養型の養育費徴収政策をとっており，基本的には子どもの養育は親の負担であり，不払い分は居所を探索したりして徴収するが，スウェーデンやフランスでは，福祉国家型で，子どもは国のものとして養育費の不足分は国が立て替え，その後に国が徴収する制度をとっている。私的扶養型，福祉国家型のいずれも一長一短があるが，日本の養育費の確保制度から見ると，どちらも監護親にとっては，養育費が一定程度確保される仕組みとなっている。一方で，日本では，養育費を実効的に確保する政策がなく，強制力のない履行勧告か，多大な手続きを要して実効性の乏しい強制執行しかないのが問題である。

そもそも，日本の場合，ひとり親世帯の貧困率は，OECD諸国の中でも最大の57％であり，養育費の確保は緊急の課題である。それにもかかわらず，養育費の確保が，監護親（多くの場合は母親）の自己責任となっている。

本書でも，ケース1の県営住宅の家賃が払えず娘を殺害した事件，ケース2の親から借金を強要されて祖父母を殺害した事件などを見ると，少年や家庭内の事件では，養育費が支払われておらず，経済的困窮が背景にある場合が多い。筆者が家庭裁判所調査官として少年事件を担当していた時も，離婚後に養育費が支払われず，やむを得ず監護親の母親が昼夜働き，結果として夜間放任となる事例をとても多く担当してきた。そのような親の苦しい立場にたって養育費制度を再考したい。

養育費が支払われないという状態に対して，国として社会としてどのように取り組むのか，そもそも養育費は誰のため，何のための制度なのか，ということを問いながら，子どもの貧困を防ぐ制度の構築を社会全体で考える時に来ているといえよう。

養育費の立て替え事業

　明石市の社会実験で養育費1ヶ月分を自治体が立替し，その後保証会社が義務者に請求するというものがある。この社会実験の検証結果であるが，23件（子ども32人）の申し出のうち　10件が支払いされたとのことで一定の効果はあるが，養育費とは子が成人するまで続くものなので，長期間の履行が確保されるかは課題である（https://www.city.akashi.lg.jp/.../documents/soumu07_11.pdf）。

　そもそも，養育費を司法的問題（権利者と義務者）とすることも転換期にあるのかもしれない。子どもを社会で育てるとの観点からは，税金と同じように自治体で税収に応じた養育費を徴収するという形であれば，簡便で監護親の心理的手続き的な負担も少なくなるのではないか，とも考えられる。

　筆者が少年非行を担当していた時，多くの家庭は，ひとり親（多くは母子家庭）であり，養育費不払いが頻繁にあり，結果として母親が昼夜働き，子どもが放任されるケースを見てきた。少年非行の観点からも，養育費問題を当事者間の司法的問題とするよりも，行政による徴収制度の構築も考えられよう。

◆ディスカッション

　養育費の確保について，アメリカ・イギリスのような徴収型（私的扶養型）が良いか，スウェーデンやフランスのような国による立て替え型（福祉国家型）が良いか，議論してみよう。それぞれの制度の長所と短所を考えて表5-4 に記入し，ディスカッションをして，さまざまな人と意見を交換しよう。そのうえで，あなたが考える望ましい養育費確保の政策を考えたい。その前提で，養育費は誰のためのものなのか，もう一度確認しておこう。

表5-4 養育費確保制度の長所と短所

	長所	短所
アメリカ，イギリスの徴収型		
フランス・スウェーデンなどの立て替え型		
最後に，あなたの考える望ましい養育費政策の在り方，その理由を述べる	望ましい養育費政策	その理由

文献

下夷美幸（2008）.『養育費政策に見る国家と家族』勁草書房

コラム●8●

明石市の養育費立替制度と児童扶養手当の月ごと支給制度

明石市では，協議離婚の際に「こども養育プラン」の書き込みにより，互いに養育費や面会交流を決めるシートを作成している（図5-4）。

こうした仕組みは，泉市長が弁護士時代に養育費未払い問題に直面していたことも背景にある。明石市では協議離婚の際に「こどもの養育に関する合意書」を作成し，親権，養育費，面会交流の書面，「こども養育プラン」を作成することを推奨している。これらは，国の施策としても採用され，法務省がパンフレットを配布している。

ただし，養育費を支払ってもらえず経済的に不安のあるひとり親に対して，（1）養育費の立替パイロット事業，（2）児童扶養手当の毎月支給，を行っており，注目されている。

養育費の立て替えパイロット事業

養育費を保証会社（債権を回収する会社，今回は総合保証会社「インストラト」）が同居親に代わって養育費を請求する方式である。具体的には，明石市が保証会社に年間保証料5万円を負担し，保証会社が養育費として年間60万円（最大12ヶ月分）を立て替え，同社が養育費を支払わない別居親から回収する計画である。このパイロット事業では養育費を保証会社が立て替えることになっている。

明石市にはひとり親が約2500人とされているが，2019年度から3年間は社会実験として，その成果を見た上で本格実施を判断する。この明石市の取り組みは，養育費を父母の問題ではなく，社会の問題としてとらえ直し，政策として実現したことが大きな意味がある。これが全国に広まることを期待したい。

児童扶養手当の毎月支給と家庭訪問の組み合わせ

児童扶養手当は，国の基準では4ヶ月に1度，4ヶ月分まとめて支給されている。しかし，それでは日頃の経済生活が困窮する場合もあるため，明石市では，毎月支給とし，現況届提出の8月を「ひ

とり親総合支援月間」としている。この時に，社会福祉協議会の生活支援員が，対象家庭を毎月訪問し，児童扶養手当１ヶ月分を「貸し付け」，その際に困り事相談も受ける。

そのうえで，年３回，４ヶ月分の児童扶養手当支給時に貸付金を返済してもらう方式であり，現金給付と現物給付を組み合わせた支援としている。この仕組みは，サラ金などから借金せずに済み，生活支援員と定期的に会って相談できることで心理面も安定するという，よく考えられた政策となっている。

文献

泉房穂（2019）.『子どものまちのつくり方――明石市の挑戦』明石書店

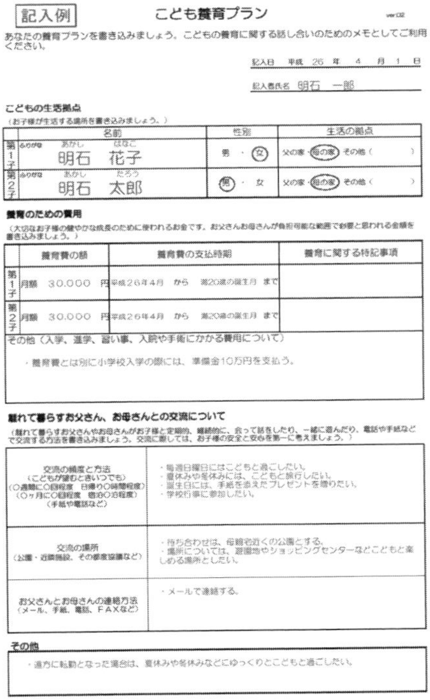

記入例　こども養育プラン　ver.02

あなたの養育プランを書き込みましょう。こどもの養育に関する話し合いのためのメモとしてご利用ください。

記入日　平成 26 年 4 月 1 日

記入者氏名　明石　一郎

こどもの生活拠点

（お子様が生活する場所を書き込みましょう。）

	名前	性別	生活の拠点
第1子	ふりがな あかし　はなこ 明石　花子	男・（女）	父の家・（母の家）・その他（　　）
第2子	ふりがな あかし　たろう 明石　太郎	（男）・女	父の家・（母の家）・その他（　　）

養育のための費用

（大切なお子様の健やかな成長のために使われるお金です。お父さんお母さんが負担可能な範囲で必要と思われる金額を書き込みましょう。）

	養育費の額	養育費の支払時期	養育に関する特記事項
第1子	月額　30,000 円	平成26年4月　から　満20歳の誕生月　まで	
第2子	月額　30,000 円	平成26年4月　から　満20歳の誕生月　まで	

その他（入学、進学、習い事、入院や手術にかかる費用について）

・養育費とは別に小学校入学の際には、準備金10万円を支払う。

離れて暮らすお父さん、お母さんとの交流について

（離れて暮らすお父さんやお母さんがお子様と定期的、継続的に、会って話をしたり、一緒に遊んだり、電話や手紙などで交流する方法を書き込みましょう。交流に際しては、お子様の安全と安心を第一に考えましょう。）

交流の頻度と方法 （こどもが望むときいつでも） （○週間に○回程度　日帰り○時間程度） （○ヶ月に○回程度　宿泊○泊程度） （手紙や電話など）	・毎週日曜日にはこどもと過ごしたい。 ・夏休みや冬休みには、こどもと旅行したい。 ・誕生日には、手紙を添えたプレゼントを贈りたい。 ・学校行事に参加したい。
交流の場所 （公園・近隣施設、その都度協議など）	・待ち合わせは、母親宅近くの公園とする。 ・場所については、遊園地やショッピングセンターなどこどもと楽しめる場所としたい。
お父さんとお母さんの連絡方法 （メール、手紙、電話、FAXなど）	・メールで連絡する。

その他

・遠方に転勤となった場合は、夏休みや冬休みなどにゆっくりとこどもと過ごしたい。

図5-4　明石市の「こども養育プラン」

高齢者を地域で支える市民後見人のケース──品川区における成年後見

成年後見制度とは

認知症になった場合，高額な物を売りつけられたり，土地や不動産の売買で不利になってしまうことがある。また，判断能力が低下し，身の回りのことができなくなって特別養護老人ホームに入所するには契約が必要であるが，認知症の本人は契約行為が困難となるため，法律的な行為を代理する人が必要になる。認知症だけでなく，交通事故で植物状態にある人や，知的障害・精神障害などで判断能力を欠いている人も後見制度の対象となる。後見制度は，こうした人々の権利を擁護し，代弁（adovocacy）するための制度である。

実際の後見が申し立てられる端緒としては，老人保健施設への入所契約，リフォーム詐欺被害，高額な壺や絵画の購入で周囲が困っていたり，台所でガスの火消しを忘れてボヤをたびたび出してしまうケースなどがある。その結果，老人施設への入所が必要となったり，遺産分割協議をするにあたり判断能力が低下しているため代理人が必要，といった事情が見受けられる。

高齢者を地域で支える市民後見人

（2015.9.22　『朝日新聞』記事より筆者が再構成）

品川区で「市民後見人」として活動する横地明宏さん（68歳）は7月下旬，区内の特別養護老人ホームを訪ねた。担当する女性（97歳）の様子を確認する月1回の訪問だ。女性は車いすに乗っており，声を掛けると手を振り返してきた。

部屋で少し話した後，スタッフのところに行き，ケアプラン「施設サービス計画書」とリハビリの「機能訓練基本計画」に目を通し，「成年後見人　横地明宏」と署名した。「僕は家族の代わりです」（横

地さん）。

　この女性は独身で 10 年前からひとり暮らしになり，昨春から認知症を患い，頼れる身寄りがないため，品川区長が後見開始を東京家庭裁判所に申し立てた。

　横地さんは退職後の人生を考え，大学と東京都の後見人養成講座を受けていた。「後見人＝財産管理とみられがちだが，大切なのは本人の希望をかなえること」。そのための会話を大事にする。本人の利益を最大限に考え，施設への要望などもする。

　品川区は成年後見の潜在的な利用者を約 1 万人と推計し，2002年 6 月に「品川成年後見センター」を設立した。区内20ヶ所の地域包括支援センターは約300人の民生委員らを通じ，身寄りがなく判断能力が不十分で後見を要する人を見つけ，月 2 回のケース会議で支援につなげている。

　後見センター所長は「悪徳商法や親族による財産の使い込みなどは，単なる見守りでは防げない。個人の困り事を地域の困り事としてとらえる時期に来ている」と話す。

　品川区は区長による後見申し立てを積極的に行い，品川区社会福祉協議会が法人として後見人を受任，東京都の基礎講習を終えた人に品川区社協の支援員として実務経験を積ませる。

　品川区も 2006年 3 月以降，NPO法人や区社協と共催で後見人養成講座を設け，受け皿を広げた。市民後見人の受任実績は今年6月末まで計113件になった。

　一般市民が成年後見人を務めることには，財産管理などの能力の不安も指摘された。そこで，品川区社協が後見監督人となり，最初の財産目録作りに立ち会い，3 ヶ月ごとに活動報告や財産目録の提出を求めて不祥事を防ぐ。後見人への報酬が見込めないケースも多いため，品川区社協は月 1 万円を上限に後見人への報酬を助成している。

後見制度の問題点（財産管理），後見信託制度の問題点──財産使い込み

　後見人は，被後見人の財産を管理するが，時折，後見人となった親族（これを親族後見人という）や弁護士・司法書士などの後見人（これを専門職後見人という）が，多額の財産を使い込む事案が発覚している。

　後見人は被後見人の預金通帳を管理しており，少なくとも年に一度は家庭裁判所に収支状況を報告する後見監督を受けなければならないが，生活や事業のやりくりに行き詰まっている人が後見人になると，使い込みに至ってしまうこともある。

　最高裁判所の調査では，平成23年6月までの13ヶ月間に，後見人による「財産使い込み」が全国で合計242件発生し，被害総額は26億7500万円に上っている。

　そこで，使い込みを防ぐための財産が多額であったり，財産争いがある場合，後見人の財産管理に不安がある場合は，後見監督人を1人または複数専任して，互いに財産の使い込みがないように監督する制度もある。しかし，家庭裁判所への収支の報告は，年に1回なので不正な使い込みを完全に防ぐことは難しい。そこで，後見制度支援信託として，預貯金の大半を信託銀行に預けて，後見人が扱えるのは日常に使う分だけにするという制度があり，これは財産が数千万円以上の多額の場合には，使い込み防止に有効である（地域の信用金庫による「後見信託預金」p.239のコラム9参照）。

　また，スマートフォン・パソコンのアプリによる財産状況の情報共有を行うことも有効と思われる。

　たとえば，ネット上の家計簿（Zaim）は，預金通帳や株券などの残高をネット上で確認できる（図5-5）。後見人だけでなく，後見監督人や親族もネット上の家計簿を共有しておけば，使い込みを防止する効果もあると考えられる。また，定期的に家庭裁判所に収支を報告する際も，預貯金の出し入れについてエクセルファイルなどで簡単に出力できるために，簡単に収支報告書を作成することができるであろう。

　後見人の財産を護るためにも，IT技術を使った後見人の財産管理の業

図5-5　インターネット上の家計簿の例

務への支援も考えられる。

　本ケースでは，品川区における認知症の人の身上監護と財産管理につ
いてサポートする市民後見人の制度について紹介した。

　財産管理では，市販の「後見人手帳」などを利用して，財産目録の作
成や収支の記録をとっておくことが確実であろう。

　成年後見人のための手帳（公益社団法人成年後見センター・リーガルポー
ト編（2017）．かんたん記入式　成年後見人のための管理手帳第3版　日本加
除出版）を参考にしてみよう。

1　財産目録の作成（図5-6）

　まずは，被後見人の財産をすべて手帳に書いてみて，どのような財産
を管理するのかを列挙する。

　（1）　不動産　所持している不動産について，登記簿を見て記入する。

　（2）　預貯金　被後見人名義の銀行預金，郵便局の貯金など，通帳をも
　　　　とに記入しておこう。

　（3）　その他の資産，　生命保険や株券なども記入しておく。

財産目録の例（社団法人成年後見センター・リーガルサポート編著　かんたん成年後見人のための管理手帳を参考に作成）

事件番号　平成25年（家）第1111号

財産目録　（2020年3月3日現在）

1　不動産

番号	所在・種類・面積等
1	○○市○○町2丁目5番地　家屋番号1番　居宅　木造瓦葺2階建　1階85.05平米，2階45.40平米
2	○○市○○町3丁目3番　宅地　180.5平米
3	○○市○○町4丁目4番　宅地　250.3平米

2　預貯金，現金

番号	金融機関名，口座番号	種類	前回金額	今回金額	備考
1	東西銀行東西支店（1234567）	普通	2508900	3015000	目録2-2に預け替え
2	南北銀行南北支店（1234567）	定期	0	1200000	目録2-1から預け替え
3	郵便貯金(1234-5678)	定期	3004200	0	平成30，1解約後入金
	現金・預貯金総額		5513100	4215000	
	前回との差額			-1298100	

3　その他の資産（保険契約，株券，各種金融資産など）

番号	種類	金額（数量）	備考
1	東京生命保険	10000000	平成20年4月加入

4　負債

番号	種類（債権者）	金額	備考
1	住宅ローン　新埼玉金融公庫	25000000	平成15年3月借入

図5-6　「財産目録」の例

財産管理記録（社団法人成年後見センター・リーガルサポート編著　かんたん成年後見人のための管理手帳を参考に作成）

令和2年3月

定期的な収入	内容	金額
3月3日	障害年金	65000

小口現金出納簿

日	項目	入金	出金	残高
前月繰り越し		185000		18500
4	本人こづかい		15000	170000
6	洋服代		5000	165000
8	交通費		3000	162000

図5-7　「財産管理記録」の例

第5章　家事・民事事件編

ケース編

後見の記録（社団法人成年後見センター・リーガルサポート編著　かんたん成年後見人のための管理手帳を参考に作成）

令和3年5月

日付	内容
2	本人宅を訪問，元気そうで食欲もあった。プロ野球の結果について楽しそうに話した。
4	本人から連絡，リフォームしないかという訪問があり，契約せずすぐ相談するように話した。
6	病院へ通院同行，定期検査を受ける。今のところ順調で本人は喜んでいた。
9	リフォームの訪問があったという連絡があり，すぐに断るように伝え，連絡してくれたことにお礼をした。

図5-8　「後見の記録」の例

⑷　負債　住宅ローンなどの負債も忘れずに。

2　財産管理記録の作成（図5-7）

イメージとしては「小遣い帳」である。後見人の財産管理も基本的には，こまめに収支の出し入れを記載しておく。

病院への通院費用や，老人保健施設での入所費用，交通費，小遣いなど，レシートとともに，記入しておく。

最近は，レシートをスマートフォンで撮影すると自動で読み取って家計簿に反映されるシステムなど，便利な仕組みがある（Zaim というアプリなど）。

3　後見の記録をつける（図5-8）

財産目録と収支状況ノートの他には，身上監護面について記録を残しておく。老人保健施設を訪問した時や，不動産の売買などに関わる交渉をした時など，2〜3行でも良いから，忘れないようにその日のうちに記入しておくようにすると，後から家庭裁判所や後見監督人のチェックを受ける時でも，記録として見せることができる。

以上のように，財産目録，収支，日常生活の記録という3つの記録をつけていく。また，後見人は報酬を受け取ることもできる。むしろ報酬をしっかりと決めておいた方が，責任を持って後見人の仕事もできる。月に1〜3万円程度のことが多いが，財産の額などをもとに親族の了解を経て，最終的には家庭裁判所で許可を得ることになる。

注意しなければならないのは，たとえば被後見人の送迎のためと言って，

高額な車を購入したり，後見人が自分の会社の運転資金に後見人の財産を使ってしまうことである。親の金は子どもの金，ではない。あくまで親の財産は親自身のものであり，後見人はたとえ子どもや親族であっても，その財産を護る義務があることを忘れてはいけない。自分がいずれ相続するなどといって使ってしまうのは，不正行為になる。

　また，不動産の売買などについては，老人保健施設の入所費用などに充てる場合が多いとしても，家庭裁判所の許可が必要である。忘れないようにしよう。

親族後見人・専門職後見人・市民後見人

　最高裁判所の調査によると，後見人になるのは，司法書士が最も多く10512件，次が弁護士で8151件である。他に社会福祉士が4835件，社会福祉協議会が1233件である。これらの後見人は「専門職後見人」と呼ばれており，被後見人の管理すべき財産が多額である場合や，親族が遠方に居たり，親族間の紛争がある場合に選任されることが多い。

　親族が後見人になるケースは「親族後見人」といい，身上監護を親族が行っており，付随して施設への入所の契約や毎月の入所費の支払いなどの行為も行ったり，障害年金の受給をしているケースが多い。子どもが後見人に選任されているのは4379件であり，兄弟姉妹は1291件，

表5-5　親族・専門職・市民後見人の比較
それぞれの長所と短所を記入せよ

	親族後見人	専門職後見人	市民後見人
長所			
短所			

その他の親族（甥や姪が多い）が1401件である。配偶者は714件，親は643件である。

　なお，市民後見人は32件，その他法人は1567件となっている。

　ただし，本ケースは「市民後見人」であり，親族でもなく，専門職でもない，地域に住む市民が，地域の社会福祉協議会の研修を受けて，身上監護と財産管理を行っている。「市民後見人」は全体から見るとわずかであるが，認知症などの人のケアを親族や専門職だけにゆだねるのではなく，地域全体でサポートしていこうという新しい流れがあることは注目したい。

地域のことは地域で——市民後見人の取り組み

　そこで，もう一度，本ケースを見てみよう。認知症で特別養護老人ホームに入所中の女性（97歳）について，品川区では身寄りがなく，施設への入所が必要であることから，「市町村長申し立て」つまり品川区長による申し立てを家庭裁判所に行った。後見人は，社会福祉協議会の研修を受けた一市民である横地さんであり，横地さんは親身になって，女性の訪問，話し相手，老人施設での生活の様子を見たり，ケアプランやリハビリテーションプランについて同意をしている。また，財産管理も行っているが，財産については間違いのないように，社会福祉協議会が後見監督人となっている（品川区社協は，意思決定支援の本も出版している，品川区社会福祉協議会，2015）。

　つまり，親族や専門職だけに頼らず，市民同士で見守り，行政や社会福祉協議会がバックアップを行う，新たな地域コミュニティによる高齢者や認知症の人へのサポートが行われているといえる。

　2014年の老人福祉法改正では，市民後見人の育成・活用が区市町村の努力義務となり，市民後見人養成事業が各所で行われている。

　たとえば，横浜市社会福祉協議会では，市民後見人養成事業・活動支援事業である「市民後見よこはまモデル」を実施しているが，平成24年度は3回の研修会で525人もの人が参加した。この市民後見人の活動は，団塊世代が退職して地域活動をする人が増えている時期とも重なり，市民同士，高齢者同士で支え合う仕組みづくりが行われている。

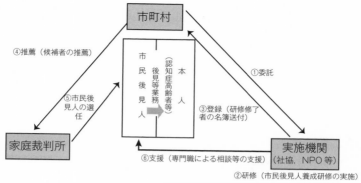

厚生労働省 HP より

図5-9　市民後見人を活用した取組のイメージ

　本ケースの品川区の先進的なところは，認知症で心配な人がいるという情報を区内20ヶ所の地域包括支援センターや300人の民生委員を通じて，身寄りがなく判断能力が不十分で後見が必要な人を見つけ，月2回のケース会議で支援につなげているところである。地域で高齢者や認知症の人の孤立や孤独死を予防するためによく考えられた仕組みといえる。

　後見制度というと，財産の使い込みの事例ばかりが社会の耳目を集めがちであるが，もともとは，機能障害がある人々のノーマライゼーション，能力の活用という理念のもとで生まれた制度である。

　人は誰でも年をとり，認知機能が衰える。そのことは避けることはできない。しかし，衰えたり，できなくなった部分について，親族や専門家だけに頼るのではなく，社会で支え合っていくことや，その仕組みを作っていくことがこれから求められているといえるだろう。

　なお，2019年3月に最高裁が，後見人を専門職から親族になるべく専任する方向であるとの報道がなされた。しかしこれは時代に逆行した流れではないだろうか。親族だけが身上監護や財産管理の負担を背負うのではなく，誰しもが高齢者や障害者になることを踏まえ，地域コミュニティで身上監護や財産管理を分担していくために，市民後見人や地域の信用金庫の活用こそ推進していくべきであろう。

文献

成年後見人のための手帳（公益社団法人成年後見センター・リーガルサポート編）
　（2017）.『かんたん記入式　成年後見人のための管理手帳第3版』日本加除
　出版
社会福祉法人品川区成年後見センター（2015）.『意思決定支援ライフプラン
　ノート』日本加除出版

コラム●9●

静岡県の「後見信託預金」

　後見人は財産管理業務が大変であるし，使い込みの心配もある。
後見信託の制度もあるが，メガバンク系の信託銀行では当初金額設
定が1000万円以上であり，一般の人には敷居が高い。そこで，静
岡県内の信用金庫では，1円から信託できる「後見信託預金」を始
めた。2018年5月27日の『朝日新聞』記事によると，静岡県内12
の信用金庫409ヶ所の支店で209件，金額で52億円の利用がある
という。

　信用金庫だと，地域密着型であり，信託する側から見ると，行員
と顔なじみになりやすく，預金の不正な引き出しもしにくく，財産
面の相談もしやすい。信用金庫側も預金を集められるので，どちら
にとっても利益がある。

　これからの後見制度は，親族にだけ負担を負わせるのではなく，
また，弁護士や司法書士などの専門職だけに任せるのではなく，地
域の市民や信用金庫で被後見人の世話や財産管理をしていくことが
望まれる。「後見信託預金」は，市民後見人や親族後見人にとって
も使いやすく，これから広まっていくことが期待される。

子どもの意思を尊重する面会交流ケース――自閉スペクトラム症（ASD）を持つ子どもと家族

　ケース10 で岩崎宏美さんの面会交流について解説した。ただし，実際の面会交流ケースでは，子どもの状態もさまざまであり，障害のある子どもの面会交流が課題となることもある。両親が離婚した際に，障害のある子どもと親がどのように関わっていくかを考えてみよう。

　夫：志木吉男（仮名・50歳），妻：志木雅子（仮名・51歳），子；志木太郎（仮名・15歳，中学3年），姉が23歳でアパートで自立している。

　雅子は1年前に太郎を連れて別居し，家庭裁判所に離婚調停を申し立てた。離婚したい理由は，太郎の発達障害を夫が理解せず，すべて養育を雅子がしてきて不満がたまり夫との生活に嫌気がさしたことであった。

　夫の吉男は，1年間息子の太郎に会えなかったことから，家庭裁判所の調停では面会交流を要求した。しかし，雅子は吉男と会うと太郎が傷ついて自尊心が壊れてしまうといい，面会に拒否的であった。

　家庭裁判所調査官が調査したところによると，太郎は生まれた時から言葉や行動が他の子どもと比較しても発達の遅れが目立っていた。小学校では学業についていけず，さらに対人コミュニケーションに困難があること，限局された興味関心がある（電車のことになると，時刻表や電車の型番などを暗記したり，ずっと眺めていることがあった）こと，さらに学校生活で他の児童となじめずに，教室で孤立したりパニックを起こすことがあり，児童精神科の診断を受けたところ，ASD（自閉スペクトラム症）と軽度の知的障害（Intellectual disabilities）があるために，学校での集団生活になじめず，知的能力が小学校3～4年生レベルで，学業についていくの

が困難であることが分かった。

　雅子によると，吉男は「俺の子どもを病気扱いするのか。がんばれば普通学校に行ける」と言って，太郎の障害について理解しなかった。このため，雅子が発達障害の子どもの指導法などを勉強しながらこれまで育ててきた。雅子は吉男に対して拒否的であり，太郎を絶対に吉男に会わせたくないと頑なな態度であった。

　家庭裁判所調査官が太郎に面接したところ，太郎は吉男について「お父さんは時々本屋に連れて行ってくれたりした。だけど，お父さんは自分の好きな経済書を2時間も読んでいてあとは放っておかれたり，街に行っても株式の数字を眺めていて，うちの財産を増やすなどと言っていた。がんばれば勉強できると言っていたけど，学校についていくのは大変」と話していた。

　太郎は，中卒後は特別支援学校に進学予定である。

　家庭裁判所調査官は，太郎の主治医に意見を聞いたところ，「お父さんは，太郎君のASDと知的障害についてまだ理解できていないし，障害受容ができていない状態です。そのため，すぐに直接太郎君と面会したりすると，勉強がんばれなどと言って太郎君を追い詰めてしまう可能性もある。お父さん自身が，少しずつ太郎君の障害の特性を理解してくれれば良いと思う」と話していた。

　そこで，家庭裁判所調査官と調停委員会は，太郎の話や主治医の話も踏まえて，吉男と雅子に以下のように提案した。

　「面会交流については，いますぐ直接会うのではなく，徐々にやっていくのはどうでしょうか？　その間，全く会わないのではなく，雅子さんから，太郎君の成長の様子を写真や手紙で伝えていくのです。

　親同士が離婚したり別居したりしても，民法上，子の利益を最善として考えて面会交流などをしていく必要があります。

　太郎君の最善の利益を考えると，お父さんが徐々に太郎君の障害について理解をしながら，太郎君が安心して会えるようにしていくことだと思います」と話した。

　吉男は，家庭裁判所調査官と調停委員会から説明を受けて「太郎は頑張れば勉強ができるはずだ，できないのは本人の責任か，母親

の責任だと思っていましたが、医師からも ASD や知的障害がある
という説明を聞き、重く受け止めないといけないと思いました。私
自身も、これから ASD について勉強して、太郎が安心して私に会
えるようにしていきたいと思います」と話していた。

　雅子も、当初は手紙や写真を吉男に送るという調停委員会の提案
に対して、一切関わりを持ちたくないと拒否的であったが、吉男も
徐々に太郎の障害を理解していきたいと変化が見られたことから、
太郎にとっては、吉男は唯一の父親であるし、太郎も本当は吉男に
会いたい気持ちもあるから、提案に賛成し、当面は手紙や写真での
交流を続け、それが太郎にとって良い方向ならば直接の面会交流を
すすめていくこととなった。

　家庭裁判所調査官及び調停委員会調査官としては、面会交流を太
郎や吉男の今後の関係改善も見据えての提案を行ったものである。

（以上、架空の事例である）

面会交流と発達障害

　岩崎宏美さんの事例（ケース10）から、別居親との面会交流は、何より
も子どもの福祉のために実施の可否を検討しなければいけないことを
説明した。岩崎さんの事例では、親権者である父親から「裁判（調停）
をするなら、子どもに会わせられない」と言われたことをそのまま鵜
呑みにしてしまい、子どもとの面会交流をしばらくあきらめていたが、
本来は、民法766条の規定にあるように、親同士で協議が不調であれば、
家庭裁判所の調停や審判で、双方の言い分や子どもの状態を見ながら、
子どもの福祉、子どもの意思や権利を重視して、決定を行うことになる。

　そこで本ケースは、子どもの面会交流について、家庭裁判所が子ども
の福祉を最優先として関与した事例である。

　ただし、本ケースで難しいのは、子どもに発達障害の一つの ASD が
あることである。実際、面会交流や親権者に関するケースでも、子ども
や親に発達障害や知的障害、精神障害があるケースがあり、それらの家
族の支援にあたっては、障害の定義や特性、支援方法についてよく知っ
ておく必要がある。

そこで，本ケースでは，ASD のある子どもの面会交流について理解し，その支援について考えてみよう。

ブロード・フェノタイプ

　本ケースでは，太郎が ASD と診断されているが，母親の雅子はそのことよりも，父親の吉男が太郎について「俺の子どもを病気扱いするのか」「がんばれば普通学校に行ける」などと言って，太郎の ASD について理解しないことから，夫婦間の不和も高まっている。

　しかし，父親の吉男も，太郎が言うには「子どもと一緒に本屋に行っても好きな経済書を 2 時間読んで放っている」「街に行っても株式の数字を眺めている」などと，吉男自身にも，社会性のコミュニケーションの障害や限局された興味関心という ASD の傾向が見られる。

　吉男自身は，医療機関の診断を受けているわけではないし，社会人として生活しているので，ASD の診断基準である「社会的，職業的，または他の重要な領域における現在の機能に臨床的に意味のある障害を引き起こしている」には該当しないが，吉男の行動を理解する際には，ASD を念頭に置くことがよさそうである。

　このケースのように，親子で ASD の症状が見られたり，診断を受けていないが ASD の症状や特性がある人のことを「ブロード・フェノタイプ」と呼ぶ。ケース 7 の少年の父母もブロード・フェノタイプ傾向が見られているが，ブロード・フェノタイプの人々は，対人面や社会性の障害があるため，視覚的に分かりやすく構造的で明快な説明をしたほうが良い。このケースでは，調停の過程のなかで，吉男が太郎の ASD について理解を深めた様子がうかがえる。そのうえで，面会交流については，当面は写真と手紙による交流を行い，太郎も父親に会いたい気持ちもあることから，吉男は面会交流を行うにあたり，「太郎の様子を見ながらその都度工夫する」という抽象的な支援ではなく，ASD や知的障害に応じた言葉かけや接し方を，これから吉男自身が学んでいくという家族への心理教育につなぐ視点も大事であろう。

面会交流の調整

　本ケースでは，家庭裁判所の調停で，家庭裁判所調査官と調停委員会が調整を行った面会交流事件を取り上げた。

　家庭裁判所では，法律に基づいて白黒つけるのではなく家庭裁判所調査官と調停委員会がアセスメント機能を担っており，法律の趣旨を踏まえた上で，当事者同士が納得し，合意し，その後の長い人生においてうまくいくように支援することが大事である。

　法律的な解決を探るのであれば，本ケースでは，虐待などの子どもの福祉に反する状況も見当たらないから，月2回，場所や時間を決めて面会交流せよ，という決定を出すだけでも良いのかもしれない。しかし，太郎にはASDという発達障害があるから，父母ともに，子どもの発達障害を理解し，子どもの幸せを願って無理のないペースで関わり続けることこそが，子どもの福祉にかなうものである。

　家庭裁判所調査官と調停委員会が，ASDなどの発達障害について，その診断基準や脳の特性，ブロード・フェノタイプへの対応などの知識を持った上で，いわば軟着陸のような形で今後の長期にわたるであろう子どもと父親の面会交流をセッティングしたことは，司法・面会交流のソーシャルワークのあるべき実践例となるであろう。

　司法ケースにおいても困難を有する家族をサポートするには，対象となる人の発達や障害など個別的状況を見て，末長く当事者たちの幸せになるように，想像力を働かせながらソーシャル・サポートを行うことが望まれる。

◆ディスカッション

1　面会交流を円滑に行うための支援は誰が，どのようにすれば良いであろうか？

2　紛争性の高いケースの面会交流では，どのような対処が必要か？

明石市の面会交流支援の取り組み

　明石市では，面会交流支援プログラムも行っており，「こどもと親の交流ノート」「親の離婚とこどもの気持ち」などの冊子が作られて，インターネット上からもダウンロードできる（図5-10）。

　他にも，米国で開発され日本の研究グループで試行されているFAITプログラムにより，面会交流の支援が行われている。

　こうした自治体レベルでの支援体制づくりは今後全国に広まることを期待したい。

　面会交流は何よりも子どもが安心してできる環境によって行われることは言うまでもない。子どもが親に愛されている，関心を持たれているという実感を持てるようにするのは，大人であり社会の責任であろう。

養育手帳

こどもと親の交流ノート

明石市政策部　市民相談室
〒673-8686
明石市中崎1丁目5番1号
電　話　078-918-5002
FAX　078-918-5102

※このノートは，明石市こども基金により作成しました。

子の氏名

明　石　市

図5-10　明石市の面会交流支援ノート

子どもへの虐待と児童福祉法28条ケース——発達障害のある子どもへの虐待と，家族への支援

　児童虐待のケースの中に，子どもに発達障害がみられる事例がある。特にADHDや知的障害のあるケースでは，虐待を受けるリスクも高まるとされている。こうしたケースの場合，まずは子どもを保護すること，虐待が疑われる親に対して，なぜ，どのような状況で虐待行為をしてしまうのかアセスメントを行い，それに基づいて支援方法やしかるべき措置に移ることが望まれる。

　母（親権者）：板橋彩子（仮名・29歳），児童：板橋亮（仮名・9歳，小学校3年）
　事件の発端は，板橋親子が住んでいるアパートの近隣住民から，児童相談所の虐待通報ダイヤルに「小学生が暴力を振るわれて泣き叫んでいる」「寒い夜に外に出されて放任されている」との通報がたびたびあったことである。また，亮が通う小学校の校長からも「顔にアザがあり，虐待を受けているのでは」と児童相談所に相談があった。
　児童相談所の児童福祉司である浦和順子が，亮の様子を観察したところ，確かに母親の彩子による暴力やネグレクトが認められた。そこで浦和順子が彩子に「あなたも大変だろうし，息子さんもこのまま暴力を受けていては生きていけないから，児童養護施設に入所させましょう」と提案したが，彩子は「なんで役所が私の子どもを奪うのよ。亮が言うことを聞かないで反抗するので，しつけとして叩いているだけ。人の子育てに口出ししないで」といって施設入所を拒否した。
　そこで，児童相談所では要保護児童対策地域協議会（要対協）会議を開いて，亮の生命が第一であるから，立ち入りして一時保護を

行い，家庭裁判所に養護施設への入所許可を求めて申し立てた。

事件を受理した家庭裁判所の担当調査官が母の彩子の話をじっくり聞いたところ，以下の生活歴が分かった。

彩子は高校卒業後は定職に就かずアルバイトをしていた。20歳の時に建設業の男性との間に亮を妊娠し，入籍はしたが2ヶ月後に離婚した。もともと彩子は自分の親との関係が悪かったこともあり，20歳で亮を育てていくことを決めたが，亮は幼少期から，衝動的・攻撃的な行動を取る傾向があった。

彩子は，生活保護を受給しながら時々アルバイトをしていた。しかし亮がベランダから物を投げたり，部屋の中で食べ物をまきちらかすなど衝動的な行動に対し，相談相手もいない彩子は亮を叩いてしつけるようになり，近所でも評判になったので，社会福祉協議会のソーシャルワーカーである大宮紀子も時々彩子の相談相手となっていた。

小学校に入ると，亮は授業中に立ち歩いたり，思うようにならないと暴れたり，友達に暴力を振るうことが見られ，学校の助言もあって医師の診断を受けたところ，注意欠如多動症（Attention Deficit hyperactive disorder；ADHD）の診断を受けた。しかし，亮はADHDの薬を飲むことを嫌がり，学校や家庭での衝動的行動は改善されなかった。

彩子は亮を叩いてしまうことを続けていたと涙ながらに語ったのだが，亮が一時保護されたことや施設入所については頑なに拒否をして，児童相談所や家庭裁判所でも激しく抗議する場面もあった。

家庭裁判所調査官が亮に話を聞くと「もう家には帰りたくない」という。

児童相談所の一時保護所での亮の様子は，職員に対してべったり甘えたかと思うと，攻撃的になったりして，愛着の問題も見受けられた。

裁判官は，主治医や学校からも事情を聞いた上で，ひとまずは亮の生命を守るために児童福祉施設入所を認めることとした。しかしこれで終わりではなく，スタートである。児童相談所は，要対協の

一員である社会福祉協議会の大宮紀子と共に，2年後をめどに彩子が亮の引き取りができるように計画をたてることにした。

　具体的には，彩子はADHDについて，まだ理解が不足しているところがあり，どうしても叩いてしまったり，彩子自身もひとりで子育てをしていて行き詰まり感情的になってしまうので，彩子は社会福祉協議会の大宮紀子に随時相談をしながら，ADHDの特徴や支援法などの心理教育を受けることで，亮に対する接し方を学んでいき，段階的に施設への面会を重ねて，お互いに受け入れられるようになることを目標とした。

　このケースでは，当初は虐待をしている彩子を悪者ではないかと考えるであろうが，彩子なりに苦労する人生を送っていて，加害者としてでなく，支援を要する市民であると位置づけ，地域の児童相談所や社会福祉協議会，医療などの支援チームを支えるシステムを作ることが重要であった。また，ADHDについて心理教育を提供することも彩子と亮の今後の生活のために必要な点である。

児童虐待と児童相談所

　児童相談所への虐待通報件数は下図にあるとおり，年々増加している。平成29年度の厚労省の調査では，13万3776件であり，平成12年度の1万

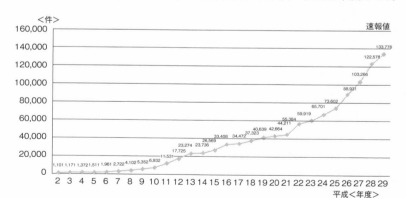

図5-11　児童相談所における児童虐待相談対応件数

7725件から10倍以上の増加となっている（図5-11）。

この増加は，児童虐待の深刻さや緊急性が社会に広まり，たたかれている，子どもが泣き叫んでいる，暴力を振るわれている，食べ物を与えてもらっていないようだ，といった状況を見聞きした市民が，児童相談所などに早めに通報する雰囲気が出てきたことも一因であろう。

児童虐待の種類

児童虐待には，暴力を振るうなどの「身体的虐待」，食事や洋服などを与えないという「ネグレクト」，心理的に子どもがいやがることをやり続ける，言い続けるという「心理的虐待」などがある。いずれも，放置しておくと子どもの生死や，その後の成長に悪影響を及ぼす。本ケースでは，母親である彩子（29歳）が，ひとりで息子の亮（9歳）を養育しているのだが，亮の泣き叫ぶ声や，学校で発見されたアザは「身体的虐待」，夜間に外で放任されているとの情報は「ネグレクト」のサインである。

児童虐待を取り扱う機関

第一には，各都道府県や中核市（横須賀市，金沢市，明石市など）に設置されている行政機関としての児童相談所である。全国208ヶ所にあり，担当エリア内の児童虐待関連の業務を行っている。

また，地域レベルでは，子ども家庭支援センターが置かれている都道府県もある。東京都では，子ども家庭支援センターは，市町村ごとに設置され，児童虐待や子育て全般に関する相談に応じている。また，各地区内に民生委員・児童委員（兼務している）がいて，地域と福祉行政の橋渡し役となっている。

児童相談所では，虐待の通報があった場合などに，まずは任意で調査を行うが，保護者の同意がとれない時や緊急性がある場合は，警察官の援助を得て立入調査をする権限もある（児童虐待防止法9条）。

調査の結果，保護の必要性が高い場合は，一時保護を行いながら，保護者への指導を行ったり，虐待の再開の可能性が高い場合は，養護施設への入所に向けて調整を行う。しかし，保護者が頑なに養護施設への入

所を拒むような時は，家庭裁判所に対して児童福祉法28条による申し立てを行う（下線部筆者）。

児童福祉法28条

第二十八条　保護者が，その児童を虐待し，著しくその監護を怠り，その他保護者に監護させることが著しく当該児童の福祉を害する場合において，第二十七条第一項第三号の措置を採ることが児童の親権を行う者又は未成年後見人の意に反するときは，都道府県は，次の各号の措置を採ることができる。

一　保護者が親権を行う者又は未成年後見人であるときは，<u>家庭裁判所の承認を得て</u>，第二十七条第一項第三号の措置を採ること。

二　保護者が親権を行う者又は未成年後見人でないときは，その児童を親権を行う者又は未成年後見人に引き渡すこと。ただし，その児童を親権を行う者又は未成年後見人に引き渡すことが児童の福祉のため不適当であると認めるときは，家庭裁判所の承認を得て，第二十七条第一項第三号の措置を採ること。

2　前項第一号及び第二号ただし書の規定による措置の期間は，当該措置を開始した日から<u>二年を超えてはならない</u>。ただし，当該措置に係る保護者に対する指導措置（第二十七条第一項第二号の措置をいう。以下この条において同じ。）の効果等に照らし，当該措置を継続しなければ保護者がその児童を虐待し，著しくその監護を怠り，その他著しく当該児童の福祉を害するおそれがあると認めるときは，都道府県は，<u>家庭裁判所の承認を得て，当該期間を更新する</u>ことができる。

　児童福祉法28条は，児童相談所が児童養護施設などへの入所の許可を家庭裁判所に求めるものである。虐待などで児童相談所が子どもを一時保護して児童養護施設に入所させようとしても，親権者が反対する場合に適用される。

　児童福祉法28条の申し立てを受けた家庭裁判所は，児童相談所の申し立てを精査し，児童福祉司，保護者からの聴取だけではなく，医療機関や学校などの教育機関，福祉関係者などから社会的環境の調査を行い，子どもの保護のために養護施設への入所が必要かどうかの審判を行う。

千葉県野田市で2019年2月に起きた心愛ちゃん死亡事件は，児童相談所が一時保護したにもかかわらず，父親の強要に屈して自宅に戻してしまっているが，保護の必要性が高ければ，早急に児童福祉法28条の申し立てを家庭裁判所にすべき事案であったといえよう。

児童虐待，悪いのは保護者か？

ケース1での議論を思い返してほしい。

県営住宅の家賃が支払われずに中学生の娘を殺害してしまった事例であるが，最初に筆者が学生に印象を尋ねたときは，「母親はなぜ，相談しなかったのか」「母親はもっと働けたのではないか」という母親の自己責任論も多く見られていた。しかし，母親は，市役所の福祉窓口に行っても話をすることができず，給食センターのパートだけで生活は苦しかった。

本ケースでも，悪いのは「母親」なのであろうか？

児童虐待のケースが報道されると，親が悪者になることが多い。本ケースでも，若くして子どもを産み，子どもが衝動的・攻撃的でADHDの診断を受けていたとしても，子どもを叩いたり，放任することが許されるわけではないであろう。

しかし，このケースで母親である彩子だけに責任を負わせることで良いのであろうか？　読者が彩子と同じ立場にたったら，どんな支援が必要だろうか。

ADHDとは何か？

本ケースで，彩子が亮の養育に苦慮していた事情として，亮にADHDがあり，行動が衝動的，攻撃的で家の中でもベランダから物をなげたり，部屋の中で食べ物や皿を蒔き散らかすなどの行動があったにもかかわらず，彩子は相談相手もいないため，やがて亮を叩いたり，放任するようになってしまったという事情があった。

ADHDの原因ははっきりと解明されているわけではないが，脳内の神経伝達物質がうまく働いていないために，不注意や衝動的・攻撃的な行動となっているといわれている。服薬によって，神経伝達物質のはた

らきが良くなることで，落ち着きや集中を取り戻すとされている。このように，ADHD は脳の器質的な障害が原因であるが，衝動的・攻撃的な行動が，本ケースのように養育者の虐待を誘発しやすいことも知られており，これが ADHD の二次障害ともいえる。

こうした，二次障害を防ぐためには，服薬を含む医療的措置と，子どもや保護者に情緒的サポート・道具的サポートを行う心理的・福祉的措置が必要である。

また，ADHD の子どもを養育する母親は，子どもが思うようにならない焦燥感，周りに理解してもらえないつらさ，相談しにくさ，といった苦しい精神状態に置かれ，自分の苦労が理解されないという心情の裏返しとして，指導する機関や援助者に対して拒否的になることも多い。

よって，ADHD などの発達障害のある子どもの保護者や，児童虐待が疑われる保護者に対して，地域の支援者や行政・司法機関の職員が心に留めておかなければならないことは，「この親は，助けを求めている」「この親は，聞いて欲しいことがある」「この親は，焦りがある」と親の心情に思いをめぐらせることである。

通常の学級における発達障害の生徒の割合

平成25年度の文科省の全国調査では，ADHD傾向のある生徒は全体の 3.1％，ASD傾向を示す生徒は 1.1％，学習症（LD）の傾向を示す生徒は 4.5％であり，いずれかの傾向を示す生徒は 6.5％となっている（表5-6）。つまり，1クラスに2～3人はこうした発達障害傾向，すなわち支援を要する生徒がいることがこの調査で明らかになっている。

ADHD の子どもの場合，障害それ自体だけでなく，いじめや疎外による二次障害や，親の育てにくさ，親の虐待的行為の誘発のおそれなども念頭に置く必要がある。

虐待ケース　保護はゴールではなくスタート

ところで，本ケースでは，児童相談所への虐待通報や，小学校の校長からの相談を契機に，亮への虐待が疑われ，児童相談所の児童福祉司である浦和順子が担当となって，母親である彩子に養護施設の入所をすす

表5-6　平成25年　文科省「通常の学級に在籍する発達障害の可能性のある特別な教育的支援を必要とする児童生徒に関する調査」

	推定値（95%信頼区間）
学習面又は行動面で著しい困難を示す	6.5%（6.2%〜6.8%）
学習面で著しい困難を示す（LD傾向）	4.5%（4.2%〜4.7%）
不注意または多動性-衝動性の問題を著しく示す（ADHD傾向）	3.1%（2.9%〜3.3%）
対人関係やこだわり等の問題を著しく示す（ASD傾向）	1.1%（1.0%〜1.3%）

めたが，彩子は反発している。家庭裁判所に児童福祉法28条の審判申し立てが児童相談所からなされた後に，家庭裁判所調査官が詳しく彩子と亮の生活歴や生活状況を調査したことで，亮の ADHD が彩子の虐待を誘発していることや，地域の社会福祉協議会のソーシャルワーカーである大宮紀子が彩子の相談相手にとなり，チーム支援が形成されていった。

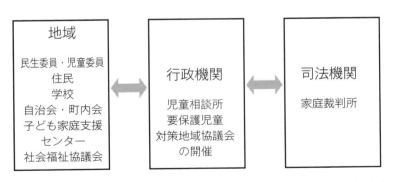

児童相談所や家庭裁判所がゴールではない！　地域がゴールという視点を

図5-12　児童虐待の対応機関

司法ソーシャルワーク——福祉・社協との連携

　児童虐待に関する児童相談所や家庭裁判所における司法心理アセスメントとソーシャルワークで考えなければならないのは，一時保護や施設入所だけを目的・ゴールとするのではなく，長い目で見て，亮が彩子の元に帰った時に，安心して地域社会で亮が暮らせるような仕組みまで，サポートする側が計画するということである。

　親から子どもを引き離すという短期的視点だけでは，保護者も反発を強めるだけである。長期的視点を持ち，地域での生活をゴール（あるいは新たなスタート）として，どうすれば母親である彩子が地域で相談しながら子育てをしていけるかの環境整備が鍵である。彩子も，息子である亮と離れるのは，たとえ虐待をしていたとしても辛いことである。しかし，虐待をしていたのは事実であり，今同居できないとしても，いずれは周囲や地域の福祉や心理の専門家の協力を得て子育てを再開できるように相談システムをつくり，あくまでも主となる舞台は地域であることを念頭に置くべきであろう。

定期的な支援会議と，地域支援チームの結成

　虐待対応では，児童相談所と家庭裁判所だけではなく，地域の機関である社会福祉協議会や民生委員・児童委員，保健所，医療機関，子ども家庭センター，学校などが組み合わさった地域中心の支援チームの要対協（要保護児童対策地域協議会）である。家庭裁判所は司法機関であり，決定機関であるから独立性が求められる立場でもあるが，オブザーバーとしてでも，地域のつながりに身を置き，単に施設入所の有無を決定するのではなく，子どもや親が，それぞれの地域に戻り，新たな生活がスタートするまで，どんな支援策をとれるのか，参与的に関わることが必要であろう。

　司法心理アセスメントとソーシャルワークは，行政機関だけでなく，地域のメンバーと共にあることが望まれるのである。

支援のためのモデル――BPSモデルによるアセスメントと支援

　本ケースを見ても分かるように，困難な状況にあるのは，子どもだけではない。虐待事例と言っても，親を悪者にするのではなく，虐待をしている親もまた，クライアントとしてとらえるべきである。今後の親子関係の構築や，親の生き直し，地域での新たな生活の実現のためには，親を責めるだけでは十分ではなく，「生得的な面」「心理面」「社会面」のように，困難な状況にある子ども（だけではないが）を理解するための，アセスメントと支援策をBPSモデルで検討する（p.88，第3章参照）。

　このモデルはEagle（1977）によるもので，BPSとはBio-Psycho-Socialの頭文字をとったものである。つまり，「生得的な面」「心理面」「社会面」の頭文字である。

　ケースに即して考えてみよう。亮に関していうと，「Bio」つまり「生得的な面」では，ADHDという発達障害があり，家庭内や学校で衝動的・攻撃的な行動が見られていた。また，「Psycho」心理面では，母親から叩かれたり，夜間に放り出されることで，自分は親に愛されているのかという不安が高まったり，苛立ちが押さえられないなどの二次障害がある。「Social」では，学校や地域で相談できる体制がなかったことがあげられる。

　このように問題はADHDの対策だけではなく，3つの視点からアセスメントを行い，それぞれの対策を行うことが重要なのである。ADHDだけに特化したアセスメントや対策では不十分であろう。

　同じように，母親の彩子に関しては，「Bio」生得的な面は特にないが，「Psycho」では，実家や地域の援助も受けられず，若くしてひとりで子どもを育てながら，発達障害の子育てに関するアドバイスも受けられず，思い悩むままに子どもに暴力や放任という形であたってしまい，自信の欠如とともに，周囲は分かってくれないとして関係機関への攻撃的な行動として表れていたとみることができる。「Social」社会的な面では，やはり子育ての悩みについて地域社会が共有できていない，地域の相談機関につながっていないことがあげられよう。

　このようにBPSモデルは，悪者さがしではなく，アセスメントと支援の方策を考えられるモデルとして有用である。

◆ディスカッション

　本ケースでBPSモデルを用いて，図5-13にそれぞれ「経緯」と「支援策」を記入し，どのようなアセスメントを行い，どのように支援していくかの具体策を検討してみよう。

事例・支援を考える際の BPS モデル

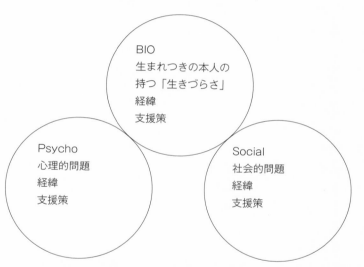

図5-13　BPSモデルで事例について経緯と支援策を考える（Bio-Psycho-Social model, Engel, 1977）

ネグレクトにより貧困に陥った高校生のケース──社会資源とつなげるユースソーシャルワーカーの役割

　虐待対応については，児童相談所だけでなく，子どもが普段生活している学校での早期対応も重要である。しかし，学校の教員は司法や福祉の専門家ではない。必要な支援を行うためには，スクールソーシャルワーカーが学校と児童相談所や福祉・医療，司法機関などが連携するため体制づくりを行うことが望ましい。

　本ケースでは，東京都教育庁で実施されている自立支援事業で，ユースソーシャルワーカーがネグレクト状態にある高校生の支援をしたケースについて検討しよう。

　都立高校2年生の戸田恭子（仮名・17歳）は，中学・高校と成績が優秀であり，将来は大学で社会福祉士になるための勉強をすることが夢であった。なぜならば，恭子自身が社会福祉的援助を必要としていたからである。

　恭子には，父の重明（49歳）と母の友恵（52歳），弟の幸夫（15歳）がいた。しかし，母は2年前に病気で亡くなってしまった。その後，父と一緒に暮らしていたが，父はもともと遊び好きであり，子どもたちの面倒を見るタイプではなかった。そして，父は新たな交際相手との生活を優先して，家を出て行ってしまった。

　恭子は中学生の弟と2人暮らしになった。父から毎月3万円をもらうことになったが，生活費が全く足りない。みるみるうちに痩せてしまい，見かねた都立高校の担任の山田先生（男性）が恭子に生活状況を聞くと，父が出て行ったこと，お金に困って食べ物に事欠いていることを苦しそうに話した。そして，学校も不登校気味となり，成績も低下して，進級も危ぶまれるようになった。

　山田先生は高校の校長と副校長に相談した。富山校長は児童相談

所に「ネグレクト」事案として相談を行った。しかし，校長は児童相談所は他の緊急の虐待案件で忙しく，思うように動いてくれないように感じられた。富山校長は恭子に進学の夢を叶えさせたい，生活を改善させてあげたいという気持ちになった。

ちょうど，東京都では平成28年度から，都立高校の生徒に対して自立支援事業として，ユースソーシャルワーカーの派遣を開始していたため，校長は南部学校経営センターと相談のうえ，所管の東京都教育庁の生涯学習課に対して，ユースソーシャルワーカーの派遣を要請した。

教育庁では，ユースソーシャルワーカーの三田秀子が担当となり，高校に赴いて，山田先生や富山校長と面談を行った。

そこでの，三田ユースソーシャルワーカーの見立ては次のようなものである。

現状では，学校と児童相談所の関係がうまくいっていない。学校と児童相談所の間の調整も必要であるが，現状では恭子の生活面・経済面に緊急の支援が必要であるから，まず生活保護を受けるための福祉事務所への働きかけを行う。また，地域の支援機関である「子ども家庭センター」と連携し，恭子や弟の状況を把握する。

そのうえで，支援チームを結成することとなった。

支援チームは，校長がチームリーダーとなり，三田ユースソーシャルワーカーが支援チーム会議の運営を行った。参加者は，児童相談所，区の生活保護のワーカー，子ども家庭センター職員であった。

支援チーム会議では，恭子の現状を共有した。食べ物や洋服も困窮していて，緊急に生活保護が必要であること，生活面の見守りが必要であることである。支援チーム会議が開催されたことで，児童相談所も生活保護のワーカーも事の重大性を理解し，すぐに子ども家庭センターと共に恭子宅を訪問し，生活保護の受給の手続きを行った。

また，恭子はしっかりした性格で，弱みをあまり人に見せずに自分で抱え込むタイプであったが，子ども家庭センターの職員が受容的な関わりで見守り，見回りをしていたため，徐々に心を開くよう

になり，これまでのつらさを打ち明け，それでも進学したいとの希望を話していた。

　父親とは相変わらず連絡がとれず，生活費の納入もされていないが，恭子は生活保護を受給することができ，心理面は地域の子ども家庭センターの支援を受けて，高校3年になって，登校を再開できるようになった。山田先生は，恭子に「よくがんばった，いつでも待っている」と励ました。また三田ユースソーシャルワーカーは，引き続き第2回の支援チーム会議の開催のための準備を行い，関係機関が継続して恭子に関わり続けられるよう，特に家に近い子ども家庭センターと生活保護ワーカーの関わりが続くような仕組みづくりに重点をおくことにしたのである。

　（この事例は架空のものである）

心理的アプローチの限界

　2001年に小中学校や高校にスクールカウンセラーが配置される事業がはじまり，各学校で相談室が設置され，心の悩みを気軽に相談できることになったのは大きな進歩である。またスクールカウンセラーは，受容や傾聴のカウンセリングだけではなく，教職員に対する心理教育や，災害時の心のケアや，地域の精神衛生にも関わりを持つようになり，心理カウンセラーが，従来型の相談室でクライアントを待っているだけではなく，相談室から積極的に教室や地域に出て活躍する場面も増えてきている。

　ただし，本ケースのように，心の悩みだけではなく，ネグレクトなどの事情で生活費が不足し，食べ物や衣服にも事欠いているという状況に陥ったときには，心理的アプローチだけでは十分ではなく，福祉事務所や児童相談所などの子どもの福祉に関わる関係各所と連携する職種が必要となってくる。その職種がスクールソーシャルワーカーである。

スクールソーシャルワーカー制度の発足

　2008年にスクールソーシャルワーカー制度が文科省により始められたが，主に派遣先は小中学校である。スクールソーシャルワーカーは，心

理的な配慮もしつつ，子どもの生活を保障するための活動を機動的に行う。

スクールソーシャルワーカーが持つべき視点──支援チームの運営と，地域での問題解決へ

　スクールソーシャルワーカーの業務は「アセスメント」「コーディネート」「相談支援」である。中核となるのは「コーディネート機能」であり，困難を有する生徒に関わるいくつもの機関，たとえば「学校」「医療機関」「福祉機関」「家族」「子ども家庭センター」「社会福祉協議会」などを，「つなぐ」役割である。

　スクールソーシャルワーカーは，つなぐにあたって「支援チーム会議」の運営を，学校の管理職などと相談しながらすすめていく。スクールソーシャルワーカーはつなぎ役であり，実際の支援を担当する福祉担当者や学校担当者，医療担当者同士の場の設定をして，実際に支援が動いていくように調整していく。その際に大事なことは，ある機関にケースを丸投げするのではなく，「地域コミュニティで見守るチームづくり」であることを意識することである。

東京都教育庁のユースソーシャルワーク事業

　従来のスクールソーシャルワーカーは主に小中学校に派遣されているが，高校には派遣されていない。そこで，東京都教育庁では平成29年度から「都立学校『自立支援チーム』派遣事業」を実施している。本制度は従来型の社会福祉士を中心とした関係機関とのコーディネートを主とするスクールソーシャルワーカー制度と，新たに学業が苦手な生徒が集まる高校において，進路決定支援（キャリア支援）を行う事業も行っているのが特色である。

　この事業は，都立高校の中でも，単位制高校や，チャレンジスクール（六本木高校など），エンカレッジスクール（足立東高校など），その他，学業などが苦手な子どもや不登校経験のある生徒が多い高校などで，中退予防と就労への支援を行っている。

　スクールソーシャルワーカーではなく，ユースソーシャルワーカーと

名付けている理由としては，学校主体でなく若者(ユース)主体であること，居場所カフェ運営などの「ユースワーク」も想定されていることによる。

　本事業ではユースソーシャルワーカーは48人採用され，そのユースソーシャルワーカーに対して支援や調整を行うユースアドバイザー6人を東京都教育庁に配置している。

　ユースソーシャルワーカーは，社会福祉士や精神保健福祉士，臨床心理士・公認心理師などの資格を持つ「社会福祉系」と，学外のハローワークや若者サポートステーション，都立職業能力開発センターなどと連携をとって，若者のドロップアウトを防ぐ「就労支援系（キャリア系）」がある。こちらはキャリアコンサルティング技能士などの有資格者が多い。

継続派遣と要請派遣

　ユースソーシャルワーカーは，「継続派遣」と「要請派遣」に分かれている（図5-14）。

　「継続派遣」とは，年度初めから週に2〜3回程度，定期的に訪問し，学校スタッフの一員として，学校管理職や教員，事務部，そして生徒たちと顔なじみになって，面談を繰り返している。

　特に，定時制高校やエンカレッジスクール，チャレンジスクールでは，

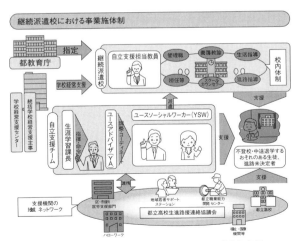

図5-14　東京都教育庁ユースソーシャルワーカー派遣事業

高卒後の進路を決められない生徒が多いが，教員は忙しかったり，キャリア支援に関しては，専門ではない。また，生徒のほうも，担任に対しては相談するのが気恥ずかしい面もあるが，ユースソーシャルワーカーが第三者的な専門家の立場でアドバイスをしてくれるので，相談しやすい，進路を考えるきっかけになるのだという。

　筆者が見聞きした例では，都立豊島高校の定時制では，これまで卒業生の進路決定率が大幅にアップした。副校長の話では，年度初めよりキャリア支援系のユースソーシャルワーカーが積極的に生徒と関わり，生徒も以前は卒業後について「アルバイトをすればよい」と簡単に考えていた傾向があったが，自分の得意な部分を活かして，どのような職業についたら良いかを早めに考え，就職活動も熱心に取り組むなどの効果が見られたという。

　一方，要請派遣とは，年度を通じての派遣ではなく，ケースが生じた時に，学校長から各経営支援センターにユースソーシャルワーカーの派遣の依頼があり，学校経営支援センターから東京都教育庁に正式にユースソーシャルワーカーの依頼がなされ，専門家も関わる支援会議で議論し，その結果を踏まえて，ユースソーシャルワーカーはどのように関わるべきかをアドバイスするという仕組みになっている。

　ちなみに，本ケースは，継続派遣ではなく，緊急性のある「要請派遣」の一例である。

ユースソーシャルワーカーのはたらき

　ユースソーシャルワーカーが高校に赴き，まずは学校の管理職や教員，自立支援担当教諭，養護教諭，特別支援教育コーディネーター，スクールカウンセラーなどとの関係作りを行う。そのうえで，まず行うことはアセスメントであり，生徒や家族，福祉事務所（生活保護の担当者）や医療関係者などとも面談し，ケース1で見たように，子どもの置かれている状況を縦軸（生活歴）と横軸（家庭状況，周辺状況など）で整理する。そのうえでユースソーシャルワーカーが支援チーム会議をコーディネートし，支援チームでその生徒の支援計画を作成する。

　本ケースでも，最初に期待された仕事は，学校と児童相談所の連携

であった。しかし，ケースのクライアントである恭子は，現に生活費に困窮し，食べ物もなく，不登校状態にあった。父親によるネグレクト事案として，児童相談所の虐待案件として取り組むことも大事ではあるが，それよりも緊急を要するのは，当座の生活費と食物である。そのためには，自治体の福祉事務所と連携し，担当者に早めに動いてもらわなければいけない。それと平行して，地域の子どもと家庭支援の中核である「子ども家庭センター」にも関わりをもってもらうことがコーディネートの要となる。

　児童相談所を動かし，ネグレクトをしている父親にきちんと養育するように働きかけることももちろん大事であるが，それには時間がかかる場合や，期待できないこともある。しかし，当面の生活費や地域機関による相談であれば，すぐに支援を提供することができる。このようにユースソーシャルワーカーが，当面の目標を地域コミュニティの支援の輪をつくることによって，恭子も高校3年になって登校を再開することができたのである。

ユースソーシャルワーカーの制度を広げよう！

　ユースソーシャルワーカーを学校に配置する取り組みは全国的にまだ少ない。また配置されているところも，小中学校の義務教育段階がほとんどであり，高校に配置されているのは，今のところ東京都である。

　しかし，高校生年代はこれからの進路も考えながら，家庭の問題にも対応していかなければならない。高校生でありながら，親の虐待やネグレクトに悩んでいる生徒は数多く，学校関係者や児童相談所だけではなかなか解決に至らない場合も多い。

　そのような時に，支援チーム会議を運営するユースソーシャルワーカーはこれから必要な職種となるであろう。

　家庭環境面や経済生活面，進路決定において困難を感じている高校生年代への支援策として，これからもユースソーシャルワーカー制度が広まることを期待したい。

　ただし，スクールカウンセラー制度も同様であるが，ユースソーシャルワーカーを拡充するとともに，安定した雇用形態にすること，自治体

の常勤職として採用すること，同じ学校に週に数回以上行けるようにすることを今後政策課題として検討すべきである。

ブロンフェンブレナーのシステム理論──アセスメントと支援のために

本ケースではユースソーシャルワーカーが，困難に直面する高校生の支援のために，単なる連絡役ではなく，食べ物や生活費の手当を当面のスタート，地域社会につなぐことをゴールとしてコーディネートや支援チーム会議の運営を行う様子を紹介した。ここでは，その支援活動とその元になるアセスメントのための，理論モデルとして，コミュニティ心理学の分野でよく使われるブロンフェンブレナーの階層理論について説明しよう（図5-15）。

ブロンフェンブレナーのシステム理論は，社会を4つのレベルのシステムの連関としてとらえることにある。その内容は以下のとおりである。

1　ミクロ・レベル

ミクロ・レベルとは個人が直接的，対面的な相互作用のある環境（家庭，学校，職場など）である。本ケースでいえば，いくつかのミクロ・レベルのシステムがある。たとえば「恭子本人」「父親」「学校」「児童相談所」

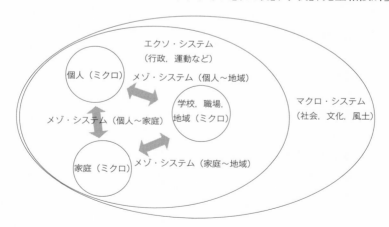

図5-15　ブロンフェンブレナーのシステム理論（Bronfenbrenner, 1979）

「子ども家庭センター」「自治体の福祉事務所」などがミクロ・レベルのシステムである。アセスメントと支援にあたっては，どのようなミクロ・システムがあるのか，それがどのような状態であるのかを探す。

2　メゾ・レベル

　メゾ・レベルとは個人が直接参加している複数のミクロ・システム間の結びつき（家庭―学校，病院―患者など）のことである。つまり，連携体制のことである。「家庭―学校」もメゾ・レベルの一つである。「家庭―学校」「家庭―児童相談所」「家庭―福祉事務所」「家庭―子ども家庭支援センター」「学校―児童相談所」「学校―子ども家庭支援センター」「児童相談所―子ども家庭支援センター」「学校―子ども家庭支援センター」「学校―福祉事務所」「子ども家庭支援センター―福祉事務所」など，ミクロ・システムが多いほど，メゾ・システムも多岐にわたる。しかし，すべてのメゾ・システムをアセスメントと支援をするのは困難である。恭子の支援にとって緊急性の高いメゾ・システムと，アクセス困難で働きかけても効果の低いメゾ・システムを見分けて，緊急度が高く，クライアントの支援に効果があるメゾ・システムに重点的に働きかけることが必要である。

本ケースで，緊急性が高いシステムはなんであろうか？

　やはり，食べ物や衣服にも困っている以上は，生活保護などの経済的支援が何より必要である。しかし，恭子自身が福祉事務所と交渉するのは荷が重いので，地域の支援機関である「子ども家庭支援センターと福祉事務所」のメゾ・システムをターゲットにするのが良い方策であろう。また「子ども家庭支援センターと学校」「学校と福祉事務所」などのメゾ・システムへのアプローチも有効であろう。

　そのうえで，最終的に地域での支援でつなげるために「家庭―子ども家庭支援センター」「家庭―福祉事務所」のメゾ・システムを視野にいれて支援チーム会議を運営し，つなぎ役として働きかけていくこととなる。

　これらを，どのように結びつけるのか，緊急度や効果の見極めなど，メゾ・システムをいかに見いだし，コーディネートしていくかが，支援

の成否を分けるといえるだろう。

3　エクソ・レベル

エクソ・レベルとは個人は直接参加しないが，個人やミクロ，メゾ・レベルに影響を及ぼす環境（親の職場，教育委員会，行政の方針など）のことである。

本ケースでは，たとえば福祉事務所や児童相談所との対応の中で，さまざまな制約が出てくるかもしれない。それは一朝一夕に制度が改善されるわけではない。たとえば，貧困状態にある高校生に対して，すぐに金銭的援助や食べ物の援助をするような制度はないが，こうした事例をきっかけに，制度を作るように働きかけるのも，専門職の大切な役割である。個々のケースワークを通じて制度の矛盾を発見し，そのままにしないで，専門職同士の会議や学会で声を出して発信し，行政や制度を変える意気込みが必要である。ケースでの日常の活動はもちろん大切であるが，ケースの積み重ねで見えてきた専門職ならではの「社会を良くするための専門家の意見」を発信することも，長い目で見て困難状態にある家族や子どもの支援となるはずである。

4　マクロ・レベル

イデオロギーや社会構造を決定する大きなスケールの環境（労働市場，景気，文化，政治など）である。文化や社会風土を変えることは，これも簡単に改善できるものではない。しかし，たとえば生活保護に関していえば，日本では「生活保護は恥ずかしい」「生活保護を受けるのは怠け者」「生活保護を不正に受給」などのマイナスのイメージが強い。そのような社会風土があれば，たとえば本ケースで恭子がユースソーシャルワーカーの働きで生活保護が受給できるようになったとしても「恥ずかしい」「申し訳ない」という気持ちが先にたてば，受給を拒否したり，恥ずかしい気持ちから不登校や引きこもりなどに至ってしまうことも考えられる。恭子は悪くないのに，「自分は悪い」と思い込んでしまうのは，社会風土によるところが大きい。不正受給などには毅然とした対応をすることが必要であるが，多くの受給せざるをえない人々の声を代弁

第5章　家事・民事事件編

ケース編

315

し，子どもや若者は社会の財産であり，彼らが安心して生活し，学業に専念できる環境をつくることが，結果的に国にとってプラスになることを発信していく必要があるだろう。

　このように，ソーシャルワークの専門職は，クライアントの声をミクロ・メゾ・エクソ・マクロの各レベルで「代弁」（アドボケート）していくことが求められる。そして，日々のケースの支援を大切にしつつも，ケースを積み重ねていくなかで，専門職が社会の制度にも発信し，社会風土を変えていく気概も持ちたいものである。

　◆ディスカッション

　本ケースにおいて，ブロンフェンブレナーの4つのシステム（ミクロ・システム，メゾ・システム，エクソ・システム，マクロ・システム）を書き出してみよう（表5-7）。そして，いま各システムがどのような状態なのかをアセスメントしてみよう。そのうえで，どのような支援策が有効かを，ディスカッションしてみよう。

表5-7　ブロンフェンブレナーのシステム理論
本ケースでユースソーシャルワーカーは，アセスメントと支援をどのように構築するか？　ブロンフェンブレナーのシステム理論にあてはめて記入する（グループワーク）

ミクロ・レベル （個人，家庭など）	メゾ・レベル （個人〜組織，など の連結）	エクソ・レベル （行政・法など）	マクロ・レベル （社会・文化）

児童自立支援施設を退所して高校に入学する
生徒へのユースソーシャルワーク

　本章で取り上げた東京都教育庁地域教育支援部の自立支援事業
（ユースソーシャルワーク事業）では，2019年度から，児童自立支
援施設を退所して都立高校に入学する生徒をユースソーシャルワー
カーが支援する取り組みが始まった。教育福祉のみならず司法福祉
的にも意義の大きい事業である。なぜならば，児童自立支援施設は
主に中学生年代で虐待や非行などで家庭養育が困難になり，児童相
談所や家庭裁判所の措置で児童自立支援施設で生活することになる
ので，中学卒業と同時に親元に帰る際の地域への移行期支援が大切
になるからである。これまでは，児童自立支援施設を退所すると同
時に支援がなくなり，再び生活を崩すことも多かった。

　この児童自立支援施設を退所した生徒をユースソーシャルワー
カーが支援する仕組みは，少年院や刑務所などの矯正施設を退所し
た人を地域生活定着支援センターが地域の福祉や医療につなぐ地域
生活定着支援事業（ケース９）と構造がよく似ている。

　地域生活定着支援センターでの課題として，少年院や刑務所，裁
判所でのアセスメント結果が共有されず，改めてアセスメント・情
報収集をするまでに時間がかかり，その間に生活が崩れてしまうと
いうことが指摘されている。

　本事業においても児童自立支援施設・児童相談所，ユースソーシャ
ルワーカー（東京都教育庁）がアセスメント情報を共有する仕組み
が必要である。チーム支援とは，地域生活定着支援事業では，「本
人をまじえたチーム支援が欠かせない」とも言われている。これと
同様にユースソーシャルワーカーでも児童自立支援施設を退所して
都立高校に入った生徒本人も交えたチーム支援会議ができるとよい
だろう。

司法犯罪心理学とは何か？

生きづらさ，困難を抱える人々への支援とは

Go to the people, Go to the community

　これまで，実際の事件や，架空のケースを見ながら，少年非行，発達障害を持つ人や高齢者の触法行為，虐待対応，面会交流，養育費，後見など，さまざまな司法ケースに関わる子どもや家族の支援のあり方について考えてきた。

　これらのケースを見ても分かるように，新聞記事では遠く離れた世界のように感じられる少年事件や刑事事件，家事事件（面会交流など），児童虐待などの出来事も，実際はどの家庭や誰にでも起こりうるのである。

地域との連携をはかる

　支援のゴールとは何かを考えるのは難しい。どのケースも終わりはなく，困難を有する家族や子どもへのサポートは生涯続くものであろう。

　しかし，支援者や専門家の人数，財源，資源は限られている。そこで，一つのゴール（あるいは中間目標）として「地域との連携」を挙げておきたい。

　司法ケースでは，判決を出す，刑務所に入る，生活保護につなぐ，ことはゴールではなく，スタートである。そして中間的ゴールは，その人々が暮らす，地域でのサポート体制を構築することであるといえる。

　たとえば，少年非行について考えてみよう。地域や家庭で少年の行動が抑えられなくなり，警察や児童相談所，家庭裁判所が関与し，少年院で教育を受けたとする。しかし，いつまでも少年院で過ごすわけではない。1年後には親元に帰ることが多い。その時に，地域や家庭でのサポート体制が構築されていなければ，また同じことを繰り返してしまうだろう。

　そこで，司法心理・福祉職の仕事は，医療や司法の専門家と，家族や学校，地域住民によるサポート体制，ソーシャルネットワークを構築するチームを作り，その一員となることといえる（図6-1）。

　支援の枠組みとして，縦軸は，支援者の軸であり「専門家」と「市民」，

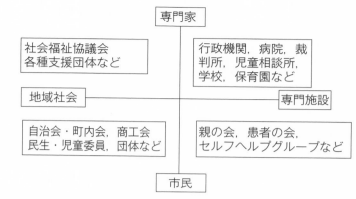

図6-1　社会問題解決・ソーシャルサポートの場

横軸は支援の場として「専門施設」と「地域社会」と併置した。

　たとえば，ケース１の中学生の娘を殺害してしまった事件を思い返してみよう。行政機関（県の住宅課や市の福祉課）が入居者の困窮状態について情報共有していただろうか？　地域社会では，県営住宅の自治会や民生児童委員は機能していたのであろうか？

　県営住宅で家賃が支払えずに困窮していたという事情を，自治会や町内会，社会福祉協議会では，どれほど危機感を持って共有していたのであろうか？

　また，上記の事件では，悩みを抱えた母親が誰にも相談できずにいたのであるが，同じような悩みを持った親同士が集まるセルフヘルプグループにつなげられなかったのだろうか？　セルフヘルプグループなど専門家と市民グループの連携・支援によって，ソーシャル・サポートがはじまり，相互に悩みや解決策を相談でき，本件のような事件を予防できた可能性もある。

ソーシャル・サポートとは

　ソーシャル・サポートは，ケース１でも紹介したように，道具的サポートと情緒的サポートを共に満たすことが必要である。ソーシャル・サポートが多いほど，支援チームが広がり，結果的に事件を予防することがで

きるほか，サポートを受ける人々が，「自分はここに居てもよい」とい
う自尊心を持つことができる。

どのような人々であっても，自分に役割や承認が与えられることによっ
て，生きる価値を見いだすことができる。たとえ貧困や虐待などの状況
下にあったとしても，セルフヘルプグループで互いの状況を聞きあった
りアドバイスしたりすることにより，その人自身が必要とされていると
いう実感を持つことができる。

その意味では，専門家によるサポート体制の構築とは，地域社会の中で，
その人の役割や承認を見いだす，作り出すこと，といえるだろう。人に
は役割や承認があると，自分がこの社会で生きていても良い，役に立っ
ているという感覚が生まれるのである。

共生社会（Inclusive society）

2016年に横浜市で開かれた国際心理学会では，筑波大学の柘植雅義教
授による，特別支援教育に関する講演が行われた。

その講演で印象に残った話は大工の話である。薬師寺などの古い建築
は「不揃いの木」を編んでできている，「不揃いの木」すなわち多様性
がある方が強度が高いとのことで，学校やクラスも，多様性（ダイバー
シティ）があると良いクラスになるという。

この2016年は発達障害者支援法が改正された年である。発達障害に
ついては本書でも取り上げたが，この発達障害者支援法は国連の障害者
権利条約への批准に合わせて，合理的配慮（reasonable accomodation）
が明記された。

同じく2016年に障害者差別解消法が制定された。これは禁止法では
なく予防啓発法であり，国や自治体，企業や学校が障害者に対する差別
をなくし，合理的配慮を行う義務があることが明記された。

さらに，最近のキーワードとして「共生社会（Inclusive society）」がある。
社会的包摂（Social inclusion）に近い概念であるが，地域や学校でもいじめ，
不登校，外国人，障害のある人などさまざまな人が「共生」できる社会
づくりが目指されている。地域や学校の中の多様性に配慮することにさ
まざまな困難状況にある人と共生していく社会への姿勢が求められてい

る。

　コラムでたびたび取り上げた明石市では，駅前のスターバックスや商店街にも聴覚障害の人が会話できる筆談ボードや手話フォンが設置されている。また商店での簡易スロープの設置にも補助金を出しており，その結果，商店街の客の数も増え，聴覚障害者の市議会議員も生まれているという。

　われわれの社会とは，一人ひとりが不揃いの木であり，形も強さも長さも違う。それぞれが良いところも，苦手なところもある。そうした一人ひとりの市民が連なり，地域社会を作り，誰もが社会的に排除されない社会をめざし，不揃いの木を組み合わせていく。それが共生社会なのであろう。

　困難を有する家族や子どもへの支援への理念として，不揃いの木を集めて一つの建物を作るような共生社会のイメージを共有したい。

司法犯罪心理学と特別支援教育学およびコミュニティ心理学との関係

　2018年6月に起きた新幹線内殺傷事件は，理論編でも述べたとおり，自閉症の診断をうけた青年が，定時制高校や自立支援施設に居た時は適応的生活をしていたものの，職業生活への移行がうまくいかず，家出や野宿を繰り返し，社会への反感と自殺願望を募らせ，自暴自棄的な殺傷事件を起こすに至っている。その行為が許されるものではないとはいえ，この青年に対して，われわれの社会は何ができていて，何ができていなかったのだろうかと自問しなければならない。

　この事件の後，新幹線の手荷物検査が議論されたり，車内に防具を備え付けるなどの対策が報道されたが，他の路線やバスなどの公共の場ですべてが防げるわけではない。本当に必要な予防とは，こうした生きづらさや困難をもつ子ども・大人・家族を，個別的かつ社会的に支援し，自分たちが支援を受けながら生きていく価値があると信じてもらうことにある。

　司法ケースでは，この新幹線内殺傷事件のように障害のある人やその家族に対して幼少期・思春期において特別支援教育やコミュニティにお

けるソーシャル・サポートが十分に行われていなかったり，成人期において職業リハビリテーションやセルフヘルプグループなど必要なサポートがされていないケースがよく見られる。このことから必要なのは，周産期・幼少期・学童期・思春期・成人期を通じたライフステージごとの特別支援教育やコミュニティにおけるソーシャル・サポートの充実である。

　理論編・ケース編で見てきたとおり，司法ケースでは，高齢者が生活に困窮して犯罪に至ったり，発達障害のある人が支援が受けられなかったり，養育費や面会交流の紛争が高まって困窮やメンタルヘルスの不調になることが多い。そこで，司法心理・福祉の専門職は，目の前の個別ケースの対処に全力を尽くしつつも，社会の不平等や格差，施策の不備，政策の提言などにも目を向けていかなければならないと筆者は考える。

　その観点から，本書のコラムでたびたび取り上げた明石市の施策は，

　　1．児童扶養手当の月別支給と生活支援員の家庭訪問の組み合わせ
　　2．面会交流プログラムの提供，子ども養育プランの作成
　　3．養育費の立替制度
　　4．犯罪被害者支援としての家賃補助，転居費用補助，損害賠償立替制度，育児支援，介護支援，家事ヘルパー支援，弁護士相談，心理士による心のケアの提供
　　5．再犯防止施策として，更生支援ネットワーク会議の開催や条例制定など

加害者と被害者を出さないため，自治体でできる司法心理・福祉的支援を積極的に行っている。こうしたコミュニティ心理・福祉学的な施策を，専門職・支援者が当事者と協力して議会や行政に働きかけ，広めていくことも，共生社会への近道であり，司法ケースに関わる者の使命といえよう。

わたしも当事者

　本書ではさまざまな司法ケースを紹介してきた。しかしこれらのケースを，読者はどこか遠くの世界の話と思っているかもしれない。

　しかし，読者の中でも，幼い頃からの記憶をたどると，お店で万引き

をしてしまったこと，親に厳しく叱られたこと，きょうだいや家族に辛い思いをさせてしまったこと，いじめに加担したり見て見ぬ振りをしてしまったこと，子どもを叩いてしまったり暴言をしてしまったこと，家族や友人を傷つけてしまったことなど，人には言えないさまざまな負の思い出があるだろう。

　筆者ももちろんその思い出のあるひとりである。人間誰しも，思い出したくない，捨ててしまいたい過去や思いを抱いている。そう考えると，これまで本書で取り上げたケースに登場する人たちも，われわれと同じ人間なのであり，違っていたのはサポートの有無や育った環境だったのかもしれないのである。

　司法犯罪心理学の実際のケースを考えるにあたって，もっとも大切な基本的姿勢は，さまざまな司法ケースを通じて，同じ弱い面を持った人間同士の支え合いを構築するという視点ではないだろうか。

支援を求めている立場に立つ

　2019年6月に，カナダ・モントリオールで開かれた国際司法メンタルヘルス支援学会（IAFMHS: International Association of Forensic Mental Health Service）では，ニュージーランドでマオリ族の犯罪研究・支援者である Tapsell 博士の講演が行われた。Tapsell 博士によるとマオリは人口の15％（ヨーロッパ系は70％，アジア系12％，太平洋諸島系7％）にもかかわらず，刑務所など矯正施設入所者はマオリが50％である。マオリは，個人より部族や，家族へのつながりが強く，縁故や自然を大切にする一方で，失業率が高くアルコールや薬物依存者が増えている。

　そこで，Model of Care（https://www.ottawahospital.on.ca/en/our-model-of-care/）というプログラムにより，マオリの受刑者の支援は，マオリ地域で，マオリ精神科スタッフによる，マオリの言葉で行うことになった。個別プログラムを組み，薬物療法，CBT（認知行動療法），暴力防止プログラム，ソーシャルスキル，職業スキルなどのリハビリテーションプログラムを行っており，マオリのマオリによるマオリのための司法福祉プログラムというところが特色だという。マオリは自然崇拝なので，刑務所はマオリの文化を重視し，自然に囲まれた場所で，マオリ

の彫刻，文様，歴史がいたるところで学べる。またマオリの芸術品（カービングという）を作る作業療法もあり，マオリとしての自尊心，自己肯定感を高めるプログラムになっているのが興味深かった。また，刑務所のある地域コミュニティへの説明もなされており，収容施設のフェンスは透明の板であり，施設も低層で屋根の形もまちまちで，住宅地のようでもあった。

　この Model of Care というプログラムは，受刑者を隔離するのではなく，受刑者のマオリに，スタッフも文化も合わせるのだという。つまり，対象者を変えるのではなく，環境や人的資源を変えるという，対象者中心の支援になる。

　国の文化や政策に押し込めるだけでなく，出身地や出身民族の特色に合わせて，かれらが出自に自尊心を持つことにより，矯正プログラムや支援も受けやすくなる。

　同じく同学会で，公共政策・経済研究者で司法・矯正機関においてパーソン・ファースト・アプローチを研究する Wolff 博士は，刑務所や少年院にいる人は以下の特徴があると述べている。

1　Harm　自分を害だと考えたり，自分を刑務所などではロボットのように思う。自分が不完全であり，未来への展望が持てないと感じている。
2　The Quest of the cursed　被収容者は支援者に対しては，「誠実，共に成長してくれる，安心感がある，尊敬できる，受け入れられている，温かい，心地よい」関係を求めている。
3　The Union - Will I accept me?　自分で自分を受け入れられないでいる。

　そのうえで，刑務所などの矯正教育プログラムについて，それは本当に自発的な選択なのか？　支援者はよかれと思ってさまざまなサービスや支援を提供するが，押しつけになっていないか。その人の意思（willingness）や選ぶ能力を尊重し，支援プログラムに参加する選択を与えているか？　と問いかけていた。そして触法行為をした人に一番大切

なことについて Wolff 博士は「リスニング・リスニング・リスニング」
と繰り返し，パーソン・ファースト・アプローチ，つまり，受刑者では
なく人として接すること，その人の生活歴や文化を「聴くこと」から始
まると述べていた。

　日本の司法ケースを理解する時も同じことがいえるであろう。私たち
は，触法行為をした人をフェンスの向こう側の人ととらえるのではなく，
その人たちの文化や背景，生活状況をまずは「知る」こと，「リスニン
グすること」そしてその文化を尊重し，私たちのほうから，歩み寄るこ
とで，彼ら・彼女らが安心して相談できる関係づくり，組織的支援体制
をつくることの一歩となるであろう。

　本書のケース編では銚子市の母親による娘殺害事件，川口市の少年事
件，ASD の触法事例，矯正施設からの退所者への支援（地域生活定着支援），
親権・面会交流，養育費，成年後見，児童虐待，ユースソーシャルワー
クなど，実際にこの世の中で起きている事件や，それに類する架空ケー
スを特別編を含め 16 件紹介した。

　これまでの司法犯罪心理学のテキストでは，殺人・放火など事件の類
型別に研究しているものが多かったが，実際には世の中で起きている司
法ケースというのは，本書でとりあげたように誰にでも起こりうる生活
に身近な出来事がきっかけになることが多いのである。

　筆者は，これらのケースを講義で学生に紹介し，討論をしながら，い
つも自問自答する。

　　「私は，これらのケースを，他人事として教えていないだろうか？
　　自分とは関係ない高みの見物のような教え方・伝え方をしていないだ
　　ろうか？」

　たとえば，もし筆者自身が子どもと面会できず，誰にも相談できなかっ
たら苛立ちが高まって事件を起こしてしまうかもしれない。元配偶者か
ら養育費が支払われず，昼夜働かざるをえなければ，子どもを夜間放任
してしまい，子どもの生活が乱れて，自分でも感情が抑えられずどうし

ていいのか分からなくなってしまうだろう。

　このように，これらの司法ケースは，特別な人が，特殊な性癖で起こ
した事例ではなく，誰しもが同じ立場になれば起こりうる事例なのであ
り，そのことを学生たちには理解してもらいたいと思っている。「誰し
も起こりうる問題」ととらえ，その解決のためには，当事者だけの努力
ではなく，「社会全体で解決のために取り組む」という視座が欠かせない。

　困難な状況にある人々に寄り添う司法犯罪心理学とは，触法行為をし
た人の心を「解明」するだけでなく，「心の声を聴き，社会とつなげる・
つながること」といえよう。

Go to the people

　司法領域であるか否かにかかわらず，心理・福祉の専門家による支援
は，困難な状況にある家族や子どもが，地域社会や市民による見守りや
協働の体制を構築することである。その時に心に留めておきたいことは，
支援を受ける子どもや家族がそれぞれの役割を持ち，生きる意味を見い
だせるようにすることを，手助けすることである。

　その観点から，最後に紹介したいのは，近現代中国の平民教育運動・
郷村建設運動の指導者・晏陽初（Dr. James Yen　ジェームズ・イェン／
1890-1990）による詩である。この詩は今日多くの開発組織に引用されて
いる（特定非営利活動法人HANDSのホームページより）。

　この「Go to the people」の詩は，支援者は，人々のなかに入っていき，
そのうえで，困難のなかにある子どもや家族が「自分たちでもできた」
と思えるような支援の在り方を教えてくれる。つまり，支援者ではなく，
支援を受ける子どもや大人こそが主人公なのである。

　この「Go to the people」の理念を胸に，これらも困難な状況下にあ
る家族や子どもに，心理社会的支援を行っていこう。

GO TO THE PEOPLE （人々の中へ）

晏陽初　Dr. James Yen

Go to the people （人々の中へ行き，）

live among them （人々と共に住み，）

learn from them （人々を愛し，）

start with what they know （人々から学びなさい。）

build on what they have （人々が知っていることから始め，）

teach by showing （身振りで教え，）

learn by doing （自らもその過程から学びなさい。）

not a showcase but a pattern （出来合いのものではなく，いかにそれを作るかを重視しなさい。）

not odds and ends but a system （中途半端なものではなく，システムを作りなさい。）

not relief but release （助けてあげるのではなく，人々の解放を目指しなさい。）

of the best leaders （最高の指導者と共に，）

when their task is accomplished （仕事を終えたとき，）

the people all remark （人々は口々に言うでしょう。）

"We have done it ourselves" （「私たちが自分でやり遂げたのだ」と。）

あとがき

　本書に取り上げることのできなかった司法犯罪心理学領域の論点は他にもたくさんあります。今，気になっているのは，坂上香監督の映画『プリズン・サークル』(2020年2月)，『ライファーズ〜終身刑を超えて』(2004年) で描かれた治療共同体 (Therapeutic Community) です。触法行為をした人の多くは，被虐待経験があり，それを誰にも言えないまま心で処理できずに，自暴自棄な行動をとる人たちですが，自分と同じ立場の人たち（受刑者同士）の場所では，自己を打ち明けることができる様子が描かれていました。このように司法犯罪心理学領域の心理職や支援者は，Go to the people の詩で書かれているように，専門家が治療や助言をするだけではなく，当事者同士の対話を促し自尊心の回復を援助することも職務なのではと最近改めて感じています。

　このテキストの出版の相談に快く応じていただいた明石書店代表取締役の大江道雅様，編集者の清水聰様には大変な作業をしていただきました，心より感謝申し上げます。また，私の家族，育ててくれた家庭裁判所の同僚や関係機関の皆様，少年やその家族，大学での仲間，そして学生の皆さんにも心より感謝申し上げます。

2020年3月

　　　　　　　　　　　　　　　　　　　　　　　　熊上　崇

第2版あとがき

2020年に本書初版出版後、少年法改定、家族法制審議会といった大きな流れがあった。これらは少年法や子どもの権利条約の理念である、子どもの健全育成、子どもの育ちの保障になっているのであろうか？　18,19歳の特定少年のある種の事件について原則として検察官に送致することは、長い目で見て少年の立ち直りに資するのだろうか、そのエビデンスはまだない。

家族法制審議会で議論されている親権・監護問題についても、それが子どもの心身の安全が保障され、子どもの意思の尊重がなされるのだろうか。

司法犯罪心理学研究者として、子どもの立場、脆弱性のある人の視点から、引き続き読者の皆さんと共に学び、発信を続けていきたいとの思いを強くしている。

最後に、改訂版についてもご担当いただいた明石書店代表取締役大江道雅様、編集者の清水聰様、そしてこの司法領域における子どもの命の尊厳のために共に学ぶ学生、仲間の皆さんに改めて御礼申し上げます。

2023年7月

熊上　崇

【著者略歴】

熊上　崇（くまがみ・たかし）

1970 年生，立教大学文学部教育学科卒業後，家庭裁判所調査官として，札幌，いわき，東京，川越，横須賀で計 19 年勤務。その間，社会人大学院生として筑波大学大学院教育研究科リハビリテーションコース修了（修士：リハビリテーション），筑波大学大学院人間総合科学研究科生涯発達科学専攻修了（博士：リハビリテーション科学）。2010 年日本 LD 学会研究奨励賞。

2013 年 4 月より立教大学コミュニティ福祉学部助教，2018 年 4 月より和光大学現代人間学部心理教育学科教授。専門は司法犯罪心理学，発達障害学。特別支援教育士スーパーヴァイザー，公認心理師。

【主な著書】

『発達障害を有する触法事例の心理・発達アセスメント』（単著，明石書店，2015），『長所活用型指導で子どもが変わる・part5 —— KABC-Ⅱを活用した社会生活の支援』（編著，藤田和弘監修，熊谷恵子，熊上崇，小林玄編著，2016，図書文化），『発達障害者の理解と支援』（分担執筆，梅永雄二編著，福村出版，2010），『日本版 KABC-Ⅱによる解釈の進め方と実践事例』（分担執筆，藤田和弘ほか編，丸善出版，2017），「面会交流と共同親権」（熊上崇，岡村晴美編著，明石書店、2023），「心理検査のフィードバック」（熊上崇，星井純子，熊上藤子編著、図書文化，2022）など。

【主な論文】

「広汎性発達障害を持つ非行事例の特徴」『精神神経学雑誌』108⑷，327-336，2006.

「広汎性発達障害を有する非行事例の頻度と特徴」『LD 研究』18⑵，138-146，2008.

「広汎性発達障害を有する触法事例の文献的研究」『児童青年精神医学とその近接領域』第 49⑴，25-34，2009

「LD，ADHD の傾向を有する非行事例の頻度と特徴」『LD 研究』18⑶，274-283，2009.

「アスペルガー障害を有する触法少年の司法場面における行動特徴」『児童青年精神医学とその近接領域』50⑴，16-27，2009.

「学習障害（LD）を有する少年非行に関する研究動向——日本と米国における，知能検査・学習習得度・転帰・介入の調査結果を中心に」『LD 研究』20⑵，218-229，2011.

「発達障害者と司法上の支援」単著，『リハビリテーション研究』，139，26-31，2009.

「発達障害（特に自閉症スペクトラム）を有する触法事例の現状と課題」『リハビリテーション連携科学』15⑵，12-20，2014.

「子どもへの心理検査の結果のフィードバック——実務者への質問紙調査の分析と「学習アドバイスシート」の作成」『K-ABC アセスメント研究』，18，79-88，2016.

「矯正施設から退所した障害を持つ人への地域生活定着支援」『立教大学コミュニティ福祉研究所紀要』，4，19-36，2017.

「心理検査の検査者は子どもにどのようにフィードバック面接をしているか——知能・発達検査の検査者への調査と「子どもへのフィードバック面接手順リスト」の作成」『KABC アセスメント研究』，20，27-39，2018.

「保護者は知能・発達検査の結果をどのように受けとめているか——親の会へのインタビュー調査の分析」『KABC アセスメント研究』，21，25-34，2019.

「面会交流に関する子どもの心理と、子の意見表明に関する研究」『子どもアドボカシー研究，1，60-74，2023.

ほか多数。

ケースで学ぶ

司法犯罪心理学【第2版】
発達・福祉・コミュニティの視点から

2020年6月30日　初版第1刷発行
2023年8月15日　第2版第1刷発行

著　者　熊　上　　　崇
発行者　大　江　道　雅
発行所　株式会社　明石書店
　　　　〒101-0021　東京都千代田区外神田6-9-5
　　　　電　話　03（5818）1171
　　　　ＦＡＸ　03（5818）1174
　　　　振　替　00100-7-24505
　　　　http://www.akashi.co.jp

装　　丁　明石書店デザイン室
印刷／製本　モリモト印刷株式会社

(定価はカバーに表示してあります)　　　ISBN978-4-7503-5638-9

発達障害のある触法少年の心理・発達アセスメント

熊上崇 著

◎A5判／上製／292頁　◎6,500円

家裁調査官だった筆者は広汎性発達障害のある少年の事件を担当したことを契機に発達障害児の触法事例に関心を抱くようになった。触法事例の割合、非行類型、環境要因などを明らかにした上で司法機関でのアセスメントの方法を提示すると共に有効な支援策を論じる。

◆ 内 容 構 成 ◆

〈価格は本体価格です〉

面会交流と共同親権

当事者の声と海外の法制度

熊上崇、岡村晴美 [編著]
小川富之、石堂典秀、山田嘉則 [著]

◎A5判／並製／208頁　◎2,400円

実際に面会交流の調停をしている当事者(同居親)や面会交流している子どもの「生の声」をはじめ、アメリカ、イギリス、オーストラリアの事例、さらには面会交流に直面する子どもたちの精神状態を踏まえて、元家庭裁判所調査官、弁護士、家族法学者、精神科医が考察・提言する。

《内容構成》

《価格は本体価格です》

シリーズ **子どもの貧困**

【全5巻】

松本伊智朗【シリーズ編集代表】

◎A5判／並製／◎各巻 2,500円

① **生まれ、育つ基盤**
子どもの貧困と家族・社会
松本伊智朗・湯澤直美［編著］

② **遊び・育ち・経験** 子どもの世界を守る
小西祐馬・川田学［編著］

③ **教える・学ぶ** 教育に何ができるか
佐々木宏・鳥山まどか［編著］

④ **大人になる・社会をつくる**
若者の貧困と学校・労働・家族
杉田真衣・谷口由希子［編著］

⑤ **支える・つながる**
地域・自治体・国の役割と社会保障
山野良一・湯澤直美［編著］

〈価格は本体価格です〉

非行・犯罪心理学

非行・犯罪心理学　学際的視座からの犯罪理解
松浦直己著
◎2600円

犯罪からの離脱と「人生のやり直し」
元犯罪者のナラティヴから学ぶ
シャッド・マルナ著　津富宏、河野荘子監訳
◎3200円

犯罪学ハンドブック
アンソニー・ウォルシュ著　松浦直己訳
◎20000円

DV・性暴力被害者を支えるための　社会的包摂サポートセンター編
はじめてのSNS相談
◎1800円

DV・虐待　加害者の実体を知る
あなた自身の人生を取り戻すためのガイド
ランディ・バンクロフト著
髙橋睦子、中島幸子、山口のり子監訳
◎2800円

別れる？　それともやり直す？　カップル関係に悩む女性のためのガイド
うまくいかない関係に潜む“支配の罠”を見抜く
ランディ・バンクロフト、ジャック・パトリッシ著　髙橋睦子、中島幸子監訳
◎2800円

ネグレクトされた子どもへの支援
理解と対応のハンドブック
安部計彦、加藤曜子、三上邦彦編著
◎2600円

子どもへの体罰を根絶するために
臨床家・実務者のためのガイダンス
エリザベス・T・ガースホフ、シャウナ・J・リー編　溝口史剛訳
◎2700円

子どもの権利ガイドブック【第2版】
日本弁護士連合会子どもの権利委員会編著
◎3600円

子どもの虐待防止・法的実務マニュアル【第7版】
日本弁護士連合会子どもの権利委員会編
◎3200円

児童虐待対応と「子どもの意見表明権」
一時保護所での子どもの人権を保障する取り組み
小野善郎、藥師寺真編著
◎2500円

児童相談所改革と協働の道のり
子どもの権利を中心とした福岡市モデル
藤林武史編著
◎2400円

日本の児童相談所　子ども家庭支援の現在・過去・未来
川松亮、久保樹里、菅野道英、田﨑みどり、田中哲、長田淳子、中村みどり、浜田真樹編著
◎2600円

子どもアドボケイト養成講座
子どもの声を聴き権利を守るために
堀正嗣著
◎2200円

子どもアドボカシーと当事者参画のモヤモヤとこれから
子どもの「声」を大切にする社会ってどんなこと？
栄留里美、長瀬正子、永野咲著
◎2200円

親力をのばす0歳から18歳までの子育てガイド
ポジティブ・ディシプリンのすすめ
ジョーン・E・デュラント著　セーブ・ザ・チルドレン・ジャパン監修　柳沢圭子訳
◎1600円

〈価格は本体価格です〉

子どものまちのつくり方 明石市の挑戦
泉房穂著
◎1500円

福祉心理学《日本福祉心理学会研修テキスト》基礎から現場における支援まで
日本福祉心理学会監修
米川和雄編集代表 大迫秀樹、富樫ひとみ編集
◎2600円

発達相談と新版K式発達検査 子ども・家族支援に役立つ知恵と工夫
菅野道英、宮井研治、大谷多加志、井口絹世、長嶋宏美著
◎2400円

児童期・青年期のADHD評価スケール ADHD-RS-5「DSM-5準拠」チェックリスト、標準値とその臨床的解釈
ジョージ・J・デュポールほか著 市川宏伸、田中康雄 小野和哉監修 坂本律訳
◎3200円

大人のADHDのアセスメントと治療プログラム 当事者の生活に即した心理教育的アプローチ
スーザン・ヤング、ジェシカ・ブランハム著 田中康雄監修 石川三訳
◎3800円

ワークで学ぶ 子ども家庭支援の包括的アセスメント 要保護・要支援・社会的養護児童の適切な支援のために
増沢高著
◎2400円

医療・保健・福祉・心理専門職のためのアセスメント技術を深めるハンドブック 精神力動的な視点を実践に活かすために
近藤直司著
◎2000円

医療・保健・福祉・心理専門職のためのアセスメント技術を高めるハンドブック[第3版] ケースレポートとケース記録の方法からケース検討会議の技術まで
近藤直司著
◎2000円

性の問題行動をもつ子どものためのワークブック 発達障害・知的障害のある児童・青年の理解と支援
宮口幸治、川上ちひろ著
◎2000円

心理教育教材「キックスタート、トラウマを理解する」活用ガイド 問題行動のある知的・発達障害児者を支援する
本多隆司、伊庭千惠著
◎2000円

性問題行動のある知的・発達障害児者の支援ガイド 性暴力被害とわたしの被害者を理解するワークブック
本多隆司、伊庭千惠著
◎2200円

性問題行動のある知的・発達障害者のための16ステップ[第2版]「フットプリント」心理教育ワークブック
クリシャン・ハンセン、ティモシー・カーン著 本多隆司、伊庭千惠監訳
◎2600円

家庭や地域における発達障害のある子のポジティブ行動支援PTR-F 子どもの問題行動を改善する家族支援ガイド
グレン・ダンラップほか著 神山努、庭山和貴監訳
◎2800円

精神障がい者の家族への暴力というSOS 家族・支援者のためのガイドブック
蔭山正子編著
◎2500円

メンタルヘルス不調のある親への育児支援 保健福祉専門職の支援技術と当事者・家族の語りに学ぶ
蔭山正子著
◎2500円

ダイレクト・ソーシャルワーク ハンドブック 対人支援の理論と技術
ディーン・H・ヘプワース、ロナルド・H・ルーニーほか著 武田信子監修 山野則子、澁谷昌史、平野直己ほか監訳
◎25000円

〈価格は本体価格です〉